ESSAI

SUR

L'HISTOIRE NATURELLE.

ESSAI
SUR
L'HISTOIRE NATURELLE
DE LA NORMANDIE,

Par C. G. CHESNON,

Principal du Collége de Bayeux, Officier de l'Université, Membre de l'Académie des Sciences, Arts et Belles-Lettres de la Ville de Caen, des Sociétés Linnéenne et des Antiquaires de Normandie.

Nosce patriam, postea viator eris.

Ire. PARTIE. — QUADRUPÈDES ET OISEAUX.

A BAYEUX,

CHEZ C. GROULT, IMPRIMEUR-LIBRAIRE,

A PARIS,

CHEZ LANCE, LIBRAIRE,
Rue du Bouloy, n°. 7.

1834.

A Mes Élèves.

C'est pour vous, mes jeunes amis, que j'ai rédigé cet Essai sur l'histoire naturelle de la Normandie. N'ayant rien tant à cœur que de seconder, dans cette partie de vos études, le zèle et l'aptitude dont vous avez fait preuve dans les autres sciences, je me suis efforcé d'aplanir les difficultés inséparables des élémens de cette nouvelle branche de l'enseignement. S'il eût fallu la traiter complètement, je n'eusse point eu la témérité de rivaliser avec les grands maîtres dont nous possédons les savans ouvrages ; mais, connaissant par expérience combien il importe d'offrir aux jeunes gens des principes réduits à leur plus simple expression, j'ai tâché de simplifier ces leçons en les bornant aux espèces propres à notre pays. Prétendre, dans le peu de temps que nous pouvons y consacrer, embrasser l'universalité des êtres qui composent le domaine de l'histoire naturelle, ce serait tenter l'impossible ; mais généraliser les principes de l'histoire naturelle, de manière à les appliquer aux espèces indigènes assez nombreuses dans toutes les classes ; prendre pour type d'observation ces espèces, afin de vous mettre en état d'analyser et de déterminer avec certitude, par la méthode de comparaison, les espèces étrangères, décrites dans des traités généraux, si jamais votre goût, vos loisirs, votre position vous mettaient à même de vous livrer à cette étude : tel a dû être l'objet de mes efforts.

Réduisant nos recherches au cercle déjà assez étendu des objets qui nous environnent, et que nous devons d'abord étudier, nous pourrons joindre la pratique à la théorie ; nous verrons un terme à nos travaux; nous saurons nous borner pour jouir.

Dans les notions préliminaires d'anatomie et de physiologie, j'ai dû envisager le but et ne point le dépasser.

J'ai employé des lettres italiques pour indiquer plus sensiblement les caractères essentiels et bien tranchés qui séparent ou différencient les classes, ordres, familles, genres et mêmes les espèces d'êtres, et qui doivent fixer spécialement votre attention dans l'étude. L'étymologie des mots m'a paru ne point devoir être négligée : elle se trouve dans un vocabulaire joint à la table générale.

Dans l'analyse des classes, ordres, etc., j'ai suivi la méthode analytique que Lamarck a employée pour l'étude de la botanique.

L'admirable méthode de Cuvier a dû être la base de la classification des espèces d'animaux que renferme cet essai.

Je n'ai point ajouté au nom des espèces la synonymie des différens auteurs; mais autant qu'il m'a été possible, j'y ai joint les noms vulgaires, ce que je regarde comme un des plus puissans moyens de populariser la science.

Afin d'éviter la monotonie des descriptions anatomiques, j'ai cru pouvoir extraire des admirables pages de Buffon et de plusieurs de nos poëtes, quelques-uns des morceaux les plus remarquables; beaucoup d'élèves, d'ailleurs n'ont point encore ces ouvrages entre les mains.

J'ai consulté Cuvier, Temming et le dictionnaire classique d'histoire naturelle pour la description des espèces.

quoique j'aie dans mon cabinet la majeure partie de celles qui sont indigènes.

La plupart des espèces rares, je les dois à l'obligeance de plusieurs personnes qui, partageant ma manière de voir pour former une collection exclusivement composée d'espèces du pays, ont bien voulu me les procurer : la reconnaissance m'obligeait de leur en rendre hommage.

Je ne prétends point avoir donné la liste exacte de toutes les espèces d'oiseaux qui peuvent se trouver en Normandie ; j'ai cependant consulté tous les catalogues qui m'ont été communiqués ; mais il peut arriver que des espèces étrangères à notre climat s'y trouvent accidentellement. Je recevrai avec reconnaissance les observations qui pourraient m'être faites.

Puisse ce faible essai répondre, mes amis, au zèle que vous avez témoigné et qui seul a pu me soutenir dans la tâche que j'ai entreprise !

HISTOIRE NATURELLE.

INTRODUCTION.

CHAPITRE PREMIER.

L'histoire naturelle est ainsi définie dans le dictionnaire classique de l'histoire naturelle :

Science dont l'objet est la connaissance des corps, soit organisés, soit bruts, qui composent l'ensemble de notre globe.

Le mot *Nature*, dit Cuvier, signifie tantôt *les propriétés qu'un être tient de la naissance*, tantôt *l'ensemble des êtres qui composent l'Univers*, tantôt enfin *les lois qui régissent ces êtres*; c'est surtout dans ce dernier sens que l'on a coutume de personnifier la *Nature* et d'employer son nom par respect pour celui de son *auteur*.

L'observation, la comparaison et la classification des êtres qui habitent ou composent le globe terrestre, sont l'objet spécial de l'étude de l'histoire naturelle, science qui fait partie de la physique générale, et dont la connaissance approfondie exige celle :

1° De la chimie, ou science des élémens qui composent les êtres ;

2° De la physique, ou science des lois qui les régissent ;

3° De la physiologie, ou science de la vie, c'est-à-dire, des phénomènes qui se succèdent pendant un temps limité dans les êtres ;

4° Enfin, de la cosmographie, ou *connaissance de l'Univers.*

Les êtres qui forment le domaine de l'histoire naturelle proprement dite, ont été partagés d'après leur mode de formation, d'accroissement et d'existence, en deux grandes divisions principales, savoir :

1° Êtres organiques,
2° Êtres inorganiques, } partagés en trois règnes.

1 { Organiques, ou croissant par intus-susception ; . . . 2
   Inorganiques, ou croissant par juxta-position. . . . règne minéral ;

2 { Reproduction, sentiment, loco-motion. . . . . . . règne animal.
   Reproduction, nul, nulle, règne végétal.

L'accroissement est commun aux êtres des trois règnes, mais il présente des *modifications* bien différentes ; en effet :

Dans le règne animal, l'existence, ou plus exactement la vie, provient du développement d'un *germe* sorti d'un individu *premier*. L'accroissement de ce germe se fait par le développement des parties fournies par des principes nutritifs, absorbés par des vaisseaux *intérieurs*, élaborés et changés *avec dégagement* de calorique en une substance nouvelle par une opération *intérieure* ; l'accroissement des parties constitutives de l'individu se fait autour d'une cavité élaboratrice nommée *estomac*, au moyen d'une opération nommée *digestion ;* de là l'expression *intus-susception* adoptée pour exprimer ce phénomène.

Dans le règne végétal l'existence est aussi le résultat du développement, soit d'un *germe* renfermé dans une graine provenant d'un individu *premier*, soit de *parties* d'un individu qui en produisent de nouveaux ; mais l'accroissement successif des individus ne résulte point d'une élaboration faite dans une cavité centrale. Les principes nutritifs sont élaborés par des vaisseaux *extérieurs*, formant il est vrai, une nouvelle substance croissant du dedans au dehors par *intus-susception*, mais *sans dégagement de calorique ;* l'accroissement se fait par une opération *extérieure* à laquelle on a donné le nom d'*absorption ;* aussi le plus ancien des naturalistes, Aristote, et après lui, le savant

Bohœraave ont-ils nommé les végétaux *des animaux retournés*.

Dans le règne minéral, l'accroissement provient de l'*agrégation* des parties ou substances ayant entre elles de l'*affinité* et réunies par une force nommée *attraction*.

Ces différentes parties s'agglomèrent successivement sur une base primitive ; *point d'individu premier* ; *point de reproduction*. Aucun des êtres du règne minéral ou inorganique n'a tiré son existence d'un individu *premier* ; tous ont été formés (abstraction faite de la création), par un concours successif de combinaisons chimiques que l'homme *parvient quelquefois* à imiter. L'accroissement propre et particulier aux êtres inorganiques se fait par *juxtà-position*.

Ces principaux caractères sont assez tranchés pour différencier suffisamment les trois règnes. Nous examinerons seulement et très-rapidement les différences et les rapports qui existent entre le règne animal et le règne végétal.

Outre les caractères généraux d'organisation que nous venons d'exposer pour les animaux et les végétaux, nous remarquerons que les premiers sont *isolés* de la terre. En effet, il leur faut chercher la nourriture qui est nécessaire à leur existence, et capable de réparer la déperdition qui s'opère constamment dans les êtres *organisés*. Quelques animaux qui semblent former exception, offrent plutôt des modifications à la règle générale. *Tous* recherchent la nourriture qui leur est propre, et savent la distinguer. Cette recherche leur est inspirée par le *sentiment* de leur existence ; ils éprouvent la *sensation* du besoin ; ils la manifestent par leur *action*. Aussi ont-ils la faculté de se *mouvoir*, faculté exprimée par le terme *locomotion*, faculté dont les végétaux sont entièrement privés. Les animaux sont donc doués d'organes *sensitifs* ; ils ont tous, l'homme la *raison*, la brute, *l'instinct*. Tous ont une *volonté*, exprimée par des actes positifs. On reconnaît dans tous la *conscience* de leur existence. De là, la dénomination *d'êtres actifs*.

Les végétaux, au contraire, n'ont ni le *sentiment*, ou la

conscience de leur existence, ni la *volonté*, ni la faculté de *loco-motion*. Ils ne peuvent en effet se transporter d'un lieu à un autre pour chercher les substances nécessaires à la conservation de leur existence. Ils sont constamment attachés à la terre par leurs racines ou leur base, dont la fonction est d'absorber une partie des sucs nutritifs, qui y sont contenus, tandis que le tronc, les branches, les feuilles absorbent dans l'air les fluides ambians, également nécessaires à leur nutrition; aussi a-t-on appelé les branches *Racines aériennes*, expression aussi juste que celle de *Chair coulante* donnée au sang des animaux.

Dans le végétal, point de *sentiment*. Le phénomène qu'offre, par exemple, la sensitive, n'est qu'un effet physique, et ne peut prouver la *conscience* de l'existence. En un mot, les végétaux ne sont que des *êtres passifs*.

Les phénomènes de la respiration, ainsi que nous le verrons dans l'étude de cette importante partie de la physiologie, nous offrent également des différences essentielles entre le règne animal et le règne végétal. L'animal a besoin d'une portion de l'oxigène que contient l'air atmosphérique (1) ou vital qu'il absorbe lors de l'acte de la respiration pour revivifier son sang, opération qui se fait dans des organes nommés *poumons*, *branchies ou trachées*. Il rejète la partie d'air composée d'azote, d'acide carbonique et de l'excès d'oxigène qui lui serait nuisible et même mortel.

Les plantes au contraire absorbent ces gaz, qui, élaborés par des vaisseaux extérieurs, forment la substance du végétal, tandis que la partie la plus pure, l'oxigène, est rejetée et rentre dans la masse totale de l'air, auquel elle rend la pureté primitive.

(1) L'air vital atmosphérique entoure le globe de la terre et forme comme un tourbillon à une hauteur de 15 à 16 lieues, et est composé de 21 parties d'oxigène.
79 d'azote.
Plus, un atôme d'acide carbonique.

Séparés par ces principaux caractères physiologiques, les animaux et les plantes se rapprochent cependant sous d'autres rapports, tels que l'élaboration (quoique différente dans le mode) des substances nutritives ; les deux genres de vaisseaux absorbans et exhalans ; l'analogie constante des caractères constitutifs et même des modifications apportées par les différens climats ; la rénovation totale ou partielle de leurs parties constitutives, formées de composés particuliers que *l'homme ne peut imiter* ; la durée ordinairement constante et uniforme des êtres semblables ; enfin, la mort....

Mais le développement de ces grandes considérations, si dignes de l'étude des philosophes, doit être l'objet d'un cours spécial d'histoire naturelle, et nous force de renvoyer aux ouvrages spéciaux pour approfondir ces hautes parties de la science.

CHAPITRE II.

DE LA MÉTHODE EN HISTOIRE NATURELLE.

Pour parvenir à étudier, connaître et classer cette multitude d'êtres qu'embrasse l'étude de l'histoire naturelle, on a étudié les caractères (1) *généraux* et *constans* d'organisation, et comparé leurs rapports et leurs différences; cette observation fit connaître dans les êtres de chaque règne, une *analogie* constante d'organisation d'un *ordre supérieur* qui, partageant d'abord, ainsi que nous l'avons vu, les êtres en *trois règnes*, groupe nécessairement ensemble une certaine série de ces êtres, en faisant abstraction des caractères ou modifications *secondaires*; on établit ainsi des coupes générales auxquelles on donne le nom de Classes.

L'existence d'une modification constitue un caractère positif; l'absence de cette modification un caractère négatif.

On entend par caractère de transition une modification graduée dans la forme.

Subdivisant ensuite les classes d'après des caractères fondés sur des rapports d'un ordre *inférieur* ou moins général, on établit une seconde coupe à laquelle on donna le nom d'Ordres.

Des caractères ou modifications *tertiaires* firent subdiviser les ordres en *familles*, en *tribus*, que l'on subdivisa encore en groupes moins nombreux nommés *genres*, qui renferment les *espèces* et les *variétés*.

---

(1) Par caractère on entend : expression du changement, ou d'une modification quelconque qui existe dans un organe. (*Voyez Dictionnaire classique d'histoire naturelle*, page 505. *A*. méthode.)

Ainsi les êtres se subdivisent en règnes;

Les règnes en classes.
Les classes ordres.
Les ordres familles.
Les familles tribus.
Les tribus genres.
Les genres espèces.
Les espèces variétés.

Par classes on entend donc, *la réunion d'ordres fondés sur des caractères d'un ordre supérieur.*

Par ordres on entend : *la collection des genres réunis par des caractères fondés sur* CERTAINS *points d'organisation.*

Le mot *famille* se prend quelquefois pour *ordre* ; mais cependant a moins d'extension et est plus exactement une *subdivision* de l'ordre ; celui de *tribu* est une subdivision de famille.

Par genres on entend : *la collection des espèces qui ont entre elles une ressemblance frappante dans l'ensemble de leurs organes.*

Par espèces on entend : *la collection de tous les individus qui se ressemblent plus entre eux par les* DÉTAILS *de leurs organes qu'ils ne ressemblent aux autres, et que l'on pourrait supposer originairement sortis du même père et de la même mère.*

Nous remarquerons que parmi les individus de la même espèce il arrive souvent des *modifications* dans les formes, couleurs, etc., qui constituent les variétés.

En histoire naturelle chaque espèce a deux noms, l'un *générique*, qui indique le genre auquel elle appartient, l'autre *spécifique*, qui indique l'espèce, et sous lequel elle est plus ordinairement connue ; ainsi on dit : le moineau *de pot*, *de bois*.

Les caractères qui furent *le point de comparaison* pour la classification, ayant d'abord été pris arbitrairement par différens naturalistes, il en résulta deux modes principaux d'investigation et de classification auxquels on donna les noms de *système* et de *méthode*, termes qu'il ne faut pas confondre. En effet :

Par système on entend *une classification artificielle, fondée sur des caractères le plus souvent arbitraires :* telle que celle, par exemple, des mots rangés dans un dictionnaire d'après un ordre alphabétique, ordre qui varie suivant les différentes langues.

Par méthode, au contraire, on doit entendre *une classification des êtres fondée sur des caractères essentiels et constans d'organisation, de formes, et même des propriétés qui les rapprochent*; ainsi, dans une grammaire les mots sont distribués d'après leurs rapports réels.

Sans une méthode l'étude de toute science serait un véritable labyrinthe.

MÉTHODE DE CLASSIFICATION.

Considérés d'après leur mode de formation, les minéraux ont été classés d'après leurs caractères physiques et chimiques, formes primitives, pesanteur spécifique, etc.

Les végétaux, dans lesquels le mode d'existence est presque toujours *uniforme* ont dû être étudiés principalement d'après leurs organes de *fructification*, organes qui offrent de nombreuses modifications, et d'après lesquels aussi, Linné et Jussieu ont établi leur admirable classification.

Observés d'après leur mode d'existence, lequel *varie* extrêmement, d'après la diversité des substances propres à l'entretenir, et des moyens de les recueillir, par les différentes espèces, les animaux ont dû être classés d'après les organes de *nutrition*, et les phénomènes si nombreux de la physiologie.

Ces considérations envisagées par un génie supérieur, ont fait l'objet de *l'anatomie comparée*, science que le célèbre Cuvier a portée à un si haut degré, en même temps qu'il l'a créée.

Le plus noble des êtres, l'homme, a été le point de départ, on *type de comparaison*, auquel se rapportent dans l'échelle du règne animal tous les autres animaux, par degrés successifs, et dans un ordre toujours décroissant, jusqu'à ce qu'on arrive enfin à ces êtres que réclament, à des titres à peu près égaux, les autres règnes, et dont la véritable classification est encore un problème, et a fait adopter par quelques naturalistes un quatrième règne nommé *Psycodiaire*.

Cette marche, cependant, d'après la méthode suivie dans les autres sciences, paraît, au premier abord, contraire à l'ordre naturel qui semblerait exiger que l'on procédât du simple au composé, tandis qu'en commençant par l'être le plus parfait, on marche du composé au simple.

L'expérience néanmoins prouve qu'il est plus facile d'observer les organes dans les êtres qui les réunissent au plus haut degré de perfection, que dans ceux, où par leur extrême ténuité, ils échappent le plus souvent à la plus exacte investigation, et au secours même du microscope. Ainsi, dans la botanique, Jussieu commença par les plantes les plus simples, et en même temps les moins fournies d'organes propres à les faire reconnaître et classer, pour arriver ensuite jusqu'à celles dans lesquelles la nature semble s'être plue à nous dévoiler ses mystères.

Cependant cette méthode, toute naturelle qu'elle paraît, n'est pas la plus facile; aussi, M. Decandolle a-t-il réellement applani les difficultés avouées par tous les botanistes en adoptant, non pas une méthode nouvelle, mais une marche inverse. En la suivant dans le règne animal ainsi que dans la botanique, on arrive jusqu'aux êtres les plus incomplets en apparence et dont la ténuité même des organes et la simplicité commandent un nouveau degré d'admiration. En effet,

> C'est dans un faible objet, imperceptible ouvrage
> Que l'art de l'ouvrier me frappe davantage.

L'anatomie, ou *connaissance des parties ou organes au moyen desquels s'opèrent les phénomènes de la physiologie*, étant la base de la classification des animaux, il est indispensable d'en avoir une notion générale, avant de parler de la classification des êtres dont l'ensemble compose le règne animal. Nous étudierons donc rapidement les principes généraux de cette science pour arriver à établir les neuf classes qui partagent le règne animal par lequel nous commencerons l'étude de l'histoire naturelle. A mesure que nous étudierons chaque classe, nous remarquerons sommairement les caractères qui les rapprochent ou les séparent.

L'anatomie se subdivise en :

Ostéologie, ou connaissance des os.
Myologie   des muscles.
Névrologie   des nerfs.
Angyologie   des vaisseaux.
Splanchnologie   des viscères.

CHAPITRE III.

(Nosce te ipsum.)

OSTÉOLOGIE.

Les os, dépouillés des parties molles, forment le squelette ; et la connaissance exacte du squelette, en anatomie, est l'objet de l'*ostéologie*.

Le squelette se divise en tête, tronc et extrémités.

DE LA TÊTE.

Les os de la tête se subdivisent en os du crâne et os de la face.

Le crâne est formé :

Antérieurement,	par le *frontal*.
Postérieurement,	l'*occipital*.
Latéralement et supérieurement,	les *pariétaux*.
Latéralement et inférieurement,	les *temporaux*.
A la partie moyenne et inférieure,	le *sphénoïde*.
A la partie moyenne et antérieure,	l'*ethmoïde*.

Plus les quatre osselets de l'ouïe, pour chaque oreille ;
1. Le *marteau*,
2. L'*enclume*,
3. L'*étrier*,
4. L'*orbiculaire*.

La face se subdivise en mâchoire supérieure et inférieure.

La mâchoire supérieure est formée :
Supérieurement et antérieurement :
Par les os *propres du nez*, et *les os unguis*,
Par les os *de la pommette*,
Par les os *maxillaires supérieurs*,
Par le *vomer*,
Par les os *intérieurs du nez*, ou *cornets*,
Par les os *palatins*.

La mâchoire inférieure est formée d'un seul os dans l'adulte, nommé *maxillaire inférieur*.

A ces os, il faut encore ajouter trente-deux dents, nombre ordinaire, savoir à chaque mâchoire :
Quatre *incisives*,
Deux *canines*, ou *laniaires*,
Dix *molaires*, ou *mâchelières*.

On met encore au nombre des os de la tête, l'os *hyoïde* situé à la base de la langue ; on trouve aussi par fois dans le crâne, des os nommés *wormiens*.

DU TRONC.

Le tronc se subdivise en colonne vertébrale, en poitrine et en bassin.

Colonne vertébrale.

La colonne vertébrale est formée de vingt-quatre os appelés vertèbres ; on les distingue en :
Sept *cervicales*.
Douze *dorsales*.
Cinq *lombaires*.

La première vertèbre cervicale qui adhère à la base du trou occipital, se nomme *atlas*, la deuxième *axis* ; les autres se comptent, 3e, 4e, 5e, 6e, 7e toujours en comptant de haut en bas.

Les vertèbres *dorsales* auxquelles les côtes sont attachées, se comptent également, 1re, 2e, 3e, etc.

De la poitrine.

La poitrine est formée antérieurement par le *sternum*, latéralement par les *côtes* dont le nombre est de vingt-quatre, douze de chaque côté.

On les subdivise en vraies *côtes*, ou *vertébro-sternales* et en fausses côtes ou *vertébrales*.

Les vraies côtes sont celles qui s'articulent avec le sternum et les vertèbres ; ce sont les sept supérieures en comptant toujours de haut en bas.

Les fausses côtes sont celles qui s'articulent seulement avec les vertèbres ; les deux dernières sont appelées *côtes flottantes*.

A la base du sternum on remarque un os nommé *appendice xiphoïde*.

Du bassin.

Le bassin est formé postérieurement par le *sacrum* et le *coccyx*, dont le prolongement forme chez les quadrupèdes ce qu'on appelle la *queue*.

Latéralement et antérieurement par les os innominés, ou des *iles*, *l'ischion et le pubis*.

Quelques auteurs subdivisent le sacrum en cinq vertèbres, nommées sacrées, et le coccyx en trois, nommés coccygiennes, ce qui porterait le nombre total des vertèbres à trente-deux.

DES EXTRÉMITÉS.

On subdivise les extrémités en supérieures et en inférieures.

Extrémités supérieures.

Les extrémités supérieures se subdivisent en :
 Epaule.
 Bras.
 Avant-bras.
 Mains.

Epaule.

L'épaule est formée :
 Antérieurement, par la *clavicule*.
 Postérieurement, par *l'omoplate*.

Bras.

Le bras est formé d'un seul os, nommé *humerus*.

Avant-bras.

L'avant-bras est formé de deux os :
En dedans,   par le *cubitus*.
En dehors,   par le *radius*.

Main.

La main est composée du carpe, métacarpe et des doigts.

Carpe.

Le carpe est formé de deux rangées d'os qui se distinguent en supérieure, ou *brachiale*; et en inférieure, ou *digitale*.

Chaque rangée est formée de quatre os qui se désignent numériquement 1er, 2e, 3e, 4e, en comptant du pouce vers le petit doigt; ils ont aussi des noms particuliers tirés de leur forme.

La 1re rangée, ou brachiale a :
  1° Le *scaphoïde*.
  2° Le *lunaire*.
  3° Le *pyramidal*.
  4° Le *pisiforme*.

La deuxième rangée, ou digitale a :
  1° Le *trapèze*.
  2° Le *trapézoïde*.
  3° Le *grand os*.
  4° l'*os crochu*.

Métacarpe.

Le métacarpe est composé de cinq os, désignés numériquement du pouce vers le petit doigt.

Doigts.

Les doigts sont au nombre de cinq : chacun composé de

trois os nommés *phalanges*, excepté le pouce qui n'en a que deux.

Ils ont chacun un nom particulier : le *pouce*, l'*index*, le *médium*, l'*annulaire* et le *petit doigt*.

Extrémités inférieures.

Les extrémités inférieures se subdivisent en cuisses, jambes et pieds.

Cuisse.

La cuisse est formée d'un seul os, nommé *fémur*.

Jambe.

La jambe est formée :
Supérieurement par *la rotule*,
En dedans par *le tibia*,
En dehors par *le péroné*.

Pied.

Le pied se subdivise en tarse, métatarse et doigts.

Tarse.

Le tarse est formé supérieurement par *l'astragale*,
Postérieurement et inférieurement par le *calcaneum*,
A la partie moyenne interne le *scaphoïde*,
Du côté extérieur le *cuboïde*,
Et par les trois os *cunéiformes*,
qu'on compte 1, 2, 3, du dedans au dehors.

Métatarse.

Le métatarse est formé de cinq os désignés 1, 2, 3, 4, 5.

Orteils.

Les *orteils* sont au nombre de cinq, ayant chacun trois os ou phalanges, excepté le gros orteil qui n'en a que deux.

OSTÉOLOGIE.

On trouve par fois des os dits *sésamoïdes*, entre l'articulation de l'os du métatarse, et du gros orteil.

Ainsi le nombre total des os du squelette est de deux cent quarante et un, dont onze impairs et deux cent trente pairs;

Savoir:

TÊTE.

Frontal.	1
Occipital.	1
Pariétaux.	2
Temporaux.	2
Osselets de l'ouïe.	8
Sphénoïde.	1
Ethmoïde.	1
Os du nez.	2
Unguis.	2
Cornets.	2
Palatins.	2
Vomer.	1
Maxillaire supérieur.	2
inférieur.	1
Dents molaires.	20
canines.	4
incisives.	8
Os hyoïde.	1
	61

TRONC.
Colonne.

Vertèbres cervicales.	7
dorsales.	12
lombaires.	5

Poitrine.

Sternum.	1
Côtes.	24
	49

BASSIN.

Os des îles.	2
Ischion.	2
Pubis.	1
Sacrum.	1
Coccyx.	1
	7

EXTRÉMITÉS.
Épaule.

Clavicule.	2
Omoplate.	2

Bras.

Humerus.	2

Avant-Bras.

Cubitus.	2
Radius.	2

Mains.
Carpe.

Scaphoïde.	2
Lunaire.	2
Pyramidal.	2
Pisiforme.	2
Trapèze.	2
Trapézoïde.	2
Grand os.	2
Os crochu.	2

Métacarpe.

Os du métacarpe.	10

Doigts.

Phalanges.	28
	64

Extrémités inférieures.
Cuisses.

Fémur.	2

Jambes.

Rotule.	2
Tibia.	2
Peroné.	2

Tarses.

Astragale.	2
Calcaneum.	2
Scaphoïde.	2
Cuboïde.	2
Cunéiformes.	6

Métatarses.

Os.	10

Orteils.

Phalanges.	28
	60

Récapitulation.

Tête.	61
Tronc.	56
Extrémités sup^{res}.	64
inférieures.	60
Total.	241

SQUELETTE DE L'HOMME.

Tête.

1. Os du crâne.
2. Os de la face.
3. Os des mâchoires.

Tronc.

4. Vertèbres cervicales.
5. Vertèbres dorsales.
6. Les côtes.
7. Le sternum.
8. Vertèbres lombaires.
* Appendice xiphoïde.
9. Le sacrum.
10. Le coccyx.
11. Les ilions.
12. Les ischions.
13. Le pubis.

Membres inférieurs.

14. Os de la cuisse, ou fémur.
15. Col du fémur.
16. Le trochanter.
17. Les condyles du fémur.
18. La rotule.
19. L'os de la jambe, ou tibia.
20. Le péroné.
21. Le tarse.
22. Le calcaneum.
23. L'astragale.
24. Le métatarse.
25. Les doigts ou orteils.

Membres supérieurs.

26. Os de l'épaule, ou omoplate.
27. La clavicule.
28. Os du bras, ou humérus.
29. Le cubitus.
30. Le radius.
31. Le carpe.
32. Le métacarpe.
33. Les os des doigts, ou phalanges.

G. Position de supination.
T. Position de pronation.

A. Frontal.
B. Occipital.
C. Pariétal.
D. Temporal.
E. Os Unguis.
F. Os du nez.
G. Os de la pomette et de la maxillaire supérieure.
H. Maxillaire inférieur.
J. Dents incisives.
K. Dents canines.
L. Dents molaires.
M. Trou basilaire.

USAGE DES OS.

D'après l'inspection des différens os qui composent le squelette, nous devons remarquer que les uns sont destinés à protéger certaines cavités, tels que ceux de la tête, de la poitrine, du bassin : d'autres, tels que l'omoplate, la clavicule, remplissent les fonctions d'arcs-boutans : d'autres enfin, tels que ceux des bras, des jambes, de la main, du pied, servent à la préhension, à la loco-motion.

La situation des os, en général, doit être considérée relativement au plan du corps; ainsi, tel os sera supérieur dans l'homme, et sera inférieur, ou antérieur, ou postérieur dans les animaux.

La grandeur des os varie en raison des individus; mais elle est toujours relative au squelette; une seule phalange suffisait à Cuvier pour trouver la taille de l'animal.

La substance des os est blanche, beaucoup plus dure qu'aucune autre partie du corps; elle est composée de fibres et de lames qui, par leur arrangement, varient et forment divers prolongemens ou éminences saillantes, nommées *apophyses* et *épiphyses*.

Les *apophyses* sont des éminences continues au reste de l'os : par exemple, les apophyses *acromion* et *coracoïde*, que l'on remarque à la partie supérieure de l'omoplate, et qui, s'articulant avec la clavicule, forment la partie supérieure de l'épaule.

Les *épiphyses* sont soudées à l'os auquel elles appartiennent, par une couche cartilagineuse qui disparaît avec l'âge.

Les os sont recouverts d'une substance ou membrane nommée *périoste*.

Par *cartilages*, on entend une substance moins dure que les os, mais plus dure que les autres parties du corps. Les cartilages augmentent l'étendue des os, facilitent les mouvemens, et finissent ordinairement par s'ossifier.

Les os sont unis entre eux par les *ligamens*, substance blanchâtre, compacte, fibreuse, plus souple, plus élastique que les cartilages, et difficile à rompre.

CHAPITRE IV.

MYOLOGIE.

Des muscles.

L'étude des muscles est l'objet de *la myologie*.

Les muscles forment ce qu'on nomme vulgairement la *chair*. Ce sont des corps rouges, composés de fibres qu'on nomme *motrices* ou *musculaires*, réunis en faisceaux par le *tissu cellulaire*, substance spongieuse, blanchâtre, assez semblable, lorsqu'on l'écarte, à des filamens de laine cardée.

Les muscles sont entremêlés de veines, d'artères, de nerfs, de vaisseaux; ce sont les organes de tous les mouvemens du corps. Ils adhèrent toujours à la partie extérieure des os, où ils se terminent par une substance d'un tissu fibreux, blanc-perlé, gélatineux, plus compacte que celle des muscles; lorsque cette substance a la forme d'un cordon plus étendu en longueur qu'en largeur, elle porte le nom de *tendon*; et, lorsqu'elle est large, mince, applatie, elle prend celui d'*aponévrose*.

Au moyen de l'élasticité, ou propriété de se contracter, de s'allonger, les muscles font exécuter aux os les mouvemens qui leur sont propres : aussi y a-t-il autant de muscles que de positions différentes. On compte 527 muscles dans l'homme.

La substance des muscles, dégagée du sang et des autres substances étrangères, se nomme *fibrine*.

Le nombre et le nom des muscles varient selon les espèces d'animaux et l'usage auquel ils sont destinés.

L'étude approfondie des muscles, étant l'objet d'un cours

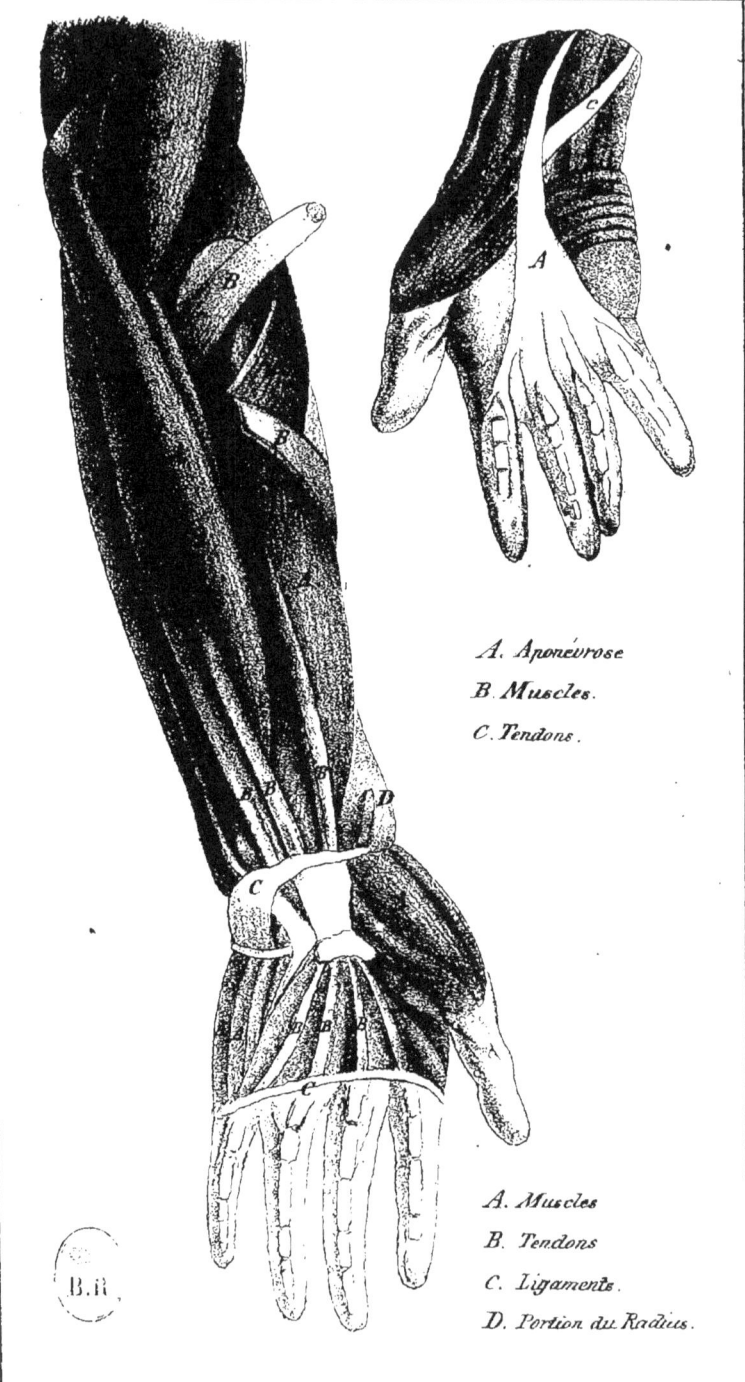

A. Aponévrose
B. Muscles.
C. Tendons.

A. Muscles
B. Tendons
C. Ligaments.
D. Portion du Radius.

spécial d'anatomie, nous nous contenterons de remarquer que ceux qui produisent la flexion d'un os sur un autre, se nomment muscles *fléchisseurs*; ceux qui ramènent l'os à son état ordinaire, *extenseurs*. On appelle *concurrens*, les muscles qui tendent au même mouvement, et *antagonistes*, ceux qui leur sont opposés.

On peut dire, en général, que les os, les muscles et les tendons des animaux vivans sont comme une sorte de mécanique, dont la charpente est formée par le squelette, et la puissance motrice remplacée par celle des muscles; et, l'effet produit est le résultat de la volonté de l'animal, qui est transmise par l'intermède des nerfs.

CHAPITRE V.

NÉVROLOGIE.

Des nerfs.

Les nerfs sont des cordons blancs, inertes, composés de filets placés les uns à côté des autres, et réunis par le tissu cellulaire. Leur description exacte est l'objet de *la névrologie*.

C'est du cerveau, que l'on regarde comme le siége des opérations de l'âme, et qui se prolonge dans le trou occipital, sous le nom de moëlle épinière, jusqu'à la première vertèbre lombaire, que proviennent tous les cordons nerveux qui se répandent dans toute l'habitude du corps. Les uns servent à mettre en mouvement les différens muscles en leur transmettant la volonté de l'animal; les autres servent à percevoir les sensations extérieures; tels que ceux de la vue, de l'ouie, du goût, de l'odorat et du toucher.

Parmi ceux-ci nous remarquerons le *nerf optique* qui s'observe plus facilement dans les animaux.

Ce nerf s'épanouit dans la partie postérieure du globe de l'œil, forme la rétine, et y perçoit la sensation de la vue. C'est aussi là que l'empire du nerf se fait plus spécialement remarquer et qu'il exprime plus sensiblement la sensation de l'âme.

Les nerfs du toucher se ramifient à l'infini et sont tellement répandus sur toute la surface de la peau qu'il n'y a aucune partie qui en soit privée.

Outre ces nerfs particuliers, tels que le nerf acoustique ou de l'ouie, olfactif ou de l'odorat, etc., et les autres qui partent de la moëlle épinière, il existe encore un autre système nerveux, appelé le *grand sympathique* qui correspond avec le reste des nerfs.

On appelle *plexus*, ou *ganglions* un faisceau ou réunion de nerfs.

Les nerfs servent donc à transmettre les sensations intérieures de l'être animé à tout le système animal, et à percevoir les sensations *extérieures* pour les rapporter au siége principal ou *sensorium commune*.

La cessation des fonctions d'un nerf occasionne la *paralysie* des muscles correspondans.

L'ensemble des *nerfs* se partage en quatre grands *systèmes* ou *appareils* :

1° Le système *cérébral* ou masse *encéphalique* d'où partent principalement les nerfs *sensitifs*.

2° Le système *spinal* ou moëlle *épinière*, d'où partent les nerfs *locomoteurs*.

Ces deux systèmes ou appareils sont réunis sous le nom de *cérébro-spinal*.

3° Le système *viscéral* composé de ganglions ou nerfs *de la digestion et de la circulation*.

4° Le système *sympathique* qui établit *la relation* entre les divers systèmes nerveux.

CHAPITRE VI.

ANGYOLOGIE.

Vaisseaux.

Les vaisseaux sont des conduits dans lesquels circule un fluide quelconque. Leur étude est l'objet de *l'angyologie*.

Parmi les principaux vaisseaux, nous remarquerons les *artères*, les *veines*, les *vaisseaux lymphatiques*, *chylifères*, *absorbans* et *excréteurs*.

Des artères.

Les artères sont des vaisseaux cylindriques, qui partent du cœur et vont se distribuer, par une quantité prodigieuse de rameaux, dans toutes les parties du corps pour y porter le sang, alors nommé *artériel* ou *chair coulante*, jusques vers les extrémités. Les dernières ramifications des artères portent le nom d'*artérioles*, et s'unissent ou s'anastomosent avec le commencement des veines, qui portent alors le nom de *veinules*, ramifications qui croissent en sens inverse de celles des artères.

Nous remarquerons seulement l'artère *aorte*, qui part du cœur, ainsi que nous le verrons; et, se séparant d'abord en deux troncs principaux, nommés *aorte ascendante et aorte descendante*, se ramifie ensuite à l'infini.

Nous ne passerons point sous silence les artères *pulmonaires* qui portent le sang du cœur aux poumons.

Nous remarquerons encore que les artères ont un battement, ou pulsation nommée *pouls*, isochrone avec les pulsations du cœur.

Des veines.

Les veines sont des conduits qui, ainsi que nous venons de le voir, naissent des extrémités du corps, à l'endroit où finissent les artères. Les premiers rameaux ou veinules se réunissant forment les veines. Ces vaisseaux rapportent au cœur le sang qui, après avoir circulé dans les artères, au partir du cœur, y revient ; mais dépouillé de toutes ses qualités nutritives, il n'est plus que du sang veineux : de *rouge* et *vermeil* qu'il était dans les artères, il revient *noirâtre* dans les veines.

Nous remarquerons la veine *cave*, ou tronc principal, auquel viennent rendre toutes les autres veines, et qui aboutit au cœur. Elle se subdivise en veine cave *supérieure* et en veine cave *inférieure*.

Les veines *pulmonaires* rapportent le sang des poumons au cœur. La circulation du sang dans ces veines, et celle des artères pulmonaires est inverse du système général de ces vaisseaux.

Les veines n'ont point de battement ou pulsation comme les artères ; elles sont garnies intérieurement de *valvules* faisant fonction de soupapes pour empêcher la rétropulsion du sang.

Parmi les autres vaisseaux nous remarquerons les vaisseaux *lymphatiques*, qui prennent naissance dans toute l'habitude du corps et absorbent un fluide d'une substance particulière, nommée *lymphe*; les vaisseaux *chylifères*, qui, ainsi que nous le verrons, absorbent la matière du nouveau sang.

Il y a des vaisseaux dont la fonction est d'absorber les fluides, et qui se nomment *absorbans;* d'autres sont destinés à rejeter ou sécréter des fluides, et se nomment *excréteurs*.

La réunion des vaisseaux forme des glandes, et leur engorgement produit des gonflemens ou tumeurs.

CHAPITRE VII.

SPLANCHNOLOGIE.

ENTRAILLES.

Parmi les principaux viscères et organes dont l'étude est l'objet de *la splanchnologie*, nous remarquerons le cerveau, les organes de la vue, de l'ouie, de l'odorat, du goût, du toucher, de la digestion, de la respiration, de la circulation du sang, de la nutrition.

Le mot *organes* convient, en général, à toutes les parties capables de quelque fonction ; mais on s'en sert plus spécialement pour désigner les parties plus ou moins composées qui exercent une fonction importante, et qui sont situées dans l'intérieur.

Du cerveau.

Le cerveau, en général, est un viscère mou ; on partage l'organe cérébral en *cerveau* proprement dit, en *cervelet*, en *moëlle allongée*, et en *moëlle de l'épine*. Toutes les parties de cet organe sont recouvertes d'un tégument, composé de trois membranes, (1) dont la première, ou externe, se nomme *dure-mère* ; la seconde *arachnoïde*, et la troisième *pie-mère*.

---

(1) Les membranes sont des parties blanchâtres, larges et minces, composées du tissu cellulaire, et dont la fibre et les lames, plus ou moins compactes, sont remplies de vaisseaux et de nerfs. Les membranes tapissent les plus grandes cavités du corps, telle que la membrane muqueuse qui tapisse les parois intérieures de la bouche, du tube intestinal, la plèvre, le péritoine, etc., etc.

Page 25.

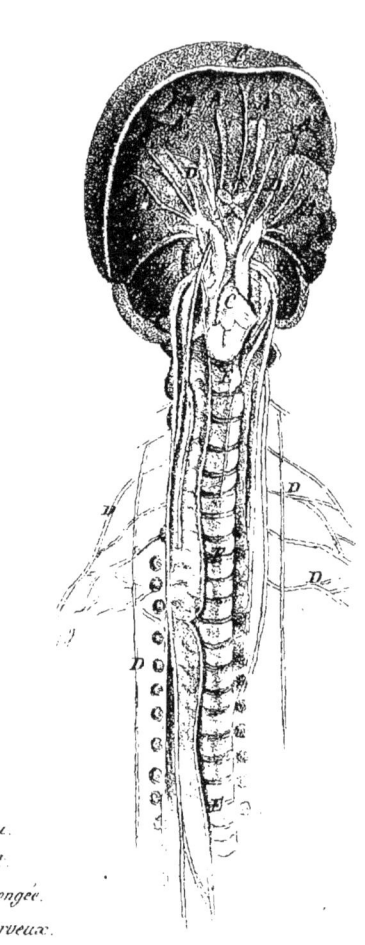

AA. Le Cerveau.
BB. Le Cervelet.
C. Moëlle allongée.
DD. Cordons nerveux
    et paires de nerfs.
EE. Moëlle épinière
    et vertèbres.
F. Le Crâne.

Lith. de A.Hardel, Succ. de M. Chalopin, à Caen.

Du cerveau proprement dit.

Le *cerveau proprement dit* forme la plus grande partie de la masse cérébrale, ou *cervelle*; il est divisé en deux portions que l'on nomme *hémisphères*; il est situé dans la plus grande cavité du crâne; il adhère au frontal, aux pariétaux, et en partie aux temporaux, à l'ethmoïde et au sphénoïde. La membrane qui sépare les hémisphères du cerveau se nomme *faux*.

Du cervelet.

Le cervelet est bien moins considérable que le cerveau : il est contenu dans l'occipital et divisé en deux lobes ; il se prolonge à la base de l'occipital.

De la moëlle allongée.

On entend, par moëlle allongée, la partie blanche et médullaire que l'on trouve à la base du cerveau, lorsqu'on a renversé cet organe.

De la Moëlle épinière.

La moëlle de l'épine est un prolongement médullaire qui part du cervelet par le trou basilaire et se prolonge dans le canal vertébral jusqu'à la dernière vertèbre lombaire.

Du cerveau, du cervelet et de la moëlle épinière, naissent, ainsi que nous l'avons vu (p. 20) les différentes paires de nerfs.

Le cerveau est l'organe principal des sentimens ou du *sensorium commune*. Il communique son influence à toutes les parties du corps au moyen de nerfs qui lui transmettent aussi les impressions extérieures.

Cependant l'analyse exacte des fonctions de cet organe et de ses parties est encore un mystère. Seulement on a remarqué que le volume et surtout les circonvolutions de la masse cérébrale, sont un indice de l'intelligence de l'animal; et que celui de l'homme est, relativement aux autres parties du corps, le plus grand parmi les animaux ; comme on remarque qu'un homme de moyenne taille a, généralement parlant, plus d'activité qu'un individu d'une haute stature.

SPLANCNOLOGIE.

DES ORGANES DE LA VUE.

Garnis de deux éminences arquées, ombragées de poils qui forment les *sourcils*, les *yeux*, au nombre de deux, placés sur la même ligne et protégés par les *paupières*, membranes minces, élastiques, et susceptibles de se contracter au moindre danger, même sans la volonté de l'individu, les *yeux*, dis-je, sont les organes de la vue.

Le globe de l'œil est formé de *membranes* ou *tuniques*, et *d'humeurs*.

DES MEMBRANES.

Les membranes sont : la *sclérotique*, la *choroïde*, la *rétine*, l'*iris* et l'*hyaloïde*.

De la sclérotique.

La sclérotique est la membrane la plus externe de l'œil ; la partie la plus transparente, qui est située à l'extérieur de l'œil, forme le blanc ; au centre est une modification de la sclérotique, à laquelle on donne le nom de *cornée transparente*.

De la Choroïde.

La choroïde adhère à la partie interne de la sclérotique et s'étend jusqu'à la circonférence de la cornée transparente.

De la rétine.

La rétine est située dans la partie postérieure de l'œil, et est formée par l'épanouissement du nerf optique ; elle est l'organe spécial de la vue.

De l'iris.

L'iris est une membrane qui sépare l'œil en deux parties nommées *chambres* ; l'une antérieure, l'autre postérieure.

Cette membrane varie de couleur suivant les individus, et est susceptible de se contracter et de se relâcher. Au centre est une ouverture circulaire à laquelle on a donné le nom de *pupille* ou *prunette*.

Les replis de la choroïde à la face interne de l'iris, forment ces lignes que l'on voit dans la partie colorée externe de l'iris, et auxquelles on donne le nom de *procès ciliaires*.

Le globe extérieur est protégé par la *conjonctive*, membrane qui est un prolongement de la peau. Dans certaines espèces d'animaux, il y a une troisième paupière qui couvre entièrement le globe de l'œil, et dont on voit souvent le rudiment dans *les autres* espèces.

L'hyaloïde.

L'hyaloïde est une membrane extrêmement mince qui recouvre le corps vitré.

DES HUMEURS DE L'ŒIL.

Les humeurs de l'œil sont le *corps vitré*, l'*humeur aqueuse* et le *cristallin*.

Du corps vitré.

Le corps vitré est une substance assez semblable à du verre fondu ; c'est une masse molle, gélatineuse, transparente, et qui occupe plus des trois quarts de la partie postérieure de l'œil.

De l'humeur aqueuse.

L'humeur aqueuse est une substance limpide et transparente qui occupe l'espace compris entre la face postérieure de la cornée par l'iris et le cristallin. Elle remplit les deux chambres de l'œil.

Du cristallin.

Le cristallin est une humeur semblable à une lentille, située à la partie antérieure du corps vitré, creusé pour le recevoir.

Si les bornes de cette analyse nous l'eussent permis, nous eussions parlé des *points lacrymaux* où aboutissent les larmes fournies par les *glandes lacrymales*.

NOTA. Pour se figurer à peu près la structure de l'œil,

on peut le comparer à une montre : la boîte représentera la sclérotique ; la choroïde tapisserait l'intérieur des parois de la boîte ; la rétine serait la plaque de cuivre qui, dans beaucoup de montres, recouvre le mouvement ; le mouvement occuperait la place de l'humeur vitrée ; le cadran figurerait l'iris et la prunelle au milieu de laquelle se trouve le cristallin, qui le serait par l'axe qui porte les aiguilles ; enfin, l'humeur aqueuse serait renfermée dans l'espace compris entre le cadran et la verrine ; le verre de la montre serait l'image de la cornée.

DES ORGANES DE L'OUIE.

Les oreilles au nombre de deux forment l'organe de l'ouie ; on les divise en deux parties séparées par la membrane du *tambour*, l'oreille *externe et interne*.

L'oreille externe (*auricula*) comprend le pavillon, ou cornet cartilagineux et le conduit auditif placé sous l'apophyse des pariétaux nommée *rocher*.

L'oreille interne (*auris*) est formée de la caisse du tambour, du vestibule, du limaçon et des canaux semi-circulaires.

Le tambour est une membrane sèche, et presque transparente, propre, par son élasticité, à transmettre les vibrations de l'air obtenu dans la caisse du tambour et dans l'intérieur de la bouche.

La caisse du tambour est traversée par un filet nerveux, ou nerf *acoustique*, qu'on nomme la *corde* du tympan ; cette caisse renferme les quatre osselets de l'ouie dont nous avons déjà parlé au chapitre 5, (ostéologie de la tête.)

Les nerfs auditifs s'épanouissent sur ces différentes parties et y perçoivent l'impression du son produit par les vibrations de l'air, qu'ils transmettent immédiatement au *sensorium commune*.

ORGANES DE L'ODORAT.

L'organe de l'odorat a son siége dans le nez et les fosses nasales ; dans l'intérieur du nez est la membrane pituitaire qui est le siége des nerfs dont les uns lui donnent la sensibilité générale et commune à toutes les autres parties du corps, et les autres nommés *olfactifs* reçoivent et transmettent au siège commun les émanations des corps ou *odeurs* qui sont apportées par l'air qui leur sert de véhicule.

ORGANES DU GOUT.

L'organe général du goût est la *bouche*.

Le mot bouche s'entend, ou de l'ouverture transversale formée par les lèvres, ou de la cavité à laquelle cette ouverture conduit. La partie supérieure se nomme *palais*; on y remarque une membrane appelée *voile du palais*, et on y distingue une ouverture nommée *vomer*, qui communique avec le nez.

La partie la plus en arrière se nomme *arrière-bouche* ou *pharynx*; elle forme le commencement de l'*œsophage* ou conduit musculo-membraneux par où passent les alimens et qui aboutit à l'estomac.

Dans la bouche se trouve la *langue*, organe le plus ordinairement libre, servant à la voix, à la mastication et déglutition des alimens; à la base de cet organe se trouve l'os hyoïde.

Le goût est le résultat des impressions perçues par les papilles qui recouvrent les parois du palais et de la langue, et les transmettent aux nerfs qui s'y épanouissent.

Les parois de la bouche sont humectées par la *salive*, humeur limpide et légèrement visqueuse, sécrétée par les glandes *salivaires* et sublinguales; on remarque encore les glandes *amygdales*.

ORGANES DE LA RESPIRATION ET DE LA VOIX.

Plusieurs des organes qui servent à la respiration servent aussi à la voix.

Nous remarquerons le canal aérien formé de trois parties: le *larynx*, la *trachée-artère* et les *bronches*, et ensuite les *poumons*.

Du larynx et de ses parties.

Le larynx est une espèce de boite cartilagineuse, située au-dessous de l'os hyoïde et de la base de la langue, à la partie antérieure et inférieure du pharynx.

Le larynx forme, à la partie antérieure de la gorge, ce qu'on appelle vulgairement la *pomme d'Adam*, ou nœud de la gorge.

A la partie supérieure du larynx est la *glotte*, ou ouverture du larynx. C'est par cette ouverture que l'air s'introduit dans les poumons et que sort la voix, modifiée par les différentes contractions de la glotte qui, ainsi qu'il est démontré en physique, fait la fonction d'anche des instrumens à vent.

La partie supérieure de la glotte est formée par une membrane cartilagineuse, nommée *épiglotte* qui, faisant la fonction d'une soupape, recouvre l'ouverture de la glotte, se ferme et se lève pour la sortie ou l'entrée de l'air, seul fluide qui pénètre dans cet organe.

De la trachée-artère.

La trachée-artère est un canal composé d'anneaux ou de demi-anneaux cartilagineux ; l'air pénètre dans ce conduit par l'ouverture de la glotte.

La trachée-artère se divise en deux canaux nommés *bronches* ; ces deux conduits ont leur orifice dans les poumons, et chaque bronche correspond à l'un des poumons.

Outre le passage que la trachée-artère fournit à l'air, elle est encore le principal organe de la voix, laquelle résulte des vibrations que l'air, expulsé des poumons, éprouve en traversant les bronches, la trachée, le larynx, la glotte, le vomer jointes aux mouvemens de la langue et des lèvres.

Des Poumons.

Les poumons sont au nombre de deux, partagés en lobes ; ce sont des corps mous, spongieux ; ils occupent les cavités droite et gauche de la poitrine, et sont séparés par le médiastin et le cœur.

A. Veine cave supérieure.
B. Veine cave inférieure.
C. Oreillette droite.
D. Ventricule droit.
E. Artère pulmonaire.
F. Poumon gauche.
G. Ventricule gauche.
H. Artère aorte ascendante.
I. Aorte descendante.
K. Rameaux veineux.
L. Rameaux artériels.
M. Colonne vertébrale.
N. Veines coronaires.
O. Trachée artère.
P. Côtes.

Les poumons sont le principal appareil de la respiration; cette fonction, par laquelle l'air entre dans la poitrine et en ressort, est le résultat de deux mouvemens; l'un nommé *inspiration*, pendant lequel la poitrine se dilate et reçoit l'air extérieur; l'autre nommé *expiration*, par lequel la poitrine se contracte et chasse l'air au dehors.

DU COEUR.

Le cœur est le principal organe de la circulation du sang. C'est un muscle partagé en quatre cavités, dont les contractions chassent le sang dans les artères, pour le distribuer ensuite dans toutes les parties du corps, d'où il lui est rapporté par les veines, ainsi que nous l'avons déjà vu.

Le cœur a la forme d'un cône; la grosseur relative de cet organe est en général un indice du courage de l'animal.

Le cœur est placé derrière le sternum et les cartilages des dernières vraies côtes gauches, au-devant de la colonne vertébrale; il est fixé dans le lieu qu'il occupe par une membrane nommée *péricarde* et les gros vaisseaux sur lesquels il se réfléchit; sa pointe incline ordinairement à gauche.

Le cœur est formé de quatre cavités:

Les deux supérieures se nomment *oreillettes*, et se distinguent en droite et en gauche; elles sont comme deux appendices, situées à la base du cœur.

Les deux cavités inférieures qui composent spécialement le volume du cœur se nomment *ventricules*; on distingue également le ventricule droit et le ventricule gauche.

Les quatre cavités du cœur communiquent entre elles au moyen de valvules ou cloisons.

L'oreillette droite reçoit les deux veines caves.

L'oreillette gauche reçoit les veines pulmonaires.

Le ventricule droit, plus ample que le second, donne naissance à l'artère pulmonaire.

Le ventricule gauche donne naissance à l'artère aorte.

On remarque encore sur le cœur les veines coronnaires.

A la description du cœur se joint nécessairement celle du *péricarde*, de la *plèvre*, du *médiastin*, du *thymus* et du *diaphragme*. Cette dernière membrane surtout sert de caractère dans la classification des animaux par le grand rôle qu'elle joue dans l'économie animale.

Du Péricarde.

Le péricarde est une poche membraneuse qui enveloppe le cœur et le commencement des gros vaisseaux artériels et veineux.

De la plèvre.

La plèvre est une membrane celluleuse qui tapisse l'intérieur de la poitrine et se réfléchit sur les poumons auxquels elle fournit une enveloppe extérieure.

Du médiastin.

Le médiastin est une cloison membraneuse, formée par l'adossement de deux plèvres : cette membrane sépare la poitrine en deux parties.

Du thymus.

Le thymus est un corps glanduleux, situé à la partie antérieure et supérieure du médiastin.

Du Diaphragme.

Le diaphragme est un muscle ou membrane musculeuse qui sépare la cavité de la poitrine de celle du bas-ventre ; il s'étend depuis l'appendice xyphoïde jusqu'aux vertèbres lombaires.

Le mécanisme du diaphragme, ainsi que nous le verrons en physiologie, est un des organes de la respiration.

Le diaphragme forme la cloison qui sépare la cavité *thorachique*, qui renferme le cœur et les poumons, de la cavité *abdominale*, dans laquelle sont l'estomac, le foie, les intestins.

DE L'ESTOMAC ET DES INTESTINS.

Nous avons vu que le pharynx se termine par un conduit membrano-musculeux, nommé *œsophage*. Ce conduit vient rendre à l'estomac dont l'ouverture supérieure se nomme *cardia*.

L'estomac est un des organes de la digestion, mais il n'est point le siége unique de cette opération, ainsi que nous le verrons en physiologie.

Ce viscère est une poche membrano-musculeuse située dans la partie supérieure moyenne et gauche de l'abdomen, au-dessous du foie et du diaphragme. Il a deux ouvertures; l'une supérieure, nommée *cardia*; l'autre inférieure, nommée *pylore*, qui communique avec le premier des intestins nommé *duodenum*.

On nomme *intestins* un canal musculo-membraneux, tortueux et replié sur lui-même, dont les circonvolutions occupent la plus grande partie du bas-ventre ou *abdomen*, depuis l'estomac jusqu'à l'anus

La partie externe de la masse des intestins est recouverte par une membrane nommée *péritoine*.

On divise les intestins en *grêles* et en *gros* intestins.

Les intestins grêles sont le *duodenum*, le *jejunum* et l'*iléon*. Ils forment la cinquième partie du tube intestinal : leur nom vient de leur exiguité relativement aux gros intestins.

Les gros intestins sont : le *colon*, le *cœcum* et le *rectum*, dont le volume est bien supérieur à celui des intestins grêles.

La longueur du tube intestinal, en général, égale six à sept fois celle du corps.

ORGANES DU TOUCHER.

La peau est le siége des nerfs du toucher qui, ainsi que nous l'avons vu (chapitre 5), s'épanouissent à la surface de cet organe.

La peau est l'enveloppe générale du corps; c'est une membrane dense, serrée, exposée à l'action immédiate de l'air.

La peau est composée de trois parties: le *derme* ou *corium*, le *corps muqueux* ou *réticulaire* et l'*épiderme*.

Le derme ou corium est la partie la plus épaisse et la plus interne de la peau.

Le corps muqueux est une substance molle qui adhère au corium, et plus encore à l'épiderme; cette partie est intermédiaire.

L'épiderme est une membrane très-mince qui forme la partie la plus extérieure de la peau.

La peau est percée d'une infinité d'ouvertures, nommées *pores*, qui donnent issue aux vaisseaux excréteurs et absorbans; elle est garnie de *papilles* dans lesquelles s'épanouissent les derniers filets des nerfs auxquels cet organe transmet les sensations extérieures.

Les *ongles* sont des lames dures, blanchâtres, transparentes, placées à l'extrémité des doigts et orteils.

On appelle *poils*, de petits corps creux, minces et déliés qui couvrent la peau; les uns ont reçu le nom particulier de *cheveux*; d'autres, *barbe*, *cils*.

La connaissance plus détaillée du corps et des organes est l'objet d'un cours spécial d'anatomie, au-dessus des connaissances nécessaires pour atteindre le but que nous nous proposons.

CHAPITRE VIII.

NOTIONS PHYSIOLOGIQUES.

Nous avons vu qu'au nombre des connaissances nécessaires au naturaliste pour atteindre le but qu'il se propose, dans l'étude de l'histoire naturelle, est celle de la *physiologie*, ou *science de la vie*. Les notions d'anatomie que nous venons d'étudier, quelque superficielles qu'elles soient, sont néanmoins indispensables pour entendre les principaux phénomènes de la physiologie, dont l'étude est nécessaire, non-seulement au naturaliste, mais encore à toute personne instruite qui, sans avoir étudié la médecine, ne doit cependant pas ignorer le mécanisme général de son organisation physique.

Ainsi que dans l'anatomie, nous nous bornerons aux principaux points de la physiologie animale, et nous étudierons la *digestion*, la *respiration*, la *circulation du sang* et la *nutrition*.

DE LA DIGESTION, RESPIRATION, CIRCULATION DU SANG, ET DE LA NUTRITION.

Tel est le rapport ou la relation qui existe entre la *digestion, respiration, circulation du sang* et la *nutrition*, ainsi que dans les organes de ces fonctions de l'économie animale, que ces points essentiels de la physiologie doivent être étudiés simultanément.

De la digestion.

Extraire des alimens la substance nutritive, pour la porter dans toutes les parties du corps, afin de réparer la déperdition constante qui s'opère journellement dans les corps organiques, tel est le résultat de la digestion.

Le premier acte de la digestion est la *mastication* ; cette opération se fait au moyen des lèvres, de la langue, des mâchoires garnies de dents dont les *incisives* coupent les alimens, les *canines* les séparent, les *molaires* les broient ; et de plus, par des fluides particuliers, sécrétés par les glandes salivaires, qui humectent le bol (bouchée) alimentaire.

A ce premier acte succède la déglutition, qui s'opère par la contraction des parois musculeuses de la bouche et des mouvemens de la langue.

Le bol alimentaire pénètre alors dans le pharynx, entre dans l'œsophage, sans pénétrer dans la trachée-artère, dont l'ouverture, ou glotte, recouverte par l'épiglotte, ne doit donner passage qu'à l'air.

Parvenue dans l'œsophage, la nourriture, aidée par les contractions musculaires de ce canal, dont les parois sont humectées par les mucosités, les parcourt avec facilité, et pénètre enfin dans l'estomac.

Là, les alimens subissent une transformation nommée *chymification* ; et, à l'aide de sucs particuliers, sont réduits en une pâte homogène nommée *chyme*.

L'estomac n'est point, comme on se l'imagine ordinairement, le *seul* organe de la digestion ; c'est dans ce viscère que les sucs nutritifs sont élaborés ; mais l'absorption des fluides nourriciers, nommés *chyle*, ne se fait réellement, ainsi que la *digestion*, comme l'exprime l'étymologie même du mot *digerere*, porter çà et là, que dans les intestins grêles. En effet, c'est dans cette partie que la portion nutritive, ou *chyle*, est absorbée par les vaisseaux *chylifères*, pour être ensuite versée dans un canal particulier nommé *thorachique*, qui le porte dans une ramification de la veine cave, nommée *sous-clavière gauche*, d'où il est porté au cœur avec le sang veineux que le système général veineux rapporte dans cet organe : le sang dans les veines est dépouillé de toutes ses qualités nutritives ; l'addition du chyle, ou *sang blanc*, le rend propre à nourrir de nouveau les parties du corps après avoir reçu l'air atmosphérique, ce qui s'opère dans les poumons par l'acte de la respiration.

La partie non nutritive nommée fécale, est rejetée après avoir parcouru le reste du tube intestinal.

DE LA RESPIRATION.

L'air atmosphérique, ainsi que nous l'avons dit, (pag. 4) entoure le globe de la terre et forme comme un tourbillon.

Dans l'acte de la *respiration*, on observe deux mouvemens; l'un nommé *inspiration*, l'autre *expiration*.

Lors de l'inspiration, ou introduction de l'air extérieur dans les poumons, les côtes, revêtues intérieurement et extérieurement de muscles placés en sens oblique et inverse, s'élèvent, le diaphragme s'abaisse sur l'abdomen, les fausses côtes et les côtes flottantes s'écartent et permettent aux viscères de l'abdomen de s'étendre pour faciliter l'abaissement du diaphragme. Par cet écartement et abaissement des parties internes, les cavités de la poitrine s'augmentent et permettent l'entrée de l'air extérieur.

L'air atmosphérique, en raison de son élasticité entre dans la bouche, passe dans la trachée-artère, au moment où l'épiglotte s'élève et que la glotte se dilate pour laisser l'entrée à l'air; parvenu dans la trachée-artère, l'air se divise dans chaque *bronche* et pénètre dans les *lobes* du poumon.

Arrivé dans cet organe, l'air se combine alors avec le sang veineux, augmenté du nouveau sang ou chyle, et lui abandonne les sept vingt et unièmes de son oxigène, quantité suffisante pour le revivifier et le rendre propre à la nutrition, et le rend ainsi sang *artériel*, parce qu'alors, le sang, de noir qu'il était, dépouillé de ses qualités, redevient *vermeil et nutritif*.

Au moyen de l'abaissement des muscles *intercostaux* et des côtes, et de la contraction du diaphragme, l'air ressort des poumons, mais n'est plus composé que de quatorze parties d'oxigène; plus, les soixante-dix-neuf parties d'azote; et le tiers d'oxigène absorbé par le sang dans les poumons, est remplacé par un septième d'acide carbonique.

Le mouvement qui chasse l'air des poumons se nomme *expiration* et est le *dernier acte* de la vie.

Le gaz oxigène est donc l'air essentiel à la vie ; mais seul, il serait trop vif ; il a besoin d'être contre-balancé par le gaz azote qui, seul, serait mortel, ainsi que l'indique son nom ; de là, la suffocation qu'éprouvent les personnes réunies en trop grand nombre dans un lieu où l'air ne se renouvellerait point. Les asphixiés périssent parce que la combustion du charbon absorbant tout l'oxigène de l'air, il ne reste que du gaz azote.

La chaleur animale qui s'élève de trente-deux à quarante degrés (Réaumur), est le résultat de la combinaison de l'air atmosphérique avec le sang des poumons, de la décomposition générale des molécules dans toute l'habitude du corps, et des différens dégagemens qui s'y opèrent.

L'absorption des sept-vingt et unièmes d'oxigène a donné au sang toutes les propriétés nécessaires à la vie ; et, au moyen de la circulation, il répare la déperdition constante du corps.

CIRCULATION DU SANG.

Nous avons vu que les artères portent le sang du cœur aux extrémités, et que les veines le rapportent au cœur.

Prenons la circulation à l'instant où la veine cave rapporte au cœur le sang augmenté par le chyle.

La veine cave aboutit, ainsi que nous l'avons vu, à l'oreillette droite ; le sang qu'elle y verse est forcé par les contractions de cet organe de passer dans le ventricule droit puisque les valvules, ou soupapes des veines, l'empêchent de remonter dans leur intérieur.

Arrivé dans cette seconde cavité, partagée de la première par une valvule, le sang pressé par les contractions du ventricule, et dans l'impossibilité de refluer dans l'oreillette droite, s'échappe alors par la seule issue que lui offre un conduit situé à la base du ventricule droit, nommé artère pulmonaire, qui le porte dans les poumons. Après y avoir circulé, parcouru toutes les cellulosités, et reçu l'oxigène de l'air, il cède la place au nouveau sang veineux, qui lui a succédé dans l'oreillette droite et le ventricule droit sans interruption ; et, devenu sang artériel, par son contact avec l'oxigène, il est poussé, par les contractions du poumon, dans les veines pulmonaires qui le rapportent des poumons à l'oreillette gauche. Là, par un semblable mécanisme, quoiqu'en sens inverse, le sang, dans l'impossibilité de remonter dans les veines pulmonaires, par l'obstacle des valvules, est forcé de passer dans le ventricule gauche. La contraction de cette quatrième partie du cœur, et de plus, l'afflux du nouveau sang qui arrive des poumons, force la partie contenue dans le ventricule de s'échapper par la seule issue que lui offre l'artère *aorte* qui se subdivise en deux branches, l'une ascendante, l'autre descendante, qui se ramifient à l'infini. En les parcourant, le sang abandonne les parties nutritives dont il est saturé aux parties adjacentes pour former une nouvelle chair, jusqu'à ce qu'enfin, dépouillé de ses propriétés nutritives, et redevenu sang veineux, il rentre dans les veinules pour être reporté par les veines au cœur, et se revivifier d'oxigène.

Il y a donc deux espèces de circulation : la première ou *petite circulation*, est celle que fait le sang du cœur aux poumons, *et vice versà ;* et la seconde, ou *grande circulation*, se fait du cœur aux extrémités.

La résistance qu'oppose le sang qui remplit déjà les artères au nouveau fluide que les contractions continuelles du cœur ne cessent de leur envoyer, occasione dans ces vaisseaux une dilatation qui produit les mouvemens du *pouls*, mouvemens toujours isochrones aux battemens du cœur.

Chaque pulsation du cœur envoie environ deux onces de sang dans l'aorte.

Le pouls est fréquent dans l'enfant, chez lequel il bat, dans l'état normal, jusqu'à 150 fois par minute ; dans l'homme fait, on compte environ 80 pulsations, et seulement 60 dans le vieillard.

Le pouls est très-fréquent dans les affections vives, et après un violent exercice.

Les contractions et les mouvemens du cœur, dans l'être

animé, résultent de l'irritabilité des nerfs, et de l'élasticité propre aux muscles en général ; et c'est dans la totalité de la moëlle épinière que le cœur puise le principe de ces mouvemens : de sorte que la lésion de cette partie arrête instantanément toute circulation.

DE LA NUTRITION.

Nous n'avons point dû parler des différens fluides ou humeurs qui circulent dans l'appareil général des vaisseaux ; cette étude n'entre point dans le but que nous nous proposons ; nous parlerons seulement du sang,

Sans prétendre faire l'analyse exacte du sang, nous nous contenterons de remarquer qu'il est composé de *serum*, ou partie fluide qui se sépare après la mort, et du *cruor*, ou caillot ; et l'ensemble de ce fluide est de l'*eau*, de l'*albumine*, de la *fibrine*, plus différens sels, et un principe colorant : l'analyse exacte est du ressort de la chimie. La masse totale du sang est d'environ *trente livres*.

Les molécules nutritives du sang sont absorbées dans le trajet artériel, par des vaisseaux absorbans qui remplissent la fibre musculaire ; l'expression de *chair-coulante* est donc de toute justesse.

Ainsi s'opère la nutrition qui répare la déperdition continuelle de la matière animale qui, considérée à diverses époques, n'est plus la même.

Le résultat de la nutrition est donc de convertir en la propre substance des animaux les principes nutritifs extraits des alimens, et élaborés dans leur estomac par les fonctions organiques et assimilatrices.

Quant au mode d'*assimilation*, ou manière dont les substances se changent en une nouvelle substance animale, on l'ignore.

La preuve que les molécules nutritives forment une substance nouvelle se démontre par la coloration *en rouge* des os d'un poulet dans les alimens duquel on mélange de la racine de *Garance*, plante dont on se sert pour teindre en rouge.

L'*indigestion* est le résultat du défaut de *chymification* des alimens ingérés dans l'estomac, soit par l'*excès* des substances alimentaires, soit par leur *qualité*, soit enfin par la *prédisposition des individus*. On connaît cet adage ou proverbe : *ce n'est point ce que l'on mange qui nourrit, mais ce que l'on digère bien*.

Quant au temps de la rénovation totale du corps, elle varie suivant les lieux, les temps, les individus, les circonstances, le régime, etc., etc. ; et la période de sept ans, qu'assignent certains auteurs, est soumise à trop de modifications pour pouvoir être admise comme règle.

Le besoin de réparer les principes nutritifs, occasione deux sensations, la *faim* et la *soif* ; et celui de réparer les forces *musculaires*, produit le sommeil ; état que l'on peut définir : *interruption plus ou moins complète des fonctions de relation*.

Enfin, arrive un temps où l'ensemble des organes ne remplit plus les fonctions qui leur sont assignées, et l'animal paye à la nature le tribut qu'elle lui a imposé ; parce que la mort est une conséquence nécessaire de la vie, qui doit cesser par suite du dépérissement et du défaut d'harmonie entre les agens que la nature emploie.

De la putréfaction.

A la mort, succède la putréfaction, ou décomposition de la matière qui se ramollit et se décompose par la combinaison de l'ammoniaque du corps et de l'hydrogène. Il se forme alors de l'eau, de l'ammoniaque, du gaz acide carbonique, de l'hydrogène sulfuré carbonique, et de l'acide acétique.

La présence de l'eau est nécessaire pour la putréfaction.

La température atmosphérique pour la putréfaction est de 25 degrés de Réaumur au-dessus de zéro, ou 10 degrés au-dessous : au-dessus la chair se dessécherait ; au dessous, elle se conserverait long-temps.

La putréfaction est le *seul signe certain* de la mort : le froid absolu, la roideur complète de tous les membres, la cessation totale de la respiration, telle que le plus léger souffle ne ternit point une glace placée sur la bouche ; les yeux *glacés*, ne sont que des *indices trompeurs* ; on ne peut trop le répéter : les moyens employés pour s'assurer qu'un individu n'est pas en *léthargie*, ne fournissent point d'indices assez sûrs : cet état, qui offre effectivement tous les symptômes de la mort, et qui est réellement une *cessation complète* des fonctions de tous les organes, *une interruption* de tous les phénomènes de la physiologie, peut tromper les personnes même les plus expérimentées. On ne peut assez se pénétrer de l'importance de conserver les corps jusqu'au moment où la décomposition s'opère. La *léthargie* peut durer deux jours et plus.... Et si un infortuné, victime d'une cruelle précipitation, revient à la vie dans la tombe, et se reconnaît enveloppé du linceul.... Trop d'exemples malheureusement prouvent cette terrible vérité.

Nous résumerons ici les principaux systèmes ou appareils organiques, indispensables dans l'étude de l'histoire naturelle :

1° Système osseux.
2°   musculaire.
3°   sensitif.
4°   circulatoire.
5°   respiratoire.
6°   digestif.
7°   absorbant.
8°   sécrétoire.
9°   vocal.

La connaissance des fonctions de relation et de nutrition étant seulement nécessaire pour parvenir au but de l'histoire naturelle, nous nous contenterons d'observer ces différens organes qui se subdivisent encore en deux systèmes généraux, partagés, ainsi qu'il suit, d'après les deux fonctions principales :

1° Fonctions de nutrition.
2° Fonctions de relation.

1° Appareils de la vie de nutrition, ou organique.

1° Appareil digestif.
$\begin{cases} \text{De la bouche.} \\ \text{Du pharynx.} \\ \text{De l'œsophage.} \\ \text{De l'estomac.} \\ \text{Des intestins.} \end{cases}$

2° Appareil respiratoire.
$\begin{cases} \text{Des poumons et de leurs dépen-} \\ \text{dances.} \end{cases}$

3° Appareil circulatoire.
$\begin{cases} \text{Du cœur.} \\ \text{Des artères.} \\ \text{Des veines.} \end{cases}$

4° Appareil absorbant.
$\begin{cases} \text{Des vaisseaux lymphatiques.} \\ \text{Des glandes lymphatiques.} \end{cases}$

5° Appareil sécrétoire.
$\begin{cases} \text{De la glande et des voies lacry-} \\ \text{males.} \\ \text{Des glandes salivaires.} \\ \text{Du foie.} \\ \text{Des reins.} \end{cases}$

2° Appareils de la vie de relation, ou animale.

1° Appareil sensitif externe.
$\begin{cases} \text{De l'œil.} \\ \text{De l'oreille.} \\ \text{Du nez.} \\ \text{De la langue.} \\ \text{De la peau.} \end{cases}$

2° Appareil sensitif interne.
$\begin{cases} \text{Du cerveau et de ses dépen-} \\ \text{dances.} \end{cases}$

3° Appareil conducteur du sentiment.
$\begin{cases} \text{Nerfs encéphaliques.} \\ \text{Nerfs des ganglions.} \end{cases}$

4° Appareil locomoteur.
$\begin{cases} \text{Des os.} \\ \text{Des muscles.} \end{cases}$

5° Appareil vocal. | Du larynx et de ses parties.

Remarquons en terminant ces notions, bien générales sans doute, qu'une partie des organes est soumise à l'empire de la volonté du *moi* et que l'autre en est indépendante.

Nous ne pouvons nous empêcher de rapporter ici les beaux vers de Racine dans lesquels il analyse les facultés de l'homme, analyse qu'il embellit du charme de la plus haute poésie.

> Le Roi, pour qui sont faits tant de biens précieux,
> L'homme élève un front noble et regarde les cieux.
> Ce front, vaste théâtre, où l'âme se déploie,
> Est tantôt éclairé des rayons de la joie,
> Tantôt enveloppé d'un chagrin ténébreux.
> L'amitié tendre et vive y fait briller ses feux
> Qu'en vain veut imiter dans son zèle perfide,
> La trahison que suit l'envie au teint livide.
> Un mot y fait rougir la timide pudeur;
> Le mépris y réside ainsi que la candeur;
> Le modeste respect, l'imprudente colère,
> La crainte et la pâleur sa compagne ordinaire,
> Qui dans tous les périls funestes à mes jours,
> Plus prompte que ma voix appelle du secours.
> A me servir aussi cette voix empressée,
> Loin de moi quand je veux, va porter ma pensée.
> Messagère de l'âme, interprète du cœur
> De la société je lui dois la douceur.
> Quelle foule d'objets l'œil réunit ensemble !
> Que de rayons épars ce cercle étroit rassemble !
> Tout s'y peint tour-à-tour : le mobile tableau
> Frappe un nerf qui l'élève et le porte au cerveau.
> D'innombrables filets, ciel ! quel tissu fragile.
> Cependant ma mémoire en a fait son asile,
> Et tient dans ce dépôt fidèle et précieux
> Tout ce que m'ont transmis mes oreilles et mes yeux.
> Elle y peut à toute heure et remettre et reprendre;
> M'y garder mes trésors exacte à me les rendre.
> Là, ces esprits subtils, toujours prêts à partir,
> Attendent le signal qui les doit avertir.
> Mon âme les envoie, et ministres dociles
> Je les sens répandus dans mes membres agiles.

A peine ai-je parlé, qu'ils sont accourus tous.
Invisibles sujets quel chemin prenez-vous?
Mais qui donne à mon sang cette ardeur salutaire?
Sans mon ordre il nourrit ma chaleur nécessaire.
D'un mouvement égal, il agite mon cœur.
Dans ce centre fécond il forme sa liqueur.
Il vient me réchauffer par sa rapide course;
Plus tranquille et plus froid il remonte à sa source.
Et toujours s'épuisant, se ranime toujours.
Les portes des canaux destinés à son cours
Ouvrent à son entrée une libre carrière,
Prêtes s'il reculait, d'opposer leur barrière.
Ce sang pur s'est formé d'un grossier aliment,
Changement que doit suivre un nouveau changement.
Il s'épaissit en chair; dans mes chairs qu'il arrose
En ma propre substance il se métamorphose.
Est-ce moi qui préside au maintien de ces lois,
Et pour les établir ai-je donné ma voix?
Je les connais à peine!... Une attentive adresse
Tous les jours m'en découvre et l'ordre et la sagesse.

(*Poëme de la religion*, CHANT 1ᵉʳ.)

L'astronomie et l'anatomie, a dit Fontenelle, sont les deux sciences où sont le plus sensiblement marqués les caractères du Souverain-Etre: l'une annonce son immensité, l'autre son intelligence. On peut même croire que l'anatomie a quelque avantage. L'intelligence prouve encore plus que l'immensité.

(*Note du premier chant du Poëme de la Religion.*)

N° 2. ANALYSE. — MAMMIFÈRES. PREMIÈRE CLASSE.

ORDRES.

			ORDRES
1 {	Colonne vertébrale *verticale*, ne formant *point d'angle* avec le fémur.	*Bimanes*,	1er. Ordre.
	——— *horizontale* formant *un angle* plus ou moins grand avec le fémur.	2	
2 {	Animaux ayant quatre membres.	3	
	——— membres *antérieurs* remplacés par de véritables nageoires, les *postérieurs* par une *seule* nageoire cartilagineuse *horizontale*	*Cétacés*.	8e. Ordre.
3 {	Quadrumanes, ou se servant également et *isolément* des doigts des membres antérieurs et postérieurs.	*Quadrumanes*.	2e. Ordre.
		4	
4 {	Quadrupèdes, ou ne se servant point *isolément* de leurs doigts.	5	
	Quadrupèdes unguiculés	6	
	——— privés d'ongles véritables		
5 {	Quadrupèdes ayant les dents molaires, canines et incisives de forme comprimée, au moins à la mâchoire supérieure.	*Carnassiers*.	3e. Ordre.
	Dents molaires, mais point de canines, seulement 2 ou 4 incisives à chaque mâchoire.		
6 {	Dents incisives, point de véritables canines.	*Rongeurs*.	4e. Ordre.
	——— point d'incisives ni de canines à la mâchoire supérieure.	*Pachydermes*.	6e. Ordre.
	——— point d'incisives ni de canines aux deux mâchoires.	*Ruminans*.	7e. Ordre.
		Edentés.	5e. Ordre.

au mouvement, dont la réunion forme le squelette ; des vertèbres dorsales mobiles, le sang chaud, un cœur à deux ventricules et à deux oreillettes, le corps recouvert de poils, et vivipares.

Cette classe se subdivise en huit ordres :

1° Les bimanes.
2° Les quadrumanes.
3° Les quadrupèdes carnassiers.
4° Les quadrupèdes rongeurs.
5° Les quadrupèdes édentés.
6° Les quadrupèdes pachydermes.
7° Les quadrupèdes ruminans.
8° Les cétacés,

dont les caractères principaux sont analysés dans le tableau n°. 2 ci-contre.

CHAPITRE X.

PREMIER ORDRE DES MAMMIFÈRES.

DES BIMANES, ou L'HOMME.

CARACTÈRES DE L'ORDRE.

Une colonne vertébrale *verticale*, formant une ligne *perpendiculaire* avec le fémur ; un frontal et un os maxillaire formant un *angle facial* (1) de 75 à 90 degrés ; les narines *saillantes*, des canines de *même longueur* que les autres dents, un fémur *long*, des doigts aux extrémités *supérieures* pouvant s'opposer les uns aux autres et se mouvoir *isolément*, excepté l'annulaire ; un tarse *court*, un pied peu *flexible*, dont la base est *large* et dont l'orteil principal ne peut *s'opposer* aux autres, dont les phalanges sont *très-*

---

(1) Angle facial. Tout cercle se divise en 360 degrés, dont le quart est de 90. Or, si l'on place la charnière d'un compas au centre d'un cercle, et qu'une des branches du compas étant portée sur le degré 1er d'où l'on a commencé à compter, on élève l'autre jusqu'au degré 90, on aura le quart du cercle, ou 90 degrés de distance entre les deux pointes du compas. L'angle facial se mesure alors en plaçant horizontalement une des branches du compas le long de la base du crâne, et en faisant monter l'autre, à partir des deux incisives supérieures jusqu'à la partie la plus saillante du front, en suivant le long du nez. La perfection de la conformation serait de 90 degrés ; plus, au contraire, les os maxillaires supérieurs seront avancés, plus les deux pointes du compas se rapprocheront, et au lieu qu'il y ait un écartement de 90 degrés, il n'y en aura plus que 80, 75, 60, etc.

courtes, tels sont les principaux caractères anatomiques qui caractérisent le premier ordre des MAMMIFÈRES, OU L'HOMME.

Ces caractères généraux suffisent pour le séparer du reste des animaux, et prouver la justesse de ces vers :

« Pronaque dum spectant animalia cœtera terram
» Os homini sublime dedit, (natura) cœlumque tueri
» Jussit, et erectos ad sidera tollere vultus. »

(OVIDE, Mét., liv. 1ᵉʳ, v. 84.)

« Les animaux courbés envisagent la terre ;
» Mais la nature, sage en tout ce qu'elle opère,
» Forma le front de l'homme élevé vers les cieux
» Et voulut que sans cesse il y fixât les yeux. »

En effet, quand l'homme le voudrait, dit Cuvier, il ne pourrait marcher commodément à quatre pieds : l'angle que forme avec la jambe son pied peu flexible, la forme de son tarse et la longueur de sa cuisse ramèneraient son genou contre terre ; de plus, la conformation de ses artères cérébrales, qui ne se subdivisent point ainsi que dans les autres animaux, occasionerait une trop grande affluence de sang dans cet organe, et l'exposerait fréquemment à la mort.

L'homme est le *seul* des animaux, dont la colonne soit *verticale* et ne *forme point d'angle* avec le fémur. *Seul* il réunit les caractères qui lui assignent le premier rang dans l'échelle des *êtres créés* ; *seul* aussi, il jouit des facultés morales, telles que le *jugement*, le *raisonnement*, etc., facultés dont l'observation est du ressort de la philosophie ; *seul* enfin, il est doué de la *raison*, faculté qui doit lui assurer la prééminence sur la brute qui, dans tout ce qu'elle fait, est

Au même ordre toujours, architecte fidèle,

et ne s'écarte jamais de l'industrie propre à son espèce.

L'homme ne forme QU'UN GENRE, et ce genre est unique dans son ordre; on le subdivise en plusieurs races ou espèces qui sont :

1° La race blanche, ou caucasique.
2° La race jaune, ou mongolique.
3° La race noire, ou l'éthiopienne.
4° La race hyperboréenne.
5° La race américaine.

Observation. Les enfans de ces différentes races naissent blancs, même les nègres.

1° RACE BLANCHE.

La race blanche se distingue par *l'ovale* de la tête, la *blancheur* du teint, les joues *colorées* et les lèvres vermeilles, les cheveux *longs, flexibles,* de couleur variable du blond au noir foncé.

On trouve le prototype de cette race chez les peuples de la Circassie, de la Georgie et du Caucase, ensuite dans ceux du Danemarck, de la Suède, de la Hongrie, de la Russie, de l'Allemagne, de l'Angleterre et de la France; enfin vers le midi de l'Europe, chez les Espagnols, les Portugais, les Italiens et chez les Abyssins.

2° RACE JAUNE.

La race Jaune, ou Mongolique, se reconnaît à la *pommette saillante*, au visage *plat*, aux cheveux noirs et *plats*, à la barbe grêle et à son teint *olivâtre*.

Dans cette classe sont les Mongols, les Mantchoux, les Kalmoucks, les Chinois, les Japonais, les Siamois, les Malais, les peuples de la Nouvelle-Hollande et des mers du Sud.

3° RACE NOIRE.

La race noire ou Éthiopique a la peau *noire*, les cheveux *crépus*, le crâne *comprimé*, le nez *écrasé*, les lèvres *grosses et épaisses*, les os maxillaires *très-avancés*, formant comme un museau. Elle habite l'Afrique depuis le

Sénégal jusqu'à la Mer Rouge, la Guinée et le Congo. Chez les Cafres et les Hottentots cette couleur est moins prononcée.

4° RACE HYPERBORÉENNE.

La race hyperboréenne se distingue par un visage *plat*, *court* et *arrondi*, par son nez *écrasé*, ses cheveux noirs, *courts* et plats, et par une peau *très-brune*.

Tels sont les peuples qui habitent le Labrador, la baie d'Hudson, les Esquimaux, les habitans du Thibet, les Ostiaques, les Kamtschadales, les Lapons, les Samoièdes.

5° RACE AMÉRICAINE.

La race américaine a le visage *plat*, *triangulaire*, les cheveux noirs, plats et longs, *peu ou point* de barbe. La peau des hommes de cette race est *basannée*, d'un brun *rouge* ou *cuivreux*.

Cette espèce se trouve plus spécialement au Mexique, au Pérou, au Brésil. Les peuples du Nord du nouveau continent se classent ainsi que nous l'avons vu dans la race hyperboréenne.

D'autres auteurs admettent des races ou modifications plus ou moins nombreuses.

Les bornes de cette introduction ne permettent point de parler des Crétins, variété défigurée par un goître, ou tumeur à la gorge, ni des Albinos, remarquables par leur teint, leurs cheveux blafards et leurs *yeux rouges*. On trouve des Albinos dans la plupart des climats, et surtout dans l'isthme de Panama, où ils sont connus sous le nom de *Dariens*. Les Crétins se trouvent assez fréquemment en Suisse, dans le Valais. On appelle *Créoles* les hommes issus de parens de couleurs différentes.

L'homme est polyphage, ou omnivore, c'est-à-dire qu'il peut manger de la chair et des fruits ; et cependant, il existe beaucoup de modifications dans sa manière de vivre, modifications qui dépendent de l'habitude et des climats.

L'enfant naît très-faible : la partie supérieure de son crâne n'est point ossifiée ; et cette modification qui n'existe que dans l'homme, forme la *fontanelle*. L'enfant a, lors de sa naissance, dit Cuvier, plus du quart de sa hauteur ; il en atteint la moitié à deux ans et demi, les trois quarts à neuf ou dix ans ; ce n'est qu'à dix-huit qu'il cesse ordinairement de croître. L'homme surpasse rarement six pieds, et il ne reste guères au-dessous de cinq. La taille moyenne en France est de cinq pieds deux pouces, suivant Buffon.

Ce n'est qu'au bout de quarante jours ou de deux mois que l'enfant commence à sourire. Ce n'est qu'à cette époque que les sensations de l'ame se manifestent. Quelques mois après sa naissance, les dents de *lait* commencent à percer. Ce sont d'abord les *incisives*, et ordinairement les inférieures ; vers dix mois, les incisives latérales ; les laniaires, aussi nommées *œillères*, percent alors ; un an après, les quatres molaires ; des douze *arrières-molaires* qui ne doivent pas tomber, que l'on nomme *persistantes*, quatre paraissent vers l'âge de quatre ans, et quatre à neuf ; les quatre dernières ne paraissent quelquefois qu'à la vingtième année. Les deux dernières, situées à l'extrémité de la mâchoire, sont nommées *dents de sagesse*. Vers six ou sept ans, les incisives, les laniaires et les quatre premières molaires tombent ; ce sont proprement les *dents de lait*. Elles sont alors remplacées par d'autres dont la forme est différente, mais qui ne se remplacent point.

Les différentes périodes de la vie se partagent en cinq :

1° L'enfance, ordinairement jusqu'à quatorze ans ;

2° L'adolescence, de 14 à 25 ans ;

3° La jeunesse, de 25 à 40 ;

4° L'âge mûr, de 40 à 60 ;

5° La vieillesse de 60 à 100.

Nous croyons devoir placer ici les vers suivans :

> Que l'homme est bien durant sa vie
> Un parfait miroir de douleur !
> Dès qu'il respire, il pleure, il crie
> Et semble prévoir ses malheurs.

Dans l'enfance toujours des pleurs,
Un pédant, porteur de tristesse,
Des livres de toutes couleurs,
Des châtimens de toute espèce.

L'ardente et fougueuse jeunesse
Le met encor en pire état :
Des créanciers, une maîtresse
Le tourmentent comme un forçat.

Dans l'âge mûr autre combat :
L'ambition le sollicite.
Richesses, dignités, éclat,
Soins de famille, tout l'agite.

Vieux, on le méprise, on l'évite,
Mauvaise humeur, infirmité,
Toux, gravelle, goutte, pituite,
Assiégent sa caducité.

(J.-B. Rousseau. Stances.)

A peine l'homme a-t-il atteint son entier développement qu'il commence à épaissir. Les différens vaisseaux s'obstruent graduellement ; les cartilages s'ossifient, les parties molles se durcissent, les solides se roidissent ; et enfin, à ces différentes périodes succèdent la vieillesse, la décrépitude et la mort.

Quant à la durée de la vie humaine, elle est soumise à trop de variations pour qu'on puisse lui assigner un terme précis. On a cependant observé que l'exercice, l'usage modéré des forces physiques et morales, *surtout dans la jeunesse*, sont le plus sûr moyen pour l'homme de prolonger son existence, qui atteint rarement le terme de cent ans.

La vie de pêcheur, de chasseur, de pasteur fut primitivement celle de l'homme, ensuite, il se livra à l'agriculture, au commerce, aux arts, lorsqu'il fut réuni en société.

L'observation de l'habitude générale du corps, la position *absolument verticale* de la colonne vertébrale, et la forme des extrémités suffisent pour déterminer LE PREMIER ORDRE DES MAMMIFÈRES, ou l'homme, que nous avons pris (page 8) pour *type* d'observation et *terme* de comparaison.

Les modifications (page 6) que nous observerons dans les ordres suivans nous serviront de caractères de transition; car, remarquons que la Nature ne passe point brusquement d'une production à une autre; tout s'enchaîne et se coordonne; et l'ensemble des êtres forme comme une chaîne immense. *Natura non facit saltum*, dit Linné : *la Nature ne fait point de saut*, pensée que Delille a traduite ainsi :

> . . . . . du règne minéral
> Si je veux remonter au règne végétal,
> Je vois entre eux les talcs et leurs lames fibreuses,
> L'amiante allongeant ses membranes soyeuses,
> Qui se changeant en fil, donne ce tissu fin,
> Triomphant de la flamme et l'émule du lin.
> La tendre sensitive, aux yeux surpris du sage,
> Semble lier entr'eux par un plus doux passage
> La race qui végète et l'empire animé;
> Le polype des eaux, prodige renommé,
> Dont tantôt je peignais la tige renaissante,
> Parut pour réunir l'animal à la plante.
> Dans le monde vivant combien d'autres anneaux
> Joignent l'hôte des airs, de la terre et des eaux !
> Le limaçon, vêtu de sa frêle coquille,
> Des poissons écailleux rappelle la famille ;
> Les lacs ont leurs oiseaux, la mer a ses serpents,
> Et ses poissons ailés, et ses poissons rampants ;
> Quelques-uns, habitants de la terre et de l'onde
> Touchent à deux degrés de l'échelle du monde.
> De l'autruche, trottant sur ses pieds de chameau,
> L'aileron emplumé la rejoint à l'oiseau ;
> De l'écureuil volant, la famille douteuse,
> L'oreillard déployant son aile membraneuse,
> Joignent le quadrupède avec le peuple ailé :
> Ainsi rien n'est tranchant, ainsi rien n'est mêlé ;
> Ainsi sont réunis sur cette échelle immense
> Le degré qui finit et celui qui commence.
> L'homme seul est au faîte ; et quel être orgueilleux
> Oserait approcher du chef-d'œuvre des dieux ?
> Dans les êtres vivants Dieu défend qu'aucun être
> Réunisse à lui seul tous les traits de son maître ;

Mais, sans lui ressembler, de son divin portrait
Des animaux choisis obtinrent quelque trait.
L'un imite sa voix, et l'autre sa figure;
L'éléphant pour venger sa grossière structure,
De sa raison sublime obtint quelques rayons :
Là l'auteur du portrait a brisé ses crayons.
En vain nous étalant sa forme presque humaine,
Et sa large poitrine, et sa taille hautaine,
Et ses adroites mains, l'homme inculte des bois
Sur nous des animaux revendique les droits;
Entre l'être mortel et l'ame impérissable,
Dieu lui-même a tracé la ligne ineffaçable.
Des fibres et des nerfs qu'importe le vain jeu ?
Aucun ne touche à l'homme et l'homme touche à Dieu.
Oui, sur quelques vains droits que leur orgueil se fonde,
Tous sont nés les sujets du monarque du monde.
La nature à chacun impose peu de soins;
Ils ont peu de pensers, ayant peu de besoins :
Les faciles plaisirs, objet de leur envie,
L'impérieux désir de conserver leur vie,
Les mets inapprêtés qui forment leur repas,
Leurs amours passagers, leurs chasses, leurs combats,
Là s'arrête l'instinct, le moment le décide,
Son action est sûre et son repos stupide;
Les objets désirés sont seuls intéressants;
Sa courte attention s'endort avec les sens;
Il n'a point la pensée indépendante et pure
Qui sait pour elle-même admirer la nature,
Des êtres étudier les mutuels rapports,
Interroger son âme, étudier son corps.
Pour lui meurent des faits les traces fugitives,
La vie est sans époque et le temps sans archives,
Le présent sans passé, l'instant sans avenir,
La volupté sans choix, l'amour sans souvenir :
Tels sont les animaux, mais tel n'est point leur maître.
Sujets abaissez-vous, votre roi va paraître.
Lui seul de la raison suit le divin flambeau,
Sait distinguer le bon, sait admirer le beau;
Lui seul dans l'univers sait, par un art suprême,
Se séparer de lui pour s'observer lui-même.
Aux spectacles pompeux dont ses yeux sont témoins,
S'unit par ses pensers comme par ses besoins,
Par la réflexion accroît sa jouissance;
Il connaît sa faiblesse, et voilà sa puissance.
L'être que Dieu fit nu dut inventer les arts,
Il file ses habits, il bâtit des remparts;

Lui seul au vêtement sait unir la parure,
Joint les besoins du luxe à ceux de la nature,
L'exercice au loisir, le loisir aux travaux.
De ses nouveaux besoins, sont nés des arts nouveaux :
Mais ces arts bienfaisants que l'instinct fit éclore,
Dans leur obscur berceau semblaient languir encore.
Enfin, avec des sons et des signes divers,
Le langage parut et changea l'univers,
Et de la brute à l'homme agrandit la distance.
Non que des animaux l'imparfaite éloquence
N'ait ses propres accents et ses expressions,
Signes de ses besoins et de ses passions :
Même son ne rend pas leur joie et leur tristesse;
Ils ont leur cri de rage et leur cri de tendresse.
Combien d'accents divers du coq, roi de nos cours,
Expriment les désirs, les haines, les amours!
Tantôt sollicitant la poule rigoureuse,
Il attendrit l'accent de sa voix langoureuse;
Tantôt, aigre et criard, parle en maître irrité,
Prend le ton caressant de la paternité,
Provoque à haute voix ses émules de gloire,
Il sonne mon réveil, il chante sa victoire,
Et l'air répète au loin ses éclats triomphants.
La poule qui partage un ver à ses enfants
N'a pas le même cri que la poule éperdue
Dont l'horible faucon vient de frapper la vue.
Mais ces accents si sûrs, cette foule de tons,
Qui dit tout par les mots, qui rend tout par les sons,
Des objets différens distingue la nuance,
Marque ici leur contraste, et là leur ressemblance,
Peint tantôt fortement, tantôt avec douceur,
Les mouvemens divers de l'esprit et du cœur,
Calme les passions ou réveille leurs flammes;
Echange nos pensers, fait commercer nos ames;
L'organe humain lui seul sait les articuler :
D'autres s'exprimeront, l'homme seul sait parler.
C'est peu : son art divin fixe le mot qui vole,
Fait vivre la pensée et grave la parole;
Mille fois reproduite elle vole en tous lieux,
Au défaut de l'oreille elle instruit par les yeux ;
De là des arts sacrés l'immortel héritage;
Un âge s'enrichit des pensers d'un autre âge,
Le temps instruit le temps; médiateurs heureux,
Les signes vont unir tous les peuples entr'eux.
Par eux les nations s'entendent, se répondent,
En un trésor commun leurs trésors se confondent :

Ainsi naît la richesse et la variété ;
Et tandis que l'instinct, à sa place arrêté,
Des cités du castor, du palais de l'abeille,
Jamais n'a su changer l'uniforme merveille,
L'homme sait varier les chefs-d'œuvre de l'art,
Mettre à profit l'étude et même le hasard ;
Sa main saisit du feu la semence féconde ;
Le feu dompta le fer, le fer dompta le monde.
L'homme lit dans les cieux, il navigue dans l'air,
Il gouverne la foudre, il maîtrise la mer,
Emprisonne les vents, enchaîne la tempête,
Et, roi par la naissance, il l'est par la conquête,
  Que dis-je ? de lui-même admirable vainqueur,
Ainsi que la nature il subjugue son cœur.
L'animal, sans vertu gardant son innocence,
N'a point de l'avenir la noble conscience ;
L'instinct fait sa bonté, la crainte ses remords ;
L'homme seul sent le prix de ses nobles efforts.
Sait choisir ce qu'il hait, éviter ce qu'il aime,
Puiser l'amour d'autrui dans l'amour de lui-même ;
Lui seul pour être libre, il se donne des lois,
S'abstient par volupté, se captive par choix.
Dieu, cette consolante et terrible pensée,
Il l'apporte en naissant dans son ame tracée ;
Il l'appelle au secours de son cœur abattu,
Sait mettre un frein au crime, un prix à la vertu,
Et seul de l'avenir perçant la nuit profonde,
Prévoit, désire, espère et craint un autre monde.

CHAPITRE XI.

DEUXIÈME ORDRE DES MAMMIFÈRES.

QUADRUMANES, ou SINGES.

CARACTÈRES DE L'ORDRE.

Beaucoup de similitude dans l'anatomie générale; mais des différences *bien* prononcées dans certains caractères organiques, telles que la *longueur de l'humérus* et de l'avant-bras, qui égalent les extrémités antérieures en longueur aux extrémités postérieures; *un angle* plus ou moins marqué dans la direction de la colonne vertébrale et du fémur; *la facilité* d'opposer le gros orteil aux autres orteils, dont la longueur les assimile à des doigts, et forme deux mains de plus, sans cependant avoir la faculté de mouvoir *isolément tous les doigts*; le prolongement des vertèbres du coccix; les yeux placés *antérieurement* ainsi que dans l'homme, les narines *non saillantes*; la mâchoire inférieure *dépassant* la supérieure et formant un museau; la démarche *plus exclusivement semblable* à celle des quadrupèdes, tels sont les caractères positifs et négatifs particuliers des QUADRUMANES, OU SINGES.

C'est chez eux que l'angle facial se rapproche le plus de celui de l'homme, quoiqu'il en soit encore bien éloigné, puisque dans l'ORANG-OUTANG, il n'est que de 58 ou 65 degrés. C'est aussi chez ces animaux que l'intelligence animale se trouve au plus haut degré; ce sont aussi les *seuls* qui puissent *imiter les gestes* de l'homme.

Nous n'entrerons point dans des détails sur les singes, vu qu'ils sont tous exotiques.

Nous remarqueróns seulement qu'on les divise en deux grandes familles : les SINGES et les MAKIS.

Le caractère particulier des singes proprement dits, est d'avoir *quatre incisives sans intervalle* à chaque mâchoire.

Dans cette famille sont les principaux genres des orang-outangs, espèce haute de trois ou quatre pieds; celui des magots, des guenons, des macaques, et le genre des ouistitis qui ne sont pas plus gros que les écureuils.

Le caractère distinctif de la seconde grande famille, ou des *makis*, est d'avoir quatre, *ou plus de* quatre incisives à l'une ou l'autre mâchoire, *avec un intervalle*.

CHAPITRE XII.

DES QUADRUPÈDES.

A la suite des BIMANES et des QUADRUMANES viennent les autres mammifères, chez lesquels on trouve des caractères *généraux et constans* (page 6) tellement tranchés qu'on ne peut les confondre avec les deux premiers ordres, et que l'on réunit sous le nom général de quadrupèdes, coupe dans laquelle, ainsi que nous l'avons vu dans le tableau n°. 2, se trouvent cinq ordres.

CARACTÈRES GÉNÉRAUX DES QUADRUPÈDES.

La colonne vertébrale des quadrupèdes destinés à marcher sur les quatre pieds est *absolument horizontale*, et la conformation de leurs extrémités que l'on distingue en *antérieures* et *postérieures* (page 17) les rend *ordinairement* peu aptes à porter leurs alimens à leur bouche ; aussi sont-ils *généralement* obligés de baisser leur tête pour prendre leur nourriture, et ce défaut de *mains* leur a fait donner le nom de QUADRUPÈDES. Tous sont entièrement couverts de *poils*, comme les singes ; les cétacés, *intermédiaires* entre les mammifères et les poissons, en sont dépourvus.

Nous avons déjà remarqué que dans les singes, les os maxillaires forment *un angle facial* (page 50) qui s'éloigne beaucoup de celui de l'homme, puisque dans l'orang-outang, qui s'en rapproche le plus, il n'est que de 58 ou 65 degrés.

Ce caractère est encore beaucoup plus prononcé dans

les quadrupèdes; chez eux les yeux sont placés *latéralement*.

Ils n'ont également que *sept* vertèbres cervicales, excepté une seule espèce nommée *aï* (voyez édentés, 5e. ordre) qui en a *neuf*; mais le nombre des vertèbres coccigiennes varie beaucoup suivant la longueur de la queue.

Les différentes modifications qu'offre la forme des extrémités correspondantes aux carpe et métacarpe de l'homme, ainsi que celles du tarse, nommé *canon* dans quelques quadrupèdes, et du métatarse, jointes aux caractères des ongles ou des *sabots* et des dents, ont servi de base pour obtenir la division des six ordres de mammifères qui viennent après l'homme et les singes, et seront l'objet de nos remarques à mesure que nous étudierons les ordres et les familles.

Les organes des sens offrent aussi de nombreuses modifications : le sens le plus exquis dans l'homme, le plus étendu, c'est le toucher; dans les quadrupèdes, c'est l'odorat; dans les oiseaux, c'est la vue.

Voici l'ordre dans lequel un auteur les a rangés, en règle générale : dans l'homme, le toucher est le premier; le goût est le second; la vue, le troisième; l'ouie, le quatrième, et l'odorat, le dernier.

Dans le quadrupède, l'odorat est le premier; le goût, le second; la vue, le troisième; l'ouie, le quatrième, et le toucher le dernier.

Dans les oiseaux, la vue est le premier; l'ouie, le second; le toucher, le troisième; le goût et l'odorat les derniers.

La position *absolument* horizontale de la colonne vertébrale dans les ordres suivans, en les rapprochant entr'eux, les isole des deux premiers.

Pour établir la classification des quadrupèdes, les *dents* et les *ongles*, ainsi que les modifications des autres parties du corps, ont été l'objet spécial de *l'observation* et de la *comparaison*; et, ainsi que nous l'avons vu (page 8) les animaux ont dû être classés d'après les *organes de nutrition*.

Nous avons en effet remarqué, d'après le tableau n°. 2:

1° Que la présence de *trois sortes* de dents caractérise le *troisième* ordre, ou les *carnassiers*, qui, par ce caractère, ne peuvent être confondus avec les ordres suivans.

2° Que l'absence des canines et la forme des incisives au nombre de *deux* caractérisent le *quatrième ordre*, ou les *rongeurs*.

3° Que l'absence des *incisives* aux deux mâchoires a fixé le rang du *cinquième ordre*, ou des *édentés*.

4° Que la *forme* des ongles réunit ces trois ordres sous le nom d'*unguiculés*, observant toutefois la transition des *édentés* aux *pachydermes*.

5° Que dans le *sixième* ordre, ou les *pachydermes*, il n'y a point de vraies *canines*; nous verrons qu'elles sont remplacées par des dents d'une forme particulière, appelées *défenses*, dents qui ne se trouvent point dans la famille des *solipèdes*, où alors elles sont remplacées par de *fausses canines, ou crochets*, mais *séparées* des molaires par un *espace* considérable.

6° Que dans le septième ordre, ou les *ruminans*, les incisives et les canines manquent à la mâchoire *supérieure*; nous verrons que les animaux de cet ordre sont les *seuls* qui aient *quatre* estomacs, et que dans ce *seul* ordre se trouvent les animaux qui aient des *cornes*.

7° Que dans les cétacés qui composent le *huitième* ordre, les canines et les incisives *manquent* dans plusieurs genres, ou qu'elles sont toutes de forme *conique*, caractère qui, joint à la disposition particulière du corps de ces animaux, privés de *véritables* pieds et de poils, les différencie suffisamment.

8° Que les ordres sixième et septième ont de l'analogie entr'eux par leurs extrémités inférieures, terminées par une substance nommée *corne*, n'ayant plus la *forme* d'ongles; et que dans le huitième ordre, les membres qui ne se trouvent qu'à la partie antérieure sont réunis par des membranes qui en font de véritables *nageoires*.

Nous observerons en passant que les caractères *généraux* d'organisation se trouvent *constamment* dans toutes les espèces du même genre; quand aux couleurs, modifications de formes, d'habitude même, il y a souvent une très-grande différence entre ces mêmes espèces, vivant dans l'état sauvage, ou en domesticité.

L'animal dans l'état de liberté obéit constamment à l'instinct propre à son espèce; soumis à l'empire de l'homme, il modifie ses habitudes, sans cependant les perdre entièrement; *simius semper simius* : *chassez le naturel, il revient au galop*.

Une particularité qui ne doit pas être négligée, c'est la variété étonnante de couleurs que les animaux prennent réduits en servitude; libres dans les bois, les garennes, les lapins, par exemple, ont constamment le poil de la même couleur: dans nos basses-cours, ils varient du gris au blanc, au noir; parfois ils sont émaillés. Nos poules n'ont jamais le même plumage; nos chats, nos vaches varient extrêmement, tandis que ces mêmes animaux, jouissant de leur parfaite liberté, conservent la couleur uniforme de la fourrure propre à leur espèce ; il y a très-peu d'exceptions.

Ces modifications s'étendent même aux habitudes le plus en rapport avec l'ordre des saisons. *Le bizet*, ou pigeon sauvage ne fait son nid qu'au printemps ; nos pigeons, nos poules pondent et couvent en toute saison.

« L'homme, dit Buffon, change l'état naturel des animaux en les forçant à lui obéir : un animal domestique est un esclave dont on s'amuse, dont on se sert, dont on abuse, qu'on altère, qu'on dépayse et que l'on dénature, tandis que l'animal sauvage, n'obéissant qu'à la nature, ne connaît d'autres lois que celles du besoin et de la liberté. L'histoire d'un animal sauvage est donc bornée à un petit nombre de faits émanés de la simple nature, au lieu que l'histoire d'un animal domestique est compliquée de tout ce qui a rapport à l'art que l'on emploie pour l'apprivoiser ou pour le subjuguer, et comme on ne sait pas assez combien l'exemple, la contrainte, la force de l'habitude peuvent influer sur les animaux et changer leurs mouvemens, leurs déterminations, leurs penchants, le but d'un naturaliste doit être de les observer assez pour pouvoir distinguer les faits qui dépendent de l'instinct de ceux qui ne viennent que de l'éducation ; reconnaître ce qui leur appartient, et ce qu'ils ont emprunté; séparer ce qu'ils font de ce qu'on leur fait faire, et ne jamais confondre l'animal avec l'esclave, la bête de somme avec la créature de Dieu.

« L'empire de l'homme sur les animaux est un empire légitime qu'aucune révolution ne peut détruire. C'est non-seulement un droit de nature, un pouvoir fondé sur des lois inaltérables, mais c'est encore un don de Dieu, par lequel l'homme peut reconnaître à tout instant l'excellence de son être ; car ce n'est pas parcequ'il est le plus parfait, le plus fort, ou le plus adroit des animaux qu'il commande; s'il n'était que le premier du même ordre, les seconds se réuniraient pour lui disputer l'empire; mais c'est par la supériorité de nature que l'homme règne et commande, il pense, et dès-lors il est maître des êtres qui ne pensent point. »

« Cependant parmi les animaux les uns paraissent être plus ou moins familiers, plus ou moins sauvages, plus ou moins doux, plus ou moins féroces : que l'on compare la docilité et la soumission du chien avec la fierté et la férocité du tigre ; l'un paraît être l'ami de l'homme, et l'autre son ennemi: son empire sur les animaux n'est donc pas absolu; combien d'espèces savent se soustraire à sa puissance par la rapidité de leur vol, par la légèreté de leur course, par l'obscurité de leur retraite, par la distance que met entre eux et l'homme l'élément qu'ils habitent! Combien d'autres espèces lui échappent par la seule petitesse! et enfin combien y en a-t-il qui, bien loin de reconnaître leur souverain, l'attaquent à force ouverte, sans parler de ces insectes qui semblent l'insulter par leurs piqûres, de ces serpens dont la morsure porte le poison et la mort, et de tant d'autres bêtes immondes, incommodes, inutiles, qui semblent n'exister que pour former la nuance entre le mal et le bien, et faire sentir à l'homme combien, depuis sa chute, il est peu respecté!

C'est qu'il faut distinguer l'empire de Dieu du domaine

de l'homme : Dieu, créateur des êtres, est seul maître de la nature : l'homme ne peut rien sur le produit de la création ; il ne peut rien sur le mouvement des corps célestes, sur les révolutions de ce globe qu'il habite ; il ne peut rien sur les animaux, les végétaux, les minéraux en général ; il ne peut rien sur les espèces, il ne peut que sur les individus : car les espèces en général et la matière en bloc appartiennent à la nature, ou plutôt la constituent ; tout se passe, se suit, se succède, se renouvelle et se meut par une puissance irrésistible : l'homme entraîné lui-même par le torrent des temps, ne peut rien pour sa propre durée ; lié par son corps à la matière, enveloppé dans le tourbillon des êtres, il est forcé de subir la loi commune ; il obéit à la même puissance, et comme tout le reste, il naît, il croît et périt.

« Mais le rayon divin dont l'homme est animé l'ennoblit et l'élève au-dessus de tous les êtres matériels ; cette substance spirituelle, loin d'être sujette à la matière, a le droit de la faire obéir ; et, quoiqu'elle ne puisse pas commander à la nature entière, elle domine sur les êtres particuliers : Dieu, source unique de toute lumière et de toute intelligence, régit l'univers et les espèces entières avec une puissance infinie ; l'homme, qui n'a qu'un rayon de cette intelligence, n'a même qu'une puissance limitée à de petites portions de matière, et n'est maître que des individus.

N° 3. — ANALYSE DU 3ᵉ. ORDRE, OU LES CARNASSIERS.

1 { Membres réunis par une membrane, et propres au vol............ CHEIROPTÈRES. — 1ʳᵉ FAMILLE.
  { ——— ou extrémités libres............................ 2

2 { Extrémités longues, dents sans pointes coniques, rudiment de clavicule.... CARNIVORES. — 3ᵉ FAMILLE.
  { ——— très-courtes........................... 3

3 { Doigts libres, dents molaires hérissées de pointes coniques ; une clavicule... INSECTIVORES. — 2ᵉ FAMILLE.
  { ——— extrémités réunies en forme de nageoires, mais distinctes, queue courte AMPHIBIES. — 4ᵉ FAMILLE.

CHAPITRE XIII.

TROISIÈME ORDRE DES MAMMIFÈRES.

LES CARNASSIERS.

CARACTÈRES DE L'ORDRE.

Dents molaires incisives et canines de forme *comprimée* au moins à la mâchoire supérieure ; yeux placés *latéralement*, extrémités *libres*, armées d'ongles *véritables*. (Voyez le tableau numéro 2).

Toutes les espèces de cet ordre ne sont pas exclusivement *carnivores*, comme le nom de *carnassiers* semblerait l'indiquer ; cet ordre se partage en *quatre familles* (page 7), ainsi que l'indique le tableau ci-contre, savoir : les *chéiroptères*, les *insectivores*, les *carnivores*, les *amphibies*.

PREMIÈRE FAMILLE.

LES CHEIROPTÈRES.

Les caractères distinctifs de la famille des CHEIROPTÈRES (mot qui signifie *main ailée*) sont d'avoir *un repli* de peau ou *membrane* étendue et *unissant* leurs quatre membres et leurs doigts, de manière à leur permettre de s'élever et de voler ainsi que les oiseaux ; une *quille*, ou *arrête* sur le sternum, comme dans les oiseaux, pour soutenir les muscles pectoraux, qui facilitent le vol ; pouce *seul*, *libre*, et armé d'un ongle aux extrémités antérieures; cinq doigts libres aux extrémités postérieures.

Tous les animaux de cette famille ont quatre canines, des molaires, ou mâchelières hérissées de pointes coniques, mais dont le nombre ainsi que celui des incisives varie et sert à caractériser les différens genres de cette famille.

« Les chauves-souris; dit Buffon, sont de vrais quadrupèdes; elles n'ont rien de commun avec les oiseaux que le vol; (1) mais comme l'action de voler suppose une très-grande force dans la partie supérieure du corps, et dans les membres antérieurs, elles ont les muscles *pectoraux* beaucoup plus *forts* et plus *charnus* qu'aucun quadrupède; et l'on peut dire que, par là, elles ressemblent aux oiseaux. Elles en diffèrent par tout le reste de la conformation, tant intérieure qu'extérieure. Les poumons, le cœur, tous les autres viscères sont semblables à ceux des quadrupèdes. Elles produisent leurs petits vivans; enfin elles ont, comme les quadrupèdes, des dents et des mamelles; l'on assure qu'elles ne portent que deux petits, qu'elles allaitent et qu'elles transportent même en volant. C'est en été qu'elles s'accouplent et qu'elles mettent bas; car elles sont engourdies dans l'hiver. Les unes se recouvrent de leurs ailes, comme d'un manteau, et demeurent ainsi suspendues. Les autres se collent contre les murs ou se recèlent dans des trous. Elles sont toujours en nombre pour se défendre du froid; toutes passent l'hiver ou une partie de l'hiver sans manger, et ne se réveillent qu'au printemps, et se recèlent de nouveau à la fin de l'automne. Elles supportent plus aisément la diète que le froid. Elles peuvent passer plusieurs jours sans man-

---

(1) Je suis oiseau: voyez mes ailes!
Vive la gent qui fend les airs!
. . . .
Qui fait l'oiseau, c'est le plumage.
Je suis souris; vivent les rats!

(La Fontaine, liv. 11, fab. 5.)

ger, et cependant elles sont du nombre des animaux carnassiers; car lorsqu'elles peuvent entrer dans un office, elles s'attachent aux quartiers de lard qui y sont suspendus, et elles mangent aussi de la viande crue, fraîche ou corrompue, *et des insectes qu'elles saisissent en volant.* »

« L'état de torpeur ou d'engourdissement dans lequel les chauves-souris passent plus ou moins de temps se nomme *hyberner;* plusieurs animaux offrent cette particularité. Les loirs, les marmottes, les hérissons acquièrent un embonpoint prodigieux pendant la saison de l'automne et s'enferment sans provisions dans leurs terriers, pour y vivre durant six mois l'hiver, aux dépens de leur graisse qui surcharge tous leurs organes (1). »

« Lorsqu'on les découvre dans leurs retraites, on les trouve pelotonnés, froids au toucher, immobiles, roides, les yeux fermés, la respiration lente, interrompue, à peine perceptible, ou nulle; et leur insensibilité est souvent telle, qu'on peut les remuer, les agiter, les rouler, sans les tirer de leur torpeur. Les espèces les plus faciles à engourdir, telles que les chauves-souris, le hérisson, le loir, le lérot, le muscardin, ne sauraient supporter une température de 10 degrés au-dessous de zéro; une chaleur de 10 ou 12 degrés au-dessus les réveille (2); à l'époque du printemps ils sont très-maigres. »

Dans les chauves-souris, le pouce seul, aux extrémités antérieures, est armé d'un ongle; les autres doigts de ces membres n'en ont point; tous sont unis par une membrane d'une très-grande ténuité, et qui jouit d'une sensibilité telle qu'elle perçoit assez les variations de l'air pour suppléer au défaut de la vue et diriger la chauve-souris. Les doigts des extrémités postérieures sont faibles, et tous, au nombre de cinq, armés d'ongles, dont l'animal se sert pour s'accrocher et se suspendre.

Le mécanisme de l'oreille externe est double; le pavillon

(1) Voyez Eléments de physiologie de Richerand.
(2) Voyez Dictionnaire classique d'histoire naturelle.

externe porte le nom d'oreille, et l'interne celui d'*oreillon.*
Deux genres renferment les espèces de notre pays :

{ Oreilles *de la* longueur de la tête.... chauve-souris.
{ ——— *plus* longues que la tête.... oreillard.

PREMIER GENRE.

CHAUVE-SOURIS. (*Vespertilio.*)

CARACTÈRES DU GENRE. — Quatre incisives supérieures ou quelquefois deux, six en bas, deux canines en haut, deux en bas, *huit* molaires en haut, *dix* en bas, pouce *séparé*, *armé* d'un ongle crochu; les membres postérieurs munis de cinq doigts égaux; oreille externe, et une interne nommée *oreillon*, ne *dépasssant point* la longueur de la tête.

Ce genre comprend quatre espèces qui se trouvent en Normandie.

Première espèce.

LA CHAUVE-SOURIS. (*V.* (1) *Murinus.*) *Souris gauque.*

DESCRIPTION. — Oreilles *ovales*, oreillons *en forme de faux*. Poils brun-roussâtre en dessus; gris-blanc en dessous; gris-cendré dans les jeunes.

Ne vole que le soir; habite les vieux châteaux, clochers; cette espèce atteint jusqu'à 14 pouces d'envergure.

Deuxième espèce.

LA NOCTULE. (*V. Noctula*)

DESCRIPTION. — Oreilles ovales *triangulaires*, oreillons *arqués*; tête large arrondie; poils courts, *fauves*.
Vole dès la chute du jour. Même séjour.

---

(1) La lettre V est pour abréviation du mot générique *Vespertilio*, afin de ne point répéter le nom générique à chaque espèce.

Troisième espèce.

LA SÉROTINE. (*V. Serotina.*)

Oreilles ovales, oreillons *en cœur;* tête comme la précédente; poils *longs* et luisans, de couleur *marron-vif.*
Vole le soir.

Quatrième espèce.

LA PIPISTRELLE. (*V. Pipistrelus.*)

Oreilles *presque droites*, poils longs, *brun-noirâtre*, *brun-fauve* sous le ventre. Cette espèce est la plus petite des quatre.

DEUXIÈME GENRE.

OREILLARD. (*Plecotus.*)

CARACTÈRES DU GENRE. — Quatre incisives supérieures, six inférieures, deux canines en haut, deux en bas; *dix* molaires à la mâchoire supérieure, *douze* à l'inférieure; oreilles très-développées et bien *plus grandes* que la tête; du reste, caractères du genre précédent et même genre de vie. Nous n'avons dans ce genre qu'une seule espèce.

L'OREILLARD COMMUN. (*P. communis.*)

CARACTÈRES DU GENRE, et de plus poils *gris* et corps très-petit.

Dans les pays étrangers se trouvent des chauves-souris beaucoup plus fortes. Nous remarquerons seulement l'espèce nommée vampire, qui suce le sang des hommes et des animaux pendant leur sommeil, et qui a donné lieu à tant de fables.

DEUXIÈME FAMILLE.

LES INSECTIVORES.

Les principaux caractères des *insectivores* sont : *une clavicule*; extrémités *libres*; pieds ordinairement courts, *deux longues* incisives en avant, suivies d'incisives plus courtes, ou incisives placées entre les canines et plus courtes; dents molaires hérissées de *pointes coniques*.

Quoiqu'appartenant à l'ordre des CARNASSIERS, les insectivores, ne se nourrissent ordinairement que d'insectes, de vers, et même de fruits. Leurs pieds sont très-courts; ils mènent une vie retirée, nocturne ou souterraine.

Notre pays n'a que trois genres, qui comprennent quatre espèces.

1 { Corps recouvert de piquants . . . . hérisson. 1er genre.
——————— de poils 2

2 { Queue longue, pattes ordinaires. musaraigne 2e genre.
—— courte —— antér. en f. de mains. taupe. 3e genre.

PREMIER GENRE.

HÉRISSON. *(Erinaceus.)*

CARACTÈRES DU GENRE. — *Deux longues* incisives en avant, suivies d'autres plus courtes; canines *petites*; cinq doigts armés d'ongles propres à creuser la terre; corps recouvert supérieurement et latéralement par des *épines* ou piquants; *troisième paupière*; museau allongé en forme de *groin* de cochon.

Le Hérisson. *(E. Europœus.) Hérichon.*

DESCRIPTION — Partie supérieure du corps et les latérales couvertes de *piquants ou épines*. Les parties inférieures et les pattes couvertes de poils rudes, longs et roussâtres.

« Le hérisson, dit Buffon, sait se défendre sans combattre, et blesse sans attaquer; n'ayant que peu de force et nulle agilité pour fuir, il a reçu de la nature une armure épineuse, avec la facilité de se resserrer en boule et de présenter de tous côtés des armes défensives et qui rebutent ses ennemis; plus ils le tourmentent, plus il se hérisse et se resserre. Il se défend encore par l'effet même de la peur: il lâche son urine dont l'odeur et l'humidité, se répandant sur tout son corps, achèvent de les dégoû-

DEUXIÈME FAMILLE. INSECTIVORES.

ter. Aussi la plupart des chiens se contentent de l'aboyer, et ne se soucient pas de le saisir. »

La portée ordinaire des hérissons est de quatre ou cinq petits. Les mères mettent bas vers le mois de juin. Ces animaux ne peuvent s'apprivoiser et vivent même difficilement enfermés; ils hybernent pendant tout l'hiver (p. 71).

Ils se nourrissent de fruits, d'insectes, et sont aussi avides de viande cuite ou crue. Leurs épines ne peuvent leur servir à emporter les fruits ainsi qu'on le débite.

DEUXIÈME GENRE.

LA MUSARAIGNE. *(Sorex). Misérenne. Miserette.*

CARACT. DU GENRE. — Dents comme dans le genre précédent, mais les supérieures *recourbées* en forme de *crochets*. Cinq doigts *libres*, armés d'*ongles ordinaires*; corps recouvert de poils; point de *troisième paupière*; museau long, effilé; sur les flancs se trouvent des *glandes* qui sécrètent une odeur très-forte, qui déplait aux chats; queue *garnie* de poils.

Première espèce.

LA MUSARAIGNE ORDINAIRE. *(S. Araneus).*

DESCRIPT. — Poils de la partie supérieure du corps de couleur *gris-brun*, plus ou moins roux, *cendré* en dessous ; oreilles *nues*, grandes et arrondies ; moustaches longues ; museau très-allongé ; queue *couverte* de poils courts.

Deuxième epèce.

LA MUSARAIGNE D'EAU. *(S. Effodiens).*

DESCRIPT. — Poils de la partie supérieure, *noirs*, *blancs* en dessous ; incisives *rouges* à la partie supérieure de la mâchoire ; queue garnie, ainsi que les pieds, de poils qui facilitent la natation. Cette espèce offre une particularité remarquable : au moyen de *valvules*, l'oreille se ferme pendant le séjour de l'animal dans l'eau. Habite le bord des eaux.

Le port de la musaraigne la fait confondre facilement avec les souris ; mais à l'extérieur on la distingue cependant par son museau effilé, ses oreilles *courtes*, sa queue garnie de poils, le caractère des dents incisives et canines empêche de s'y méprendre.

Il existe un préjugé sur les musaraignes. Elles mordent, dit-on, les bestiaux et les font périr. La preuve qu'elles sont venimeuses, ajoute-t-on, c'est que les chats n'en veulent point manger.

L'anatomie a prouvé que la musaraigne n'a aucun réservoir de venin, ni de dents creuses comme la vipère, pour que la morsure puisse être dangereuse ; et le simple bon sens indique que les dents et la gueule de ce petit animal sont beaucoup trop faibles pour pouvoir percer la peau d'un animal tel que le bœuf, par exemple, ou même le mouton. Une souris, dont la forme des dents incisives est bien différente, et plus propre à mordre, y parviendrait plutôt ; mais la musaraigne ne peut le faire. Quant au dégoût que les chats témoignent, il vient, ainsi que nous l'avons vu, de l'*odeur* sécrétée par des glandes d'une nature particulière qui se trouvent le long des flancs des musaraignes.

Les musaraignes habitent ordinairement les bois, et se cachent dans des troncs d'arbres, sous des feuilles, dans les jardins et même les habitations. Leur cri est très-aigu. La musaraigne d'eau habite ordinairement le long des eaux, dans lesquelles elle plonge facilement, en fermant le conduit de son oreille au moyen de la valvule qui s'y trouve.

TROISIÈME GENRE.

TAUPE. (*Talpa.*)

CARACT. DU GENRE. — Canines beaucoup plus grandes que les incisives ; museau long, effilé ; pattes *antérieures* en forme de *mains*, dont la *paume* est tournée en *dehors* ; cinq doigts armés d'ongles très-forts ; tête très-forte ; corps couvert de poils très-courts, serrés et soyeux ; queue courte ; yeux *très-petits*.

Espèce.

TAUPE ORDINAIRE. (*T. Europœa*).

Mêmes caractères que ceux du genre. Il existe des variétés blanches, émaillées, qui paraissent particulières à certaines localités.

« La taupe, sans être aveugle, dit Buffon, a les yeux si petits qu'elle ne peut faire grand usage du sens de la vue; mais elle a l'ouïe très-fine. Son poil est doux comme la soie; elle a de petites mains à cinq doigts bien différentes des pieds des autres animaux et presque semblables aux mains de l'homme. Elle possède l'art de se mettre en sûreté, de se faire en un instant un asile, un domicile; la facilité de l'étendre et d'y trouver, sans en sortir, une abondante subsistance. Elle fait sa principale nourriture d'insectes et de vers.

« Le domicile où elles font leurs petits mériterait une description particulière: il est fait avec une intelligence singulière. Elles commencent par pousser, par élever la terre et former une voûte assez élevée; elles laissent des cloisons, des espèces de piliers de distance en distance; elles pressent et battent la terre, la mêlent avec des racines et des herbes, et la rendent si dure et si solide par-dessus que l'eau ne peut pénétrer la voûte à cause de sa convexité et de sa solidité; elles élèvent ensuite un tertre par-dessous, au sommet duquel elles apportent de l'herbe et des feuilles pour faire un lit à leurs petits : dans cette situation, ils se trouvent au-dessous du niveau du terrain, et par conséquent à l'abri des inondations ordinaires, et en même temps à couvert de la pluie par la voûte qui recouvre le tertre sur lequel ils reposent. Ce tertre est percé tout autour de plusieurs trous en pente qui descendent plus bas, et s'étendent de tous côtés, comme autant de routes souterraines, par où la mère taupe peut sortir et aller chercher la nourriture à ses petits. »

N° 4. — ANALYSE DES GENRES DE LA FAMILLE DES CARNIVORES.

1 { Plantigrades, ou marchant entièrement sur la plante des pieds. . . . . Blaireau. . 1ᵉʳ Genre.
  { Digitigrades, ou marchant seulement sur l'extrémité des pattes. 2

2 { Ongles rétractiles, museau arrondi. . . . . Chat. . . 2ᵉ Genre.
  { ——— non rétractiles, museau plus ou moins pointu. 3

3 { Doigts palmés. . . . . Loutre. . 3ᵉ Genre.
  { ——— non palmés. 4

4 { Deux dents tuberculeuses plattes en arrière de la carnassière supérieure. . . . . Chien. . . 4ᵉ Genre.
  { Une seule dent tuberculeuse en arrière de la carnassière supérieure. . . . . { Marte. . 5ᵉ Genre.
  {   { Putois. . 6ᵉ Genre.

TROISIÈME FAMILLE.

LES CARNIVORES.

CARACT. DE LA FAMILLE. — *Point de clavicule*, seulement un *rudiment osseux*; quatre grosses et longues canines écartées, entre lesquelles sont les incisives beaucoup plus courtes, et dont la seconde des inférieures a la racine un peu plus rentrée que les autres; molaires *tranchantes* ou à *tubercules mousses*; point de pointes *coniques*; une *molaire* plus *grosse* que les autres, nommée *carnassière*; les molaires antérieures à celle-ci se nomment *fausses molaires*, et les postérieures *tuberculeuses*.

Les animaux de cette famille méritent réellement le nom de *carnivores*, puisqu'à l'appétit sanguinaire se joint la force nécessaire pour le satisfaire; tous les individus de cette famille se nourrissent de chair.

Cette famille se partage en *deux tribus* (page 7). Les cinq genres qui comprennent les espèces propres à la Normandie ont été distingués par des caractères tirés de la conformation des pieds, des ongles et même des dents molaires, ainsi que l'indique le tableau ci-joint.

PREMIÈRE TRIBU.

PLANTIGRADES.

PREMIER GENRE.

LE BLAIREAU. *(Meles.) Tesson.*

CARACT. DU GENRE. — *Cinq* molaires à la mâchoire supérieure; en arrière de la carnassière, une *tuberculeuse carrée*; six molaires à la mâchoire inférieure; la dernière tuberculeuse; *cinq* doigts à tous les pieds, *engagés* dans la peau et courts; queue *courte*, à la base de laquelle se trouve une *poche glanduleuse* d'où suinte une humeur fétide que l'animal semble prendre plaisir à respirer.

Espèce.

Le Blaireau. *(M. Ursus.)* Tesson.

Mêmes caractères du genre. Grisâtre, noir dessous ; une bande noirâtre de chaque côté de la tête, et une bande blanche ; port lourd, démarche pesante et rampante ; vie nocturne.

« Le blaireau, dit Buffon, est un animal paresseux, défiant, solitaire, qui se retire dans les lieux les plus écartés, dans les bois les plus sombres, et s'y creuse une demeure souterraine. Il semble fuir la société, même la lumière, et passe les trois quarts de sa vie dans ce séjour ténébreux, dont il ne sort que pour chercher sa nourriture. Comme il a le corps allongé, les jambes courtes, les ongles, surtout ceux de devant, très-longs et très-fermes, il a plus de facilité qu'un autre pour ouvrir la terre, y fouiller, y pénétrer, et jeter derrière lui les déblais de son excavation, qu'il rend tortueuse, oblique, et qu'il pousse quelquefois fort loin.

« Ces animaux tiennent leur domicile très-propre et n'y font jamais leurs ordures. On trouve rarement le mâle avec la femelle ; lorsqu'elle est prête à mettre bas, elle coupe de l'herbe, en fait une espèce de fagot, qu'elle traîne entre ses jambes jusqu'au fond du terrier, où elle fait un lit commode pour elle et ses petits. C'est vers les mois de Janvier et de Février qu'elles mettent bas.

« Les blaireaux se nourrissent de jeunes lapins, de mulots, lézards, reptiles, d'œufs d'oiseaux, et de racines. »

J'en possède un vivant, que je dois à l'obligeance de madame veuve Létot de Bayeux qui, ayant vu que je n'avais point de blaireau empaillé dans mon cabinet, eut la complaisance, vers le mois de Février 1833, d'en faire prendre un dans son bois. C'était une femelle qui avait quatre petits très-jeunes dans son terrier. La mère fut tuée, et je l'ai empaillée. Un des petits, que j'ai élevé, s'est d'abord apprivoisé ; je le mis dans une boîte ; il se couchait dans de la paille et était très-frileux. J'élevais dans le même temps un jeune renard que m'avait donné M. Auguste Carité, propriétaire à Bayeux. Pendant une nuit, le blaireau dévora le jeune renard, trop faible pour se défendre, et ensuite, emporta dans sa boîte le foin dans lequel le renard était couché. Ce blaireau tenait beaucoup à ses habitudes, marquait de l'impatience quand on le dérangeait, ou qu'on changeait sa boîte d'endroit. Du reste, il était assez doux et suivait dans le jardin avec assez de légèreté. Je fus obligé, à cause de la mauvaise odeur qu'il exhalait, et dans la crainte de le perdre, de l'enfermer dans une loge pavée. Parfois il lui arrive de soulever la couverture, mais toujours pendant la nuit. Il se creuse alors et rapidement un terrier assez profond d'où il ne sort qu'à la voix du jardinier qui l'appelle du nom de Martin ; il le prend sans résistance. Cet animal est du reste beaucoup plus sauvage depuis qu'il est renfermé. Dernièrement, dans une de ses excursions nocturnes il dévora un canard. Il se nourrit de viande crue ou cuite, de soupe, de lait, et il dort tout le jour.

Les animaux de la tribu des *plantigrades*, ainsi que l'indique le mot, marchent sur la plante des pieds, ce qui leur donne la facilité de se dresser sur ceux de derrière.

Parmi les espèces étrangères nous remarquerons dans cette tribu les *ours*, les *ratons*, les *coatis*.

DEUXIÈME TRIBU.

DIGITIGRADES.

Cette tribu se subdivise en deux sections ; la première comprend les espèces qui ont les ongles *rétractiles*, c'est-à-dire que l'animal peut recourber à volonté tous ses doigts, ce qu'on appelle faire *patte de velours* ; la seconde section se subdivise encore en deux : les animaux à doigts *palmés*, c'est-à-dire, garnis ou réunis par une membrane, et ceux qui les ont *libres*. Nous ferons trois paragraphes de ces trois subdivisions des digitigrades.

§. Ier.

DEUXIÈME GENRE.

CHAT. *(Felis.)*

CARACT. DU G. — *Deux fausses* mòlaires et une *carnassière* seulement à la mâchoire inférieure, comprimée de *dedans au dehors*; dents canines coniques, les supérieures très-grandes, cinq doigts *libres* à chaque pied, ongles rétractiles, museau arrondi, langue *rude*.

Espèce.

LE CHAT. (*F. Cattus.*) Minot, Moutmout, etc.

DESCRIPT. — Mêmes caractères du genre ; dans l'état sauvage gris-brun, jaunâtre en dessus, jaune pâle en dessous, quatre bandes noirâtres se fondant en une seule en dessus.

On connaît toutes les variétés du chat domestique, et celles dites *chat chartreux*, qui nous vient de Korazan, province de Perse, et le *chat d'Angora*, de la province de ce nom en Syrie.

Les chats sont *nyctalopes* en ce sens qu'ils voient pendant la nuit. La sensibilité de la rétine est si grande chez ces animaux que leur œil supporte avec peine l'impression de la lumière ; aussi pour atténuer la force des rayons lumineux, leur pupille se contracte en forme de *lozange* pendant le jour, et se dilate entièrement la nuit. Quelques rayons lumineux suffisent pour frapper le nerf optique.

La portée des chattes est de cinq ou six petits. Elles portent cinquante cinq ou cinquante-six jours. On sait quel soin elles ont de leurs petits, qu'elles portent à leur gueule pour les changer d'endroit en cas de danger.

« Le chat, dit Buffon, est un domestique infidèle, qu'on ne garde que par nécessité, pour l'opposer à un autre ennemi domestique plus incommode et qu'on ne peut chasser: car nous ne comptons pas les gens qui, ayant du goût pour toutes les bêtes, n'élèvent les chats que pour s'en amuser ; l'un est l'usage, l'autre l'abus ; et quoique ces animaux, surtout lorsqu'ils sont jeunes, aient de la gentillesse, ils ont en même temps une malice innée, un caractère faux, un naturel pervers que l'âge augmente encore et que l'éducation ne fait que masquer ; de voleurs déterminés ils deviennent, seulement lorsqu'ils sont bien élevés, souples et flatteurs comme les fripons. Ils ont la même adresse, la même subtilité, le même goût pour faire le mal, le même penchant à la petite rapine ; comme eux ils savent couvrir leur marche, dissimuler leur dessein, épier les occasions, attendre, choisir l'instant de faire leur coup, se dérober ensuite au châtiment, fuir et demeurer éloignés jusqu'à ce qu'on les rappelle. Ils prennent aisément des habitudes de société, mais jamais de mœurs. Ils n'ont que l'apparence de l'attachement: on le voit à leurs mouvemens obliques, à leurs yeux équivoques ; ils ne regardent jamais en face la personne aimée ; soit défiance ou fausseté, ils prennent des détours pour en approcher, pour chercher des caresses auxquelles ils ne sont sensibles que pour le plaisir qu'elles leur font. Bien différent de cet animal fidèle dont tous les sentimens se rapportent à la personne de son maître, le chat paraît ne sentir que pour *soi*, n'aime que sous condition, ne se prête au commerce que pour en abuser; et, par cette convenance de naturel, il est moins incompatible avec l'homme qu'avec le chien dans lequel tout est sincère. »

C'est dans cette division des carnivores que se trouvent le lion, le tigre, le léopard, la panthère, le lynx.

§. II.

Ongles non RÉTRACTILES *mais* PALMÉS.

TROISIÈME GENRE.

LA LOUTRE. *(Lutra.)*

CARACT. DU G. — Dix mâchelières dont *deux* carnassières et deux *tuberculeuses*; deux canines et six incisives à chaque mâchoire, pattes *très-courtes*; chaque pied a *cinq* doigts *palmés* propres à la natation. Queue *déprimée* ou applatie *horizontalement*.

Espèce.

LA LOUTRE. *(L. Vulgaris.)*

Mêmes caractères du genre. Couleur brun-fauve en dessus, blanchâtre en dessous. Près de l'anus sont deux petites glandes qui sécrètent une odeur fétide.

Quoique plongeant très-bien et pouvant demeurer longtemps sous l'eau, pour y prendre le poisson dont elle fait sa nourriture, la loutre n'est cependant point un animal amphibie. Elle habite constamment le bord des eaux.

La loutre atteint jusqu'à deux pieds de long; la femelle met bas au printemps deux ou trois petits. Sa chair se mange en maigre mais est peu estimée. Cet animal est susceptible de s'apprivoiser, quoiqu'en dise Buffon. J'en ai vu une qui avait été élevée par un habitant de la commune de Juayes, près de Bayeux, nommé le Boursier, et qui connaissait parfaitement bien son maître. Elle était très-docile à sa voix, le suivait et se nourrissait comme un chien.

§. III.

Ongles non RÉTRACTILES, *non* PALMÉS.

Le partage des trois genres de cette troisième série, qui renferme les espèces de notre pays, est basé sur le *nombre* des dents tuberculeuses et molaires.

QUATRIÈME GENRE.

LE CHIEN. *(Canis.)*

CARACT. DU G. — *Deux* dents tuberculeuses en arrière de la carnassière ; *six fausses* molaires en haut et *huit* en bas ; cinq doigts aux pattes de devant, et *quatre* seulement à celles de derrière.

Outre les nombreuses variétés de chien, ce genre renferme encore, dans notre pays, les espèces loup et renard, bien voisines du chien.

Première espèce.

LE CHIEN DOMESTIQUE. *(C. Familiaris.)*

Buffon, avait d'abord avancé que le *chien de berger*, ensuite le *mâtin* et le *dogue* étaient le type de toutes nos variétés ; mais Buffon lui-même s'est réfuté, et on reconnaît aujourd'hui que si le croisement des races a produit beaucoup de *métis*, qui à leur tour produisent des espèces nouvelles, il est certain que la plupart des espèces ont leur type primitif ou sauvage.

Les bornes de cette introduction ne permettent pas d'entrer dans des détails sur les nomenclatures des diverses espèces de chien.

Une particularité remarquable dans l'ostéologie des chiens de chasse, est une *protubérance* osseuse vers la base de l'occipital, nommée *os de chasse*, protubérance que l'on retrouve dans l'ostéologie des oiseaux de proie.

Les chiennes portent soixante et un, deux ou trois jours. Les jeunes chiens naissent communément les yeux fermés; les deux paupières ne sont pas simplement collées, mais adhérentes par une membrane qui se déchire lorsque le muscle de la paupière supérieure est devenu assez fort pour la relever et vaincre cet obstacle, et la plupart des chiens n'ont les yeux ouverts que le dixième ou onzième jour.

C'est vers l'âge de dix-huit mois à deux ans que le chien est susceptible d'être dressé; la chienne doit l'être plus tôt. Ces animaux ont pris leur accroissement à cette époque, et vivent de 12 à 20 ans.

Ils sont sujets dans leur jeune âge à une indisposition connue sous le nom de *maladie des chiens*, et ensuite à la rage ou *hydrophobie*. On sait que la peau du chien n'a point de pores pour donner issue à la sueur; c'est par la langue que ce fluide se sécrète : ils n'ont d'autre transpiration que la transpiration pulmonaire qui les fait *haleter*.

```
. . . . . . . le chien, aimable autant qu'utile,
Superbe et caressant, courageux mais docile.
Formé pour le conduire et pour le protéger,
Du troupeau qu'il gouverne il est le vrai berger.
Le ciel l'a fait pour nous, et dans leur cour rustique
Il fut des rois pasteurs le premier domestique.
Redevenu sauvage, il erre dans les bois :
Qu'il aperçoive l'homme il rentre sous ses lois,
Et par un vieil instinct qui jamais ne s'efface,
Semble de ses amis reconnaître la race.
Gardant du bienfait seul le doux ressentiment,
Il vient lécher ma main après le châtiment;
Souvent il me regarde; humide de tendresse
Son œil affectueux implore une caresse :
J'ordonne, il vient à moi; je menace, il me fuit;
Je l'appelle, il revient; je fais signe, il me suit :
Je m'éloigne, quels pleurs! je reviens, quelle joie!
Chasseur sans intérêt, il m'apporte sa proie.
Sévère dans la ferme, humain dans la cité,
```

Il soigne le malheur, conduit la cécité ;
Et moi, de l'Hélicon malheureux Bélisaire,
Peut-être un jour ses yeux guideront ma misère !
Est-il hôte plus sûr, ami plus généreux ?
Un riche marchandait le chien d'un malheureux ;
Cette offre l'affligea : « Dans mon destin funeste
« Qui m'aimera, dit-il, si mon chien ne me reste ? »
Point de trêve à ses soins, de borne à son amour,
Il me garde la nuit, m'accompagne le jour.
Dans la foule étonnée on l'a vu reconnaître,
Saisir et dénoncer l'assassin de son maître,
Et quand son amitié n'a pu le secourir,
Quelquefois sur sa tombe il s'obstine à mourir.
Enfin le grand Buffon écrivit son histoire,
Homère l'a chanté, rien ne manque à sa gloire :
Et lorsqu'à son retour le chien d'Ulysse absent,
Dans l'excès du plaisir meurt en le caressant,
Oubliant Pénélope, Eumée, Ulysse même,
Le lecteur voit en lui le héros du poëme.

(J. DELILLE. *Les trois règnes*, chant VIII.)

Deuxième espèce.

LE LOUP. (*C. Lupus.*)

DESCRIPT. — De couleur gris-fauve, avec une raie noire sur les jambes de devant, oreilles dressées, queue droite.

La louve porte trois mois et demi ; le nombre ordinaire des petits est de six à neuf, jamais moins de trois. Ils naissent les yeux fermés. Au moment de mettre bas la louve prépare un lit de mousse et de feuilles sèches dans un fourré. Pendant les premiers jours elle ne quitte pas ses petits. Le mâle lui apporte à manger.

Le loup vit de quinze à vingt ans. Il s'accouple avec la chienne et est susceptible de s'apprivoiser. M. Chassay, lieutenant-colonel en avait élevé un qui avait beaucoup d'amitié pour lui. Il le donna au cabinet du Roi en 1814; et, après de longs intervalles, le loup le reconnaissait parfaitement. On a plusieurs exemples de loups apprivoisés.

Le loup a l'odorat très-fin; il chasse, attaque et se défend avec beaucoup d'art. Sa force est telle qu'il emporte un mouton. Souvent ces animaux se réunissent en bandes assez considérables pour butiner.

Le loup, ainsi que le chien et le renard, sécrète sa sueur par la langue. Ces trois espèces *lapent* leur boisson. C'est une erreur de croire que le loup ne peut se tourner de côté.

« Le loup, dit Buffon, est l'un de ces animaux dont l'appétit pour la chair est le plus véhément; et, quoiqu'avec ce goût il ait reçu de la nature les moyens de le satisfaire, qu'elle lui ait donné des armes, de la ruse, de l'agilité, de la force, tout ce qui est nécessaire en un mot pour trouver, attaquer, vaincre, saisir et dévorer sa proie, cependant il meurt souvent de faim, parce que l'homme lui ayant déclaré la guerre, l'ayant même proscrit en mettant sa tête à prix (1), le force à fuir, à demeurer dans les bois, où il ne trouve que quelques animaux sauvages qui lui échappent par la vitesse de leur course, et qu'il ne peut surprendre que par hazard ou patience, en les attendant long-temps, et souvent envain dans les endroits où ils doivent passer. Il est naturellement grossier et poltron, mais il devient ingénieux par besoin et hardi par nécessité. Pressé par la famine, il brave le danger, vient attaquer les animaux qui sont sous la garde de l'homme, ceux surtout qu'il peut emporter aisément, comme les agneaux, les petits chiens, les chevreaux; et lorsque cette maraude lui réussit, il revient souvent à la charge jusqu'à ce qu'ayant été blessé ou chassé et maltraité par les hommes, et les chiens, il se recèle pendant le jour dans son fort, n'en sort que la nuit, parcourt les campagnes, rôde autour des habitations, ravit les animaux abandonnés, vient

---

(1) On a totalement anéanti la race des loups en Angleterre.

attaquer les bergeries, gratte et creuse la terre sous les portes, entre en furieux, met tout à mort avant de choisir et d'emporter sa proie. Lorsque ces courses ne lui produisent rien, il retourne au fond des bois, se met en quête, cherche, suit à la piste, chasse, poursuit les animaux sauvages, dans l'espérance qu'un autre loup pourra les arrêter, les saisir dans leur fuite, et qu'ils en partageront la dépouille; enfin lorsque le besoin est extrême, il s'expose à tout, attaque les femmes, les enfans, et se jette même quelquefois sur les hommes, devient furieux par ces excès, qui finissent ordinairement par la rage et la mort. »

Le Renard. *(C. Vulpes.)*

Descript. — Plus ou moins roux en dessus et gris-perlé; la gorge et le ventre blancs; le bout de la queue blanc; une variété, nommée renard charbonnier, l'a noir.

« Le renard est fameux par ses ruses, dit Buffon, et mérite en partie sa réputation: ce que le loup ne fait que par la force, il le fait par adresse et réussit le plus souvent. Sans chercher à combattre les chiens ni les bergers, sans attaquer les troupeaux, sans traîner les cadavres, il est plus sûr de vivre. Il emploie plus d'esprit que de mouvemens; ses ressources semblent être en lui-même: ce sont, comme l'on sait, celles qui manquent le moins. Fin autant que circonspect, ingénieux et prudent, même jusqu'à la patience, il varie sa conduite, il a des moyens de réserve qu'il sait n'employer qu'à propos. Il veille de près à sa conservation; quoiqu'aussi infatigable, et même plus léger que le loup, il ne se fie pas entièrement à la vitesse de sa course; il sait se mettre en sûreté en se pratiquant un asile où il se retire dans les dangers pressans, où il s'établit, où il élève ses petits. Ce n'est point un animal vagabond, mais domicilié. »

C'est dans un trou nommé *terrier* que la femelle met bas trois, cinq ou six petits vers le mois d'avril. Ils naissent les yeux fermés comme les chiens; sont environ deux ans à croître, et vivent de treize à quatorze ans.

Tous les essais faits jusqu'ici pour obtenir des *métis* d'un renard et d'une chienne ont été infructueux.

Je possède un jeune renard qui a maintenant un an, et que m'a donné M. Auguste Carité, en remplacement du premier que mon blaireau m'avait dévoré. Cet animal s'est parfaitement apprivoisé, aime beaucoup à être caressé, et remue sa queue comme un chien quand on le flatte. Il a d'abord été allaité par une chatte, (1) et se nourrit de viande, de soupe, de fruits, comme un jeune chien. Il est constamment attaché à une chaîne; mais il m'a néanmoins croqué plusieurs poules. Un jour il renversa le vase qui contenait sa soupe, des poulets vinrent manger, et d'un élan rapide, le rusé compère, caché dans sa loge, se lança dessus et se dédommagea de la privation de sa soupe, en croquant l'imprudent poulet.

Le cri du renard ou glapissement est assez triste et l'inflexion de la finale imite assez le cri rauque du paon.

Dans cette tribu des digitigrades se trouvent la civette, animal qui fournit le parfum qui porte son nom; l'hyène, animal si célèbre par sa férocité, et que cependant on est parvenu à apprivoiser.

CINQUIÈME GENRE.

LA MARTE. *(Mustela.)*

Caract. du g. — *Six* fausses molaires à la mâchoire supérieure, *huit* à l'inférieure, dont une tuberculeuse platte, et deux carnassières ; six incisives ; *cinq* doigts à *chaque* patte, réunis en partie par une membrane ; les ongles arqués et très-pointus, permettent à plusieurs espèces de grimper sur les arbres ; près de l'anus se trouvent des glandes qui répandent une odeur très-fétide.

---

(1) M. Carité donna quatre petits renards, qui n'avaient pas encore les yeux ouverts, à allaiter à une chatte dont il détruisit les petits ; la chatte les allaita très-bien, mais elle s'épuisait. On en donna deux à une seconde chatte à laquelle on ôta également ses petits, et qui éleva les deux renards avec beaucoup de soin.

DEUXIÈME FAMILLE. LES CARNIVORES.

Première espèce.

LA MARTE ORDINAIRE. *(M. Martes.) Martre dorée.*

DESCRIPT. — Brun-fauve; une tache *jaune* sous la gorge. L'extrémité du museau, les membres et l'extrémité de la queue sont d'un brun beaucoup plus prononcé.

«La marte, dit Buffon, demeure au fond des forêts, ne se cache point dans les rochers, mais parcourt les bois et grimpe au-dessus des arbres; elle vit de chasse et détruit une quantité prodigieuse d'oiseaux, dont elle cherche les nids pour en sucer les œufs; elle prend les écureuils, les mulots, les lérots, etc.; elle mange aussi du miel comme la fouine et le putois. On ne la trouve pas en pleine campagne, dans les prairies, dans les champs, dans les vignes; elle ne s'approche jamais des habitations, et elle diffère encore de la fouine par la manière dont elle se fait chasser : dès que la fouine se sent poursuivie par un chien, elle se soustrait en gagnant promptement un grenier ou un trou; la marte au contraire se fait suivre assez long-temps par les chiens avant de monter sur un arbre; elle ne se donne pas la peine de monter jusqu'au dessus des branches, elle se tient sur la tige, et de là les regarde passer.»

LA FOUINE. *(M. Foina.) Martre musquée.*

DESCRIPT. — Brune, avec tout le *dessous* de la gorge et du cou *blanchâtre*, les quatre jambes et la queue noirâtres. Les excrémens de cette espèce ont une forte odeur de musc.

Cette espèce est très-voisine de la marte ordinaire, avec laquelle on la confond quelquefois: elle en est bien distinguée par le *blanc* qui est sous sa gorge, et par ses habitudes. La fouine habite près des maisons, s'établit même dans les vieux bâtimens, dans les greniers à foin, dans des trous de muraille.

La fouine a la physionomie très-fine, l'œil vif, le saut

léger, les membres souples, le corps flexible, les mouvemens très-prestes; elle saute et bondit plutôt qu'elle ne marche; elle grimpe aisément contre les murailles qui ne sont pas bien enduites, entre dans les colombiers, les poulaillers, mange les œufs, les pigeons, les poules; en tue quelquefois un grand nombre; les porte à ses petits; elle prend aussi les souris, les rats, les taupes, les oiseaux dans leurs nids.

Les fouines portent autant de temps que les chattes; elles mettent bas jusqu'à sept petits et produisent plusieurs fois par an.

SIXIÈME GENRE.

LE PUTOIS. *(Putorius.)*

Telle est l'analogie qui existe entre les espèces de ce genre et celles du genre précédent, qu'on les réunissait sous le nom de VERMIFORMES. Cependant la différence des dents a fait établir une seconde coupe fondée spécialement sur le nombre des *molaires*.

CARACT. DU G. — *Quatre* fausses molaires à la mâchoire supérieure, *six* à l'inférieure, dont deux carnassières et une tuberculeuse plate, comme dans le genre précédent. Cinq doigts en partie réunis par une membrane.

Première espèce.

LE PUTOIS. *(Mustela Putorius.) Pitou.*

DESCRIPT. — Plus faible que la marte; est de couleur brun-noirâtre, fauve vers les flancs, foncé sur les pattes; oreilles, museau blafards.

Les Putois répandent une odeur infecte que sécrètent deux glandes situées vers l'anus. Leurs mœurs diffèrent peu de celles des martes et fouines.

« Les Putois, dit Buffon, vivent de proie à la ville, de chasse à la campagne; ils s'établissent pour passer l'été dans des terriers de lapins, dans des fentes de rochers, dans des troncs d'arbres creux, d'où ils ne sortent guères que la nuit pour se répandre dans les champs, les bois; ils cherchent les nids des perdrix, des alouettes, des cailles; ils grimpent sur les arbres pour prendre ceux des autres oiseaux; ils épient les rats, les taupes, les mulots, et font une guerre continuelle aux lapins, qui ne peuvent leur échapper parce qu'ils entrent aisément dans leurs trous. Une seule famille de putois suffit pour détruire une garenne. »

Deuxième espèce.

Le Furet. *(P. Furo.)*

Originaire de la Barbarie, le furet ne se trouve dans notre pays qu'en domesticité. Cette espèce paraît n'être qu'une variété du putois. On distingue le furet-putois, ou putoisé, qui a du noir, du fauve et du blanc comme le putois, du furet ordinaire, qui est de couleur jaune de buis.

Quoiqu'élevé en domesticité le furet, ainsi que les autres espèces du genre marte et putois, conserve toujours sa férocité et son instinct sanguinaire; rarement il s'apprivoise.

Troisième espèce.

L'Hermine. *(P. Erminea.) Le Rosereu, le Rouvreuil, la Létiche.*

Descript. — *Extrémité* de la queue *noire*, le reste de cette partie blanc; ventre blanc-jaunâtre; dos entièrement *roux* en été, *blanc* en hiver; taille inférieure à celle du furet.

Cet animal est très-agile; il habite ordinairement les bois, les fossés, les fourrés épais; du reste, mœurs semblables aux autres espèces du genre.

Redoutée à juste titre dans les basses-cours où elle croque les poulets, les jeunes canards, les œufs, l'hermine était aussi la terreur et l'effroi de beaucoup d'habitants des campagnes qui la connaissaient sous le nom de *létiche*. Suivant les uns c'était l'âme d'un enfant mort sans baptême et qui, quoique revêtu de la robe blanche, demandait du secours; suivant d'autres c'était un génie malfaisant, un esprit...; et la vue de ce faible quadrupède faisait pâlir et trembler les plus fiers *rodomons* du village, où son apparition jetait l'épouvante et faisait pendant plusieurs jours le sujet des *causeries* des veillées et fournissait le texte de beaucoup d'histoires de revenans... Maintenant le préjugé s'affaiblit, et on sait que le *rosereu* et la *tétiche* ne diffèrent que parce que le même animal est *roux* pendant l'été et *blanc* pendant l'hiver, époque à laquelle on le voit moins souvent.

Les queues d'hermine servent d'ornement aux fourrures, aux aumusses des chanoines, etc.

Quatrième espèce.

La Belette. *(P. Mustela.)*

Descript. — Queue entièrement *brune* en dessus, et blanche en dessous; la partie supérieure du corps rousse, blanche en dessous; encore plus petite que l'hermine, dont elle se distingue d'ailleurs par la couleur de la queue.

La belette vit plus près des habitations où elle fait beaucoup de ravages dans les poulaillers; la petitesse de sa taille lui en facilite l'entrée; elle détruit les œufs, les jeunes poussins, les petits oiseaux dans leurs nids, et aussi beaucoup de souris, mulots, même des rats. C'est au printemps qu'elle fait ses petits dans le creux d'un arbre, d'un rocher, d'un mur.

Dans la tribu des *vermiformes* se trouve la marte zibelline, originaire des régions septentrionales de l'Asie, de la Russie, et dont la fourrure fait une des principales richesses du pays.

QUATRIÈME FAMILLE.

LES AMPHIBIES.

CARACT. DE LA FAMILLE. — Doigts des extrémités *réunis* par une *membrane* qui rend ces parties plus propres à la natation qu'à la marche; membres et queue très-courts. Une *valvule* à la base des narines propre à les fermer quand ces animaux plongent ou mangent dans l'eau.

Le *nom d'amphibies* est donné aux animaux de cette famille, parce qu'ils ont la faculté de vivre alternativement dans l'air et dans l'eau, d'où ils ne sortent guères que pour se chauffer au soleil ou allaiter leurs petits. Cependant ils sont obligés de venir respirer à la surface de l'eau. Un sinus veineux, qui se trouve dans leur foie, les aide à plonger en leur rendant la respiration moins nécessaire au mouvement du sang.

GENRE.

PHOQUE. *(Phoca.)*

CARACT. DU G. — *Point* d'oreilles extérieures; *point* de clavicule; mâchelières et canines au nombre de 20, 22, 24, toutes *tranchantes* ou *coniques*; quatre ou six incisives à la mâchoire supérieure et quatre à l'inférieure; bras et avant-bras, ainsi que le fémur *rentrés* dans la peau; cinq doigts *palmés*; ceux de devant décroissant du pouce au petit doigt; queue courte.

Nous ne trouvons sur nos côtes qu'une seule espèce.

LE PHOQUE COMMUN. *(P. Vitulina.) Veau marin.*

Mêmes caractères du genre, tête aplatie et arrondie, poils courts, soyeux et de couleur gris-blafard, parfois tachetés de brun, bleus en dessous.

Buffon s'est trompé dans les causes qu'il assigne à la faculté que possède le phoque, de vivre dans l'air et dans l'eau; mais écoutons la description qu'il fait de l'animal.

« Le phoque, dit-il, est le modèle sur lequel l'imagination des poëtes enfanta les tritons, les sirènes, et ces dieux de la mer à tête humaine, à corps de quadrupède, à queue de poisson; et le phoque règne en effet sur cet empire muet, par la voix, par la figure, par son intelligence, en un mot, par les facultés qui lui sont communes avec les habitants de la terre, si supérieures à celles des poissons, qu'ils semblent être non-seulement d'un autre ordre, mais d'un monde différent. Aussi cet amphibie, quoique d'une nature très-éloignée de celle de nos animaux domestiques, ne laisse pas d'être susceptible d'une sorte d'éducation. On le nourrit en le tenant souvent dans l'eau; on lui apprend à saluer de la voix; il s'accoutume à celle de son maître; il vient lorsqu'il s'entend appeler et donne plusieurs autres signes d'intelligence et de docilité... Les femelles mettent bas en hiver; elles font leurs petits à terre, sur un banc de sable, sur un rocher, ou dans une petite île, à quelque distance du continent; elles se tiennent assises pour les allaiter et les nourrissent ainsi pendant douze ou quinze jours dans l'endroit où ils sont nés; après quoi la mère emmène ses petits avec elle à la mer, où elle leur apprend à nager et à chercher à vivre; elle les prend sur son dos quand ils sont fatigués. Comme chaque portée n'est que de deux ou trois, ses soins ne sont pas fort partagés, et leur éducation est bientôt faite; d'ailleurs ces animaux ont naturellement assez d'intelligence et beaucoup de sentiment; ils s'entendent, ils s'entr'aident, et se secourent mutuellement : les petits reconnaissent leur mère au milieu d'une troupe nombreuse; ils entendent sa voix; et dès qu'elle les appelle, ils arrivent à elle sans se tromper. »

Dans cette famille se trouvent les lamantins, ou *bœufs marins*, et les morses, ou *vaches marines*, bien différenciés des phoques par le caractère de l'absence de dents incisives et canines à la mâchoire supérieure.

L'ordre des carnassiers comprend encore une dernière famille, les Marsupiaux, dans laquelle se trouve la *sarrigue*, qui a sous le ventre une *poche* dans laquelle les petits se réfugient au moindre danger, ou pour se reposer.

Nous remarquerons encore les *phalangers*, dont une espèce est appelée *phalanger-volant*, parce que la peau des flancs, étendue entre les pieds de devant et ceux de derrière, lui permet de se soutenir quelques instans en l'air. Dans cette famille se trouvent encore les *kanguroos*, remarquables par la brièveté de leurs membres antérieurs et la longueur des extrémités inférieures.

Nous n'avons aucune espèce de cette famille en Normandie.

N° 5. — ANALYSE DU 4ᵉ. ORDRE, OU LES RONGEURS.

1 { Incisives supérieures, doubles. . . . . Lièvre. . 1ᵉʳ Genre.
{ ———————— simples. . . . . 2.

2 { Queue touffue, quatre molaires. . . : . . . . . . Écureuil. . 2ᵉ Genre.
{ ——— nue ou presque nue, six molaires. . . . . . . Rat. . 3ᵉ Genre.

CHAPITRE XIV.

QUATRIÈME ORDRE.

LES RONGEURS.

Les trois ordres précédens ont ainsi que nous l'avons vu, pag. 64, les trois espèces de dents, *molaires*, *canines* et *incisives*.

Le quatrième ordre, ou les RONGEURS s'en distingue très-facilement par un caractère *négatif* bien tranché : (pag. 64) *point de canines*, seulement ils ont des molaires en nombre variable, suivant les genres, et *séparées* des incisives par un *espace* considérable. Le caractère d'*unguiculés* empêche ensuite de les confondre avec les ordres suivans.

Les animaux de cet ordre sont généralement *frugivores* ; quelques-uns, pourvus de fortes clavicules, peuvent se servir des pieds de devant pour porter les alimens à leur bouche.

Le peu d'espèces contenues dans cet ordre a dispensé de les subdiviser en famille ; nous n'avons que trois genres indigènes analysés dans le tableau en regard.

PREMIER GENRE.

LE LIÈVRE. *(Lepus.)*

CARACT. DU G. — *Douze molaires* à la mâchoire supérieure, et *quatre* incisives, dont *deux* placées derrière celles du devant de la bouche ; cinq molaires à la mâchoire inférieure, et *deux* incisives ; *rudiment* de clavicule ; *cinq* doigts en *avant*, armés d'ongles; *quatre* doigts en arrière; oreilles *très-longues*; queue *courte*, relevée et adossée sur le sacrum; extrémités postérieures *beaucoup plus longues* que les antérieures.

Première espèce.

Le Lièvre. *(L. timidus.)*

Descript. — Couleur généralement *fauve-roussâtre*, avec le dessous du corps blanc; les oreilles variées de roux, de noir, de fauve et de blanc, sont blanches à leur partie externe, et noires à leur extrémité.

« Le lièvre ne manque pas d'instinct pour sa conservation, ni de sagacité pour se soustraire à ses ennemis; il se forme un gîte; il choisit en hiver les lieux exposés au midi, et en été il se loge au nord; il se cache, pour n'être pas vu, entre des mottes qui sont de la couleur de son poil.

« Les lièvres ne vivent que sept ou huit ans au plus; ils prennent tout leur accroissement en un an; ils passent leur vie dans la solitude et dans le silence, et l'on n'entend leur voix que quand on les saisit avec force, qu'on les tourmente et qu'on les blesse; ce n'est point un cri aigre, mais une voix assez forte dont le son est presque semblable à celui de la voix humaine. Ils ne sont pas aussi sauvages que leurs habitudes et leurs mœurs paraissent l'indiquer; ils sont doux et susceptibles d'une espèce d'éducation; on les apprivoise aisément; ils deviennent même caressans, mais ils ne s'attachent jamais assez pour devenir animaux domestiques; car ceux même qui ont été pris tout petits et élevés dans la maison, dès qu'ils en trouvent l'occasion, se mettent en liberté et s'enfuient à la campagne. Comme ils ont l'oreille bonne, qu'ils s'asseient volontiers sur leurs pattes de derrière, et qu'ils se servent de celles de devant comme de bras, on en a vu qu'on avait dressés à battre du tambour, à gesticuler en cadence. » (*Buffon.*)

Les femelles ne portent que trente ou trente et un jours; elles produisent trois ou quatre petits : ces petits ont les yeux ouverts en naissant; la mère les allaite pendant vingt ou trente jours. Elles mettent bas plusieurs fois par an.

Les lièvres dorment beaucoup et dorment les *yeux ouverts*; ils n'ont pas de *cils* aux paupières et ils paraissent avoir les yeux mauvais; ils ont, comme par dédommagement, l'ouie très-fine et l'oreille d'une grandeur démesurée, relativement à celle de leur corps. Comme ils ont les jambes de devant beaucoup plus courtes que celles de derrière, il leur est plus commode de courir en montant qu'en descendant.

On voit assez fréquemment des lièvres blancs par l'effet de la maladie *albine*.

Le jeune lièvre se nomme levreau.

Deuxième espèce.

LE LAPIN. (*L. Cuniculus.*)

DESCRIPT. — Couleur roux-grisâtre tiqueté, avec les pattes et le derrière du cou roux; les oreilles grisâtres en dehors sont en dedans d'un roux tiqueté; elles ont un liseré noir à la partie supérieure.

Le lapin vit comme le lièvre, mais se creuse un terrier dans lequel il se sauve au moindre danger. La femelle s'en creuse un particulier dans lequel elle met bas ses petits au nombre de six, huit et même plus, qu'elle y allaite pendant deux mois. Les lapines portent trente ou trente et un jours et font plusieurs portées par an.

Nous avons en domesticité beaucoup de variétés de couleurs dans nos lapins qui portent le nom de *clapiers*. Une variété remarquable est celle du lapin d'*Angora*, à poils longs et soyeux, dont on faisait des gants, des schals dont la mode est passée.

DEUXIÈME GENRE.

ÉCUREUIL. (*Sciurus.*)

CARACT. DU GENRE. — *Quatre* molaires *tuberculeuses* et

deux incisives à chaque mâchoire ; une *clavicule* ; *quatre* doigts *longs* armés d'ongles recourbés aux pattes de devant ; *cinq* doigts à celles de derrière : oreilles droites *garnies* de touffes de poils ; queue *longue* et *touffue*. Jambes antérieures plus courtes que les postérieures.

Espèce.

L'Écureuil ordinaire. (*S. vulgaris.*) Le Jaquet.

Mêmes caractères du genre. Poils de la tête et des parties supérieures d'un roux plus ou moins vif, suivant l'âge ; les flancs un peu grisâtres, le ventre blanc ; les oreilles sont surmontées d'un petit pinceau de poils roux.

Un des hôtes les plus agréables de nos forêts c'est sans contredit l'écureuil : vif, léger, alerte, au moindre danger il s'élance de branche en branche, de cime en cime, fatigue le chasseur par sa légèreté, et disparaît au moment où celui-ci croit le saisir. Absolument inoffensif, il se nourrit de *faines*, de gland, de noisettes, qu'il ouvre très-adroitement, les portant à sa bouche avec ses deux pattes de devant, se tenant assis sur son derrière ; il fait provision dans des trous d'arbres non loin du bois où il se retire habituellement. La chair de l'écureuil est bonne à manger.

L'écureuil fait son nid de menues branches sèches, de racines, de mousse, et le place dans le fourchet des grosses branches. La femelle y met bas trois ou quatre petits vers le mois d'Avril.

La queue longue et touffue de l'écureuil lui sert de parapluie ; on prétend même qu'il traverse les rivières sur un morceau d'écorce, et que sa queue déployée au vent fait l'office d'une voile. Du moins l'espèce qui se trouve dans le nord, et qui porte le nom de *petit-gris*, dont la fourrure est très-estimée, passe ainsi les rivières, d'après Linnée, Regnard, etc.

TROISIÈME GENRE.

LE RAT. (*Mus.*)

CARACT. DU G. — *Six* molaires et deux incisives à chaque mâchoire : une clavicule, quatre doigts et un *vestige de pouce* aux pieds antérieurs; cinq aux postérieurs; oreilles *courtes, nues*; queue *effilée, écailleuse, nue* ou presque *nue* (les loirs exceptés); pattes antérieures et postérieures de *même* longueur. Les espèces de ce genre sont *omnivores*.

Cuvier a subdivisé le genre rat en trois sous-genres différenciés par les modifications des dents molaires; la première subdivision comprend les campagnols, (*arvicola*), dont les molaires sont *prismatiques*; la deuxième, les loirs (*myoxus*), qui ont à l'extrémité de la queue une petite touffe de poils; enfin le genre rat proprement dit (*mus*), dont la queue est nue.

§. Ier.

LES CAMPAGNOLS. (*Arvicola.*)

LE RAT D'EAU. (*A. amphibius.*)

DESCRIPT. — Plus fort que le rat ordinaire; gris-brun foncé; le pouce de devant a seul un ongle visible; oreilles nues, courtes; tête courte, arrondie; queue de moyenne longueur.

Ainsi que la loutre, le rat d'eau ne fréquente que les eaux douces; on le trouve communément le long des rivières ou ruisseaux : il se nourrit de goujon, menu frétin, frai des poissons, insectes d'eau, racines, etc. Vers le printemps les femelles mettent bas cinq ou six petits.

§. IIe.

LES LOIRS. (*Myoxus.*)

Le Lérot. (*M. Nitela.*)

Descript. — Parties supérieures, et le premier tiers de la queue d'un *roux vineux*; les flancs gris; parties inférieures blanches; *autour de l'œil* une grande tache *noire*; taille *moindre* que celle du rat.

Cette espèce et la suivante hibernent pendant l'hiver. Quoique le genre de vie des loirs soit d'être frugivores, cependant ils mangent par fois les œufs des oiseaux et même leurs petits.

La queue du lérot est garnie de poils à l'extrémité, ainsi que dans l'espèce suivante :

Deuxième espèce.

Le Muscardin. (*M. Muscardinus. Avellanarius.*)

Descript. — Parties supérieures d'un beau *fauve-roussâtre*; les inférieures blanches; point de tache autour de l'œil; de la *taille* d'un mulot; bout de la queue garni de poils.

Cette espèce, dont les mœurs et les habitudes sont semblables à celles du véritable lérot, est confondue dans notre pays avec celui-ci; cependant la couleur du poil et surtout la taille suffisent pour le différencier facilement.

§. IIIe.

LES RATS. (*Mus.*)

Première espèce.

Le Rat. (*M. Ratus.*)

Descript. — Noirâtre en dessus; cendré en dessous; le dessus des pieds est recouvert de poils blancs.

Originaire d'Amérique, d'où il a été apporté dans les vaisseaux, le rat domestique est omnivore et essentiellement destructeur. Cette espèce s'est propagée étonnamment et infecte nos maisons.

Deuxième espèce.

Le Mulot. (*M. Campestris.*)

Descript. — Poils gris ardoisés à leur naissance, *fauves* à leur extrémité ; dessous du corps et les pieds *blancs*.

Dévaste les champs dans lesquels il se creuse des trous assez profonds pour y faire sa demeure.

Troisième espèce.

La Souris. (*M. Musculus.*)

Descript. — Gris uniforme dessus ; cendré en dessous ; queue légèrement velue.

Les mœurs de cet animal, ainsi que celles des espèces précédentes, sont trop connues pour être décrites ici.

On trouve dans certaines localités des souris *blanches*. En domesticité nous élevons les cobayes, ou *cochon d'Inde*, originaire d'Amérique, dont il n'y a qu'une espèce, mais qui varie étonnamment de couleur.

Nous remarquerons dans l'ordre des rongeurs, parmi les espèces qui ne se trouvent point en Normandie, le castor, le loir, la gerboise, la marmotte des Alpes, le palatouche, ou écureuil volant, et le porc-épic. Quoique le castor soit étranger à notre province, nous citerons ici les beaux vers de Delille sur l'industrie de ces animaux :

> Dans ses hardis travaux le peuple des castors
> Etale de l'instinct les plus riches trésors.
> L'éléphant dans les bois et le castor dans l'onde
> Sont tous deux à jamais l'étonnement du monde.
> S'il n'a point cette trompe, organe merveilleux,
> Dont ce noble animal a droit d'être orgueilleux,

Quatre dents, ou plutôt quatre terribles scies,
Qu'en un tranchant acier la nature a durcies,
Et sa queue aplatie, et ses agiles doigts,
Voilà de ses travaux les instrumens adroits.
D'autres les ont vantés, d'autres ont su décrire
Tous ces grands monumens de leur petit empire ;
Ces arbres renversés, façonnés avec art,
De leur digue à la vague opposant le rempart ;
Des écluses, des ponts l'habile architecture,
Des voûtes, des cloisons la solide jointure;
Ces soins si prévoyans, cet art si merveilleux,
Accomodés au temps, appropriés aux lieux ;
Cette Hollande enfin, et cette humble Venise,
Sur ces longs pilotis solidement assise :
L'étranger retrouvant l'homme dans le castor,
Le voit, s'étonne, rêve et le regarde encor.

DELILLE. *L'Imagination*, ch. VII.

Le palatouche, ou écureuil volant, a un repli de la peau des flancs, ou membrane qui, s'étendant depuis le poignet jusqu'aux parties postérieures, lui permet de se soutenir dans l'air lorsqu'il franchit la distance d'un lieu à un autre ; la plus grande espèce se trouve aux îles Molluques et aux Philippines; les autres espèces se trouvent aux Etats-Unis, en Pologne et à Java.

Le porc-épic se trouve au sud de l'Italie, en Grèce et même en Espagne, ainsi que les gerboises et la marmotte. Les porc-épics hivernent pendant le fond de l'hiver.

CHAPITRE XV.

CINQUIÈME ORDRE.

LES ÉDENTÉS.

Ce sont des quadrupèdes, *sans incisives*, quelquefois sans canines ni molaires aux deux mâchoires; ils ont de gros ongles qui se rapprochent plus ou moins de la nature des *sabots ou cornes* du pied des animaux des ordres suivants. On remarque une certaine lenteur dans leurs mouvements, un défaut d'agilité; tels sont les principaux caractères qui déterminent les animaux de cet ordre. La forme de leurs ongles sert de *caractère de transition* pour passer aux ordres suivans : nous ne ferons qu'indiquer ce *cinquième ordre*, n'en ayant aucune espèce dans notre pays; c'est pour cette raison que dans le tableau, page 48, l'ordre des édentés est placé le dernier dans l'analyse.

Nous remarquerons seulement l'animal nommé *paresseux* et l'aï, originaire d'Amérique, la seule espèce de mammifères qui ait *neuf vertèbres* cervicales.

On a beaucoup trop exagéré la lenteur de l'aï, ou paresseux, et Buffon s'est trompé dans le jugement qu'il en a porté. La lenteur des mouvements de cet animal est remarquable, il est vrai, mais elle tient à son organisation et n'est point portée au point qu'on l'avait avancé sur la foi de quelques voyageurs.

N.º 6. ANALYSE DU 3º. ORDRE, OU LES PACHYDERMES.

{ TÉTRADACTYLES : deux doigts, ou pied fourchu, avec un vestige de deux doigts, ou pouces en arrière. Le Sanglier. 1ᵉʳ. Genre.

MONODACTYLES, ou solipèdes ; point de doigts apparens ; tout le pied enveloppé d'une substance nommée corne. . . . . Le Cheval. 2ᵉ. Genre.

CHAPITRE XVI.

SIXIÈME ORDRE.

LES PACHYDERMES.

CARACT. DE L'ORDRE SIXIÈME. — Cuir, ou peau très-épaisse; canines, ou *remplacées* par des dents dont les formes particulières, nommées *défenses*, ou *séparées* des molaires par *un espace considérable* à l'angle de la bouche; *point de clavicule; deux* ou *un seul* doigt, privés d'ongles *véritables*, remplacés par ce qu'on appelle la *corne;* carpe et tarse *formés* d'un *seul* os.

Le nom de pachydermes (peau épaisse) semblerait devoir convenir également aux espèces des deux ordres suivants; mais la *présence* des dents canines et incisives à la mâchoire *supérieure*, caractère qui ne se trouve point dans l'ordre des ruminants, et la forme des extrémités suffisent pour les séparer; nous verrons d'ailleurs les *modifications de l'estomac* dans l'ordre des ruminants, et celles *des membres* dans les cétacés.

Les trois ordres précédents sont réunis par le caractère d'*onguiculés;* mais dans celui-ci les ongles sont tellement conformés et disposés qu'ils ne sont propres qu'à *garnir* les doigts qui ne *peuvent ployer;* et les modifications de cette partie du squelette établissent trois familles dans l'ordre des pachydermes.

Absolument réduits à paître, ces animaux ne se servent de leurs pieds que comme de *soutien*, sans pouvoir ployer leurs doigts lorsqu'ils en ont.

Cet ordre se partage en trois familles; les *proboscidiens*, les *tétradactyles* et les *monodactyles*.

Les *canines* et les *incisives* proprement dites, *manquent* à la première famille, ou *proboscidiens*, qui renferme les animaux, ayant une trompe. Ces animaux, au lieu de véritables canines et incisives, ont des dents d'une forme particulière, nommées *défenses*, dont on tire l'*ivoire;* dans cette famille sont les éléphants, et se trouvait le *mastodonte*, ou le géant des quadrupèdes qu'on ne rencontre plus qu'à l'état *fossile*.

DEUXIÈME FAMILLE.

TÉTRADACTYLES, *ou Pachydermes ordinaires.*

La seconde famille est celle des tétradactyles, ou animaux ayant quatre doigts, dont deux *antérieurs* posant à terre, servent à la loco-motion, et sont garnis d'une substance nommée *corne*, qui enveloppe plus ou moins l'extrémité du doigt; les deux doigts postérieurs plus élevés se nomment *ergots*, et ne servent point à la marche. Nous n'avons qu'un genre dans cette famille, dans laquelle se trouve l'hippopotame ou cheval du Nil.

LE SANGLIER. (*Sus.*)

CARACT. DU G. — Vingt-quatre ou vingt-huit molaires; canines nommées *défenses*, sortant de la bouche et *recourbées;* incisives en nombre variable, mais dont les inférieures sont toujours courbées en *avant;* museau nommé *grouin*, terminé par un *boutoir* ou nez propre à fouiller la terre; (Observation, les dents des animaux de ce genre ne se renouvellent point.)

Première espèce.

LE SANGLIER. (*S. Scropha.*)

DESCRIP. — Noir-brun sur tout le corps, poils ou soies dures et roides tout le long de l'échine; yeux très-petits,

DEUXIÈME FAMILLE. TÉTRADACTYLES.

oreilles très-mobiles, pendantes. La tête se nomme *hure*.

Cet animal met cinq ou six ans à croître, et vit près de trente ans. Vers le mois de mai la femelle, nommée *laie*, après quatre mois de portée, met bas de quatre à dix petits nommés *marcassins*, rayés de blanc et de noir, ou roux-fauve.

Le sanglier habite nos forêts, se retire dans un fourré épais où il se pratique une retraite nommée *bauge*.

L'odorat est le sens le plus actif chez le sanglier; cet animal, ordinairement inoffensif devient terrible lorsqu'il est attaqué. La chasse offre autant de périls que d'attraits. Cet animal est susceptible de s'apprivoiser et d'apprendre quelques gestes grotesques.

Deuxième espèce.

LE COCHON DOMESTIQUE. (*S. domesticus.*)

Variété du sanglier, le cochon domestique, dont le mâle se nomme *verrat*, et la femelle *truie*, et les petits, *cochons de lait*, est moins agile et plus abruti qu'à l'état sauvage; ses défenses sont beaucoup plus faibles, ainsi que son boutoir et sa hure. La couleur varie du blanc au noir. La femelle porte quatre mois, fait deux portées de six, huit petits et même plus par an. Elle est en état de produire dès l'âge de neuf mois ou un an.

Les cochons sont sujets à une maladie qui résulte de la malpropreté et les rend *ladres*, c'est-à-dire presque absolument *insensibles*. Une particularité remarquable c'est la disposition de la graisse chez eux : outre sa consistance et sa qualité bien différente de celle des autres animaux, cette graisse, nommée *lard*, n'est ni mêlée avec la chair, ni ramassée aux extrémités de la chair, mais elle forme entre la chair et la peau, nommée *couenne*, une couche distincte et continue, particularité que l'on remarque aussi dans la baleine et autres cétacés.

On dit vulgairement que l'anatomie intérieure du cochon ne diffère point de celle de l'homme; c'est une erreur : il n'y a pas plus de similitude entre l'organisation physique interne de l'homme et du cochon qu'entre celle des autres mammifères.

Plus les cochons, ainsi que le sanglier, vieillissent, moins leur chair est bonne à manger.

Deuxième variété.

Tonquin. (*Cochondras*) *Cochon de Siam.*

Cette variété, qui paraît originaire de l'Inde, ressemble beaucoup au cochon chinois, dont on croit qu'elle provient : sa tête est raccourcie, sa mâchoire épaisse, la peau au-dessus des yeux est froncée ou marquée de plis. Ses oreilles courtes ; un peu pointues et presque relevées ; le cou épais et fort, le poitrail vigoureux, le corps rond et allongé, les jambes courtes et fortes, les soies minces et courtes. La couleur des poils, ou soies, est noire, cuivrée et quelquefois rouge de feu.

Ce cochon, dont la taille est bien inférieure à celle du cochon domestique ordinaire est très-facile à nourrir et à engraisser ; sa chair est délicate ; il engraisse tellement que son ventre touche à terre.

Outre cette variété, il en existe encore une autre nommée *cochon anglais*, beaucoup plus forte que l'espèce précédente, mais dont la chair plus molle est bien inférieure et n'a que fort peu de graisse. Elle est beaucoup moins répandue en Normandie.

« De tous les quadrupèdes, le cochon paraît l'animal le plus brut : les imperfections de la forme semblent influer sur le naturel ; toutes ses habitudes sont grossières, tous ses goûts sont immondes, toutes ses sensations se réduisent à une luxure furieuse et à une gourmandise brutale qui lui fait dévorer immédiatement tout ce qui se présente, et même sa progéniture, au moment qu'elle vient de naître. Sa voracité dépend apparemment du besoin continuel qu'il a de remplir la grande capacité de son estomac, et la grossièreté de ses appétits, l'hébétation des sens et du toucher, la rudesse du poil, la dureté de la peau, l'épaisseur de la graisse, rendent ces animaux peu sensibles aux coups; on a vu des souris se loger sur leur dos et leur manger le lard et la peau sans qu'ils parussent le sentir. Ils ont donc le toucher fort obtus et le goût aussi grossier que le toucher. Leurs autres sens sont bons : les chasseurs n'ignorent pas que les sangliers voient, entendent et sentent de fort loin, puisqu'ils sont obligés, pour les surprendre, de les attendre en silence pendant la nuit et de se placer au-dessous du vent pour dérober à leur odorat les émanations qui les frappent de loin et toujours assez vivement pour leur faire sur-le-champ rebrousser chemin. » (*Buffon*).

De l'animal immonde que nous venons d'analyser, lorsqu'il faut passer immédiatement à la description du cheval, la *transition* semble effectivement *brusque;* aussi c'est surtout dans l'article qui concerne le cochon, que Buffon a épuisé les ressources de la logique et la magie du style pour s'élever contre les classifications méthodiques. Il ne fallait pas moins d'un génie égal dans son genre à celui du Pline français, pour réfuter victorieusement les assertions, j'ose dire plus, les paradoxes du grand peintre des animaux, et établir l'admirable méthode qui range à côté des ouvrages de Buffon, le règne animal de Cuvier.

TROISIÈME FAMILLE.

MONODACTYLES, ou *Solipèdes*.

La troisième famille est celle des *monodactyles*, ou *solipèdes*, animaux qui n'ont *qu'un doigt* apparent et un seul *sabot* à chaque pied ; on remarque cependant sous la peau de chaque côté du métacarpe et du métatarse des *stylets* ou rudimens d'os qui représentent imparfaitement deux rudimens métacarpiens, sans vestiges d'ongles ; au lieu de canines véritables on trouve des dents d'une forme particulière, nommées *crochets;* nous n'avons qu'un genre de cette famille.

GENRE.

CHEVAL. (*Equus.*)

Caract. du g. — Quarante dents, dont six molaires à chaque mâchoire; deux canines nommées *crochets*, séparées des molaires par un intervalle à l'angle de la bouche; six incisives, dont les deux, placées au milieu, se nomment *pinces*; les deux voisines, *mitoyennes*; et les deux externes, *coins*; un *seul* doigt et un seul sabot ; quant à la couleur du poil, ou *robe*, elle varie extrêmement dans tous les animaux réduits en domesticité. (pag. 65.)

Nous ferons une comparaison succincte de l'ostéologie de l'homme et de celle du cheval.

Nous avons vu, page 16, le tableau résumé de l'ostéologie de l'homme.

Dans le cheval, les os de la tête, sauf les modifications des formes, sont en même nombre et portent les mêmes noms, ainsi que les sept vertèbres cervicales; les vertèbres dorsales sont au nombre de *dix-huit*, et portent *dix-huit côtes*, dont *neuf vraies*, et *neuf fausses*, qui ne s'articulent point avec le sternum; les vertèbres lombaires sont au nombre de *six*; le *sacrum* est d'une seule pièce, et le *coccix*, ou queue, est formé de quinze à dix-huit vertèbres; les os du *bassin* portent les mêmes noms que dans l'homme.

Les extrémités *antérieures*, dans le cheval, sont formées :

1° Par l'*omoplate*, ou *scapulum*, mais sans *clavicule*; l'une des faces de l'omoplate, vulgairement nommée *paix*, *pelleron*, est plate; sur l'autre est une apophyse, *crête* ou *arrête*, nommée acromion.

2° Par l'*humérus* formé d'un seul os.

3° Par le *cubitus* ou avant-bras, sans *radius*.

4° Par le *carpe*, nommé *genou*, formé de *sept os*, disposés sur deux rangs, un excepté, nommé *os crochu*, qui est situé à la face postérieure externe du genou.

5° Par le *métacarpe* formé d'un os nommé canon, auquel

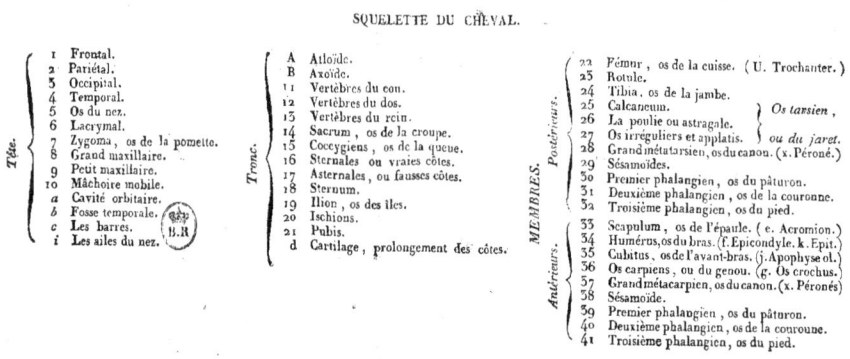

SQUELETTE DU CHEVAL.

Tête.
1. Frontal.
2. Pariétal.
3. Occipital.
4. Temporal.
5. Os du nez.
6. Lacrymal.
7. Zygoma, os de la pomette.
8. Grand maxillaire.
9. Petit maxillaire.
10. Mâchoire mobile.
a. Cavité orbitaire.
b. Fosse temporale.
c. Les barres.
i. Les ailes du nez.

Tronc.
A. Atloïde.
B. Axoïde.
11. Vertèbres du cou.
12. Vertèbres du dos.
13. Vertèbres du rein.
14. Sacrum, os de la croupe.
15. Coccygiens, os de la queue.
16. Sternales ou vraies côtes.
17. Asternales, ou fausses côtes.
18. Sternum.
19. Ilion, os des îles.
20. Ischions.
21. Pubis.
d. Cartilage, prolongement des côtes.

MEMBRES.

Postérieurs.
22. Fémur, os de la cuisse. (U. Trochanter.)
23. Rotule.
24. Tibia, os de la jambe.
25. Calcaneum. } Os tarsien,
26. La poulie ou astragale. } ou du jaret.
27. Os irréguliers et applatis.
28. Grand métatarsien, os du canon. (x. Péroné.)
29. Sésamoïdes.
30. Premier phalangien, os du pâturon.
31. Deuxième phalangien, os de la couronne.
32. Troisième phalangien, os du pied.

Antérieurs.
33. Scapulum, os de l'épaule. (e. Acromion.)
34. Humérus, os du bras. (f. Epicondyle. k. Epit.)
35. Cubitus, os de l'avant-bras. (j. Apophyse ol.)
36. Os carpiens, ou du genou. (g. Os crochus.)
37. Grand métacarpien. (x. Péronés.)
38. Sésamoïde.
39. Premier phalangien, os du pâturon.
40. Deuxième phalangien, os de la couronne.
41. Troisième phalangien, os du pied.

sont soudés deux os rudimentaires, nommés *péroné* du canon; à la base du *canon*, ou métacarpe, sont les os *sésamoïdes*.

6° Par les phalanges du doigt qui sont au nombre de trois :

La première phalange forme le *paturon*, dont l'articulation avec la phalange suivante, forme le *boulet*.

La deuxième phalange se nomme *couronne*.

La troisième, os du pied. Entre la troisième phalange est l'os naviculaire, ou petit sésamoïde.

Les extrémités *postérieures* sont formées :

1° Par le *fémur*, également d'un seul os.

2° Par *la rotule*.

3° Par *le tibia*, avec péroné rudimentaire.

4° Par *le tarse*, formé de six os; le premier se nomme *calcaneum*; le deuxième, *astragale* ou *la poulie*; et les quatre suivans, *os irréguliers*.

5° Par le *métatarse* formé, comme le métacarpe, du *métacarpien*, des *pérones*, des os sésamoïdes formant le canon, des phalanges du doigt, le *paturon*, la couronne, l'os du pied et le petit sésamoïde.

Sans prétendre enseigner à connaître l'âge du cheval par l'inspection des dents, il ne sera pas inutile d'indiquer sur quelles bases cette connaissance est établie.

L'âge du cheval se reconnaît par l'apparition, l'accroissement et les modifications des dents incisives et même des *crochets*.

Les dents sont *caduques* ou *persistantes*; on nomme *caduques*, ou *dents de lait*, celles qui tombent, et sont remplacées par d'autres, nommées de *remplacement*; *persistantes*, celles qui ne sont pas remplacées.

Les dents caduques dans le cheval sont les *incisives* et les *trois* premières molaires de chaque côté.

Les dents sont composées de deux substances principales, une extérieure, nommée *émail*; l'autre intérieure, nommée *éburnée*.

Les incisives offrent dans leur *centre* deux cavités différentes; la première se remarque à la partie extérieure et libre de la dent; les parois en sont formées par la substance *émail* qui se réfléchit dans l'intérieur. Cette cavité renferme une matière jaune-noire, connue sous le nom de *germe de fève*.

La cavité intérieure est formée par la substance *éburnée*, et donne passage aux vaisseaux, aux nerfs qui concourent à la nutrition de la dent; ces deux cavités s'entrecroisent vers leur extrémité ; la cavité extérieure est située à la partie *postérieure* de la dent, vers la face *interne*, tandis que la cavité intérieure est située à la partie *antérieure*, et vers la face *externe*.

La partie supérieure des dents, sur laquelle les alimens sont broyés, se nomme *table ;* elle est recouverte par l'émail, qui disparaît dans cette partie par l'*usure* des dents, résultat de leur frottement lors du broiement des alimens; la cavité, dont la base paraît à la *table*, se rétrécit à mesure que les dents vieillissent; et, se rapprochant toujours vers le bord postérieur, finit par disparaître pour faire place à la cavité intérieure qui commence à se montrer vers l'âge de huit ans, sous l'aspect d'une bande *jaunâtre*, située vers le bord antérieur de la dent.

On distingue la cavité extérieure de la cavité intérieure, parce que cette dernière est dépourvue de la substance émail.

Lorsque les dents sont *usées* ou *rasées* inégalement, de manière que la *table* offre une surface irrégulière, ou que la mâchoire supérieure dépasse l'inférieure, le cheval est dit *bégu*.

On a observé que la *marque noire* au centre de la table, ou *germe de fève*, disparaît plus rapidement dans les incisives inférieures que dans les supérieures, qui usent ou *rasent* moins promptement.

Nous avons vu dans les caractères de la famille et du genre que les dents canines sont remplacées par des crochets, séparés des incisives et des molaires par un espace; dans l'intervalle qui se trouve entre les crochets et les molaires, à l'angle des lèvres, se place le mords pour guider l'animal.

Nous observerons que les crochets ne se trouvent ordinairement que dans les chevaux mâles; les jumens en sont dépourvues, ou du moins elles n'en ont que des rudimens; celles qui en ont sont nommées bréhaignes.

Après cet exposé de la nature, de la forme et des modifications des dents, nous observerons que l'apparition, le développement et les modifications des dents, servent d'indices pour connaître l'âge des chevaux; en effet, les pinces viennent ordinairement six à huit jours après la naissance du poulain; les mitoyennes, au bout de quarante jours, et les coins, de six à dix mois.

Ces premières dents se nomment caduques, ou dents de lait; elles sont courtes; l'émail en est plus blanc que dans les dents de remplacement; la partie libre est aplatie d'avant en arrière, et offre une surface striée.

Vers deux ans et demi le poulain jette ses dents: d'abord les quatre *pinces* tombent, environ un an après les quatre mitoyennes; enfin, vers quatre ans et demi à cinq ans, les *coins*; à cet âge les coins ne dépassent point les gencives et croissent lentement; à six ans et demi la cavité commence à se remplir, et la *marque noire* diminue graduellement, ainsi que dans les autres incisives, jusqu'à sept ans et demi ou huit ans, quelquefois neuf, qu'elle disparaît totalement, et alors apparaît la cavité intérieure, qui, ainsi que nous l'avons dit, a l'aspect d'une bande *jaunâtre*.

Les crochets percent vers la quatrième ou cinquième année, ainsi que les arrières molaires; ces dents sont persistantes; les crochets dans les jumens qui en ont sont très-faibles.

Il se trouve quelquefois des dents molaires *supplémentaires*, en avant de la première molaire.

Au-dessus de huit ans, l'âge se reconnaît par le *rasement*, les modifications de forme des dents, qui, de comprimées, deviennent *ovales*, *triangulaires*, etc. (1).

Le cheval vit de vingt à trente ans; à trois ans on l'emploie aux divers ouvrages; la jument porte onze mois et

(1) On peut pour plus amples détails joindre à l'expérience la théorie qu'en a donné M. Girard, dans un ouvrage intitulé Hippélikiologie, à Paris, chez Bechet, jeune.

quelques jours, et ne produit le plus ordinairement qu'un *poulain*.

Il semble que plus les animaux sont utiles à l'homme, plus ils sont exposés à des maladies : le cheval est d'abord sujet à la *gourme*, maladie qui se déclare dans les jeunes poulains; ensuite à la *pousse*, espèce d'asthme qui les rend *poussifs*; d'autres à un sifflement aigu; on les nomme *cornards*; enfin, à la *fourbure*, à la *morve*, etc.

« La plus noble conquête que l'homme ait jamais faite, est celle de ce fier et fougueux animal qui partage avec lui la fatigue de la guerre et la gloire des combats : aussi intrépide que son maître, le cheval voit le péril et l'affronte; il se fait au bruit des armes, il l'aime, il le recherche, et s'anime de la même ardeur; il partage aussi ses plaisirs : à la chasse, aux tournois, à la course, il brille, il étincelle. Mais docile autant que courageux, il ne se laisse point emporter à son feu; il sait réprimer ses mouvemens; non-seulement il fléchit sous la main de celui qui le guide, mais il semble consulter ses désirs, et, obéissant toujours aux impressions qu'il en reçoit, il se précipite, il se modère, ou s'arrête et n'agit que pour y satisfaire : c'est une créature qui renonce à son être pour n'exister que par la volonté d'un autre, qui sait même la prévenir; qui, par la promptitude et la précision de ses mouvemens, l'exprime et l'exécute; qui sent autant qu'on le désire, et ne rend qu'autant qu'on veut; qui, se livrant sans réserve, ne se refuse à rien, sert de toutes ses forces, s'excède et même meurt pour obéir. » (*Buffon.*)

Voyez ce fier coursier, noble ami de son maître,
Son compagnon guerrier, son serviteur champêtre,
Le traînant dans un char, ou s'élançant sous lui;
Dès qu'a sonné l'airain, dès que le fer a lui,
Il s'éveille, il s'anime, et redressant la tête,
Provoque la mêlée, insulte à la tempête :
De ses naseaux brûlants il souffle la terreur;
Il bondit d'allégresse il frémit de fureur,

On charge; il dit : Allons, se courrousse et s'élance.
Il brave le mousquet, il affronte la lance;
Parmi le feu, le fer, les morts et les mourants,
Terrible, échevelé, s'enfonce dans les rangs;
Du bruit des chars guerriers fait retentir la terre,
Prête aux foudres de Mars les ailes du tonnerre :
Il prévient l'éperon, il obéit au frein,
Fracasse par son choc les cuirasses d'airain,
S'enivre de valeur, de carnage et de gloire,
Et partage avec nous l'orgueil de la victoire;
Puis revient dans nos champs, oubliant ses exploits,
Reprendre un air plus calme et de plus doux emplois;
Aux rustiques travaux humblement s'abandonne,
Et console Cérès des fureurs de Bellone.

DELILLE. *Les Trois Règnes.*

Deuxième espèce.

L'ANE. (*Equus Asinus.*)

DESCRIPT. — Mêmes caractères du cheval pour la dentition et l'anatomie; couleur gris-brun, une croix noire sur les épaules; queue nue, excepté à l'extrémité; oreilles longues.

Le naturel, la vie, les habitudes de l'âne sont trop connues pour être analysées ici; nous remarquerons seulement :

1° Que la femelle porte douze mois, et un seul petit; il est très-rare qu'elle en produise deux.

2° Que l'accouplement de l'âne avec la jument produit des espèces intermédiaires, nommées *mulets*, ordinairement *inféconds*. On a remarqué quelques exemples contraires dans les pays chauds; mais les individus provenus de mules ne vivaient pas; on nomme *bardeaux* les mulets sortis du cheval et de l'ânesse; ces derniers ont plus de rapports extérieurs avec le cheval. Parmi les espèces étrangères nous remarquerons le zèbre ou âne rayé.

Moins vif, moins valeureux, moins beau que le cheval,
L'âne est son suppléant et non pas son rival;

Il laisse au fier coursier sa superbe encolure,
Et son riche harnois et sa brillante allure.
Instruit par un lourdeau, conduit par le bâton,
Sa parure est un bât, son régal un chardon.
Pour lui Mars n'ouvre point sa glorieuse école ;
Il n'est point conquérant, mais il est agricole.
Enfant, il a sa grâce et ses folâtres jeux ;
Jeune, il est patient, robuste et courageux,
Et paie, en les servant avec persévérance,
Chez ses patrons ingrats sa triste vétérance.
. . . .
. . . .

Enfin, quoique son aigre et déchirante voix
De sa rauque allégresse importune les bois,
Qu'il offense à la fois et les yeux et l'oreille,
Que le châtiment seul en marchant le réveille,
Qu'il soit hargneux, revêche et désobéissant,
A force de malheurs l'âne est intéressant :
Aussi le préjugé vainement le maltraite ;
En dépit de l'orgueil il aura son poëte.
Homère, qui chanta tant de héros divers,
Auprès du grand Ajax le plaça dans ses vers.
La fable le nomma le coursier de Silène.
Ami des voluptés, il naquit pour la peine.
Et moi qui déplorai le sort des animaux,
J'ai dû peindre ses mœurs, ses bienfaits et ses maux.

Delille. Les Trois Règnes, ch. VIII.

CHAPITRE XVII.

SEPTIÈME ORDRE.

LES RUMINANTS.

CARACTÈRES DE L'ORDRE.

Point d'incisives ni de canines (excepté dans le genre chameau) à la mâchoire supérieure où elles sont remplacées par un *bourrelet calleux*; *quatre estomacs*, six incisives à la mâchoire inférieure; molaires marquées d'un double croissant; os du métatarse et du métacarpe soudés, et portant aussi le nom de *canon*; pied *bifurqué* garni de *deux cornes* ou *sabots*; deux vestiges de doigts, ou ergots sans corne, derrière le pied; langue rude, chargée d'aspérités.

Malgré la forme du pied et l'épaisseur de la peau, les ruminants ne peuvent être confondus avec les *pachydermes*: en effet, à l'*extérieur*, le caractère négatif de la *privation* d'incisives et de canines à la mâchoire *supérieure*, et à l'*intérieur* les quatre *estomacs*, caractère positif bien remarquable, suffisent pour différencier, au premier aspect, les ruminants des pachydermes.

Un *bourrelet calleux* à la partie de la mâchoire supérieure, dépourvue de dents, et la langue hérissée d'aspérités suppléent au défaut d'incisives.

Les animaux de cet ordre ont toujours *quatre estomacs*. Le premier se nomme *la panse*; le second, *bonnet*; le troisième, *feuillet*, et le quatrième, *caillette*. Le premier reçoit l'herbe grossièrement broyée par la première mastication; le second a des parois semblables aux rayons de

N° 7. — ANALYSE DU 7ᵉ. ORDRE, OU LES RUMINANTS.

1 { 1ʳᵉ FAMILLE. Ruminants sans cornes. . . . . CHAMEAU (EXOTIQUE.)
  { 2ᵉ. FAMILLE. ————— à cornes. 2

2 { A cornes pleines. . . . . LE CERF. . . . 1ᵉʳ GENRE.
  { ————— creuses. 3

3 { Cornes dirigées en haut et en arrière, longue barbe au menton. . . . . LE BOUC. . . . 2ᵉ GENRE.
  { ————— spirale ; point de barbe. . . . . LE BÉLIER. . . 3ᵉ GENRE.
  { ————— de côté. . . . . LE TAUREAU. . 4ᵉ GENRE.

cire que forment les abeilles; sa fonction est d'imbiber l'herbe par des sucs particuliers, et de la comprimer en petites pelotes qui reviennent ensuite à la bouche pour y subir une seconde mastication. Cette opération se nomme *ruminer*, et de là vient le nom de *ruminants* donné aux animaux qui ont cette faculté. Les aliments reviennent, après la seconde mastication, dans le troisième estomac, ou *feuillet*, d'où enfin ils pénètrent dans le quatrième pour, de là, y être définitivement *digérés*.

Pendant le temps que les aliments reviennent à la bouche, et y subissent une nouvelle mastication, les animaux se tiennent en repos.

Cet ordre se partage en deux familles: les ruminants sans cornes, et les ruminants à cornes.

Nous n'avons point en France d'individus de la première famille, à laquelle appartiennent le genre *chameau* qui, par exception, a des canines aux deux mâchoires, et le chevrotin, *moschiferus*, animal qui fournit le musc.

Deuxième famille.

La deuxième famille se partage en deux tribus; dans la première sont les ruminants à cornes *pleines*; dans la seconde, se trouvent les ruminants à cornes *creuses*.

RUMINANTS A CORNES PLEINES.

PREMIER GENRE.

LE CERF. (*Cervus.*)

CARACT. DU G. — Cornes arrondies nommées bois, *tombantes*, c'est-à-dire se renouvelant chaque année, et augmentant à chaque renouvellement d'une *branche*, ou *andouiller* qui sert à compter les années; queue courte.

Première espèce.

Le Cerf. (*C. Elaphus.*)

Descript. — Poil fauve-brun en été avec une ligne noirâtre, et de chaque côté, une rangée de petites taches fauve-pâle le long de l'épine; en hiver, d'un gris-brun uniforme; la croupe et la queue en tout temps fauve-pâle.

La chute des cornes du cerf a lieu vers le mois de mars; elles repoussent si promptement qu'au bout de trois semaines ou un mois, elles sont revenues.

La femelle porte le nom de *biche* et n'a point de cornes; le petit se nomme *faon*.

Les biches portent huit mois et quelques jours, et ne mettent bas qu'un *faon* et rarement deux; elles mettent bas au mois de mai et au commencement de juin. Elles ont grand soin de dérober leur faon à la poursuite des chiens; elles se présentent et se font chasser elles-mêmes pour les éloigner, après quoi elles viennent le rejoindre. Il en est qui ne produisent point et que l'on nomme *bréhaignes*.

« Voici, dit Buffon, un de ces animaux innocents, doux et tranquilles, qui ne semblent être faits que pour embellir, animer la solitude des forêts, et occuper, bien loin de nous, les retraites paisibles de ces jardins de la nature. Sa forme élégante et légère, sa taille aussi svelte que bien prise, ses membres flexibles, sa tête parée plutôt qu'armée d'un bois vivant, et qui, comme la cime des arbres, tous les ans se renouvelle; sa grandeur, sa légèreté, sa force le distinguent assez des autres habitans des bois; et comme il est le plus noble d'entre eux, il ne sert aussi qu'au plaisir des hommes : il a dans tous les temps occupé le loisir des héros. L'exercice de la chasse doit succéder aux travaux de la guerre, il doit même les précéder : savoir manier les chevaux et les armes sont des talents communs au chasseur et au guerrier. »

Cet animal est très-délicat dans le choix de ses aliments

qui consistent ordinairement en herbes ou en jeunes bourgeons et en racines de différents arbres. Quand sa faim est satisfaite, il se retire à l'abri de feuillages épais et rumine, mais avec plus de difficulté que la vache ou la brebis. Il a l'ouïe et l'odorat très-fins. Pressé par les chasseurs, forcé par les chiens, le cerf épuisé sanglotte et pleure........

Le cerf s'apprivoise parfaitement et est susceptible d'être dressé et habitué même aux coups de feu. MM. Franconi sont les premiers qui ont dressé le cerf.

Deuxième espèce.

Le Chevreuil. (*C. Capreolus.*

Descript. — gris-fauve, fesses blanches, presque sans queue. Les bois des mâles courts, droits, fourchus à l'extrémité, avec un andouiller en avant de la tige.

La femelle nommée *chevrette* porte cinq mois et demi, et produit ordinairement deux petits vers le mois d'avril ou de mai.

Le mâle perd son bois vers la fin de l'automne et le refait pendant l'hiver.

La chair du chevreuil est bien supérieure à celle du cerf; le chevreuil se trouve dans la forêt d'Alençon.

« Le cerf, dit Buffon, comme le plus noble des habitants des bois, occupe dans les forêts les lieux les plus ombragés par les cimes élevées des plus hautes futaies; le chevreuil, comme étant d'une espèce inférieure, se contente d'habiter sous des lambris plus bas, et se tient ordinairement dans le feuillage épais des plus jeunes taillis; mais s'il a moins de noblesse, moins de force et beaucoup moins de hauteur de taille, il a plus de grâce, plus de vivacité, et même plus de courage que le cerf. Il est plus gai, plus leste, plus éveillé; sa forme est plus arrondie et sa figure plus élégante; ses yeux surtout sont plus beaux, plus brillants, et paraissent animés d'un sentiment plus vif, ses membres sont plus souples, ses mouvements plus prestes, et il bondit sans efforts avec autant de force que de légèreté.

Dans cette famille se trouvent l'élan, le renne, le daim, la girafe, le plus élevé des animaux, puisque sa tête atteint à dix-huit pieds de hauteur.

DEUXIÈME TRIBU.

RUMINANTS A CORNES CREUSES.

DEUXIÈME GENRE.

LA CHÈVRE. (*Capra.*)

Caract. du g. — Cornes creuses, *persistantes*; au centre est un noyau osseux, qui communique avec les *sinus* fontaux; cornes dirigées en haut et en arrières; menton *garni* d'une touffe de poils, ou barbe. Queue *courte*; poils ou soies longs; varie de couleur.

Le mâle se nomme bouc; la chèvre porte cinq mois et met bas ordinairement deux chevreaux. La chèvre est également armée de cornes.

« La chèvre a, de sa nature, plus de sentiment et de ressources que la brebis; elle vient à l'homme volontiers. Elle se familiarise aisément; elle est sensible aux caresses et capable d'attachement; elle est aussi plus forte, plus légère, plus agile et moins timide que la brebis; elle est vive, capricieuse et vagabonde. Ce n'est qu'avec peine qu'on la conduit et qu'on peut la réduire en troupeau; Elle aime à s'écarter dans la solitude, à grimper sur les lieux escarpés, à se placer et à dormir sur la pointe des rochers et sur le bord des précipices. » (*Buffon.*)

TROISIÈME GENRE.

LE MOUTON. (*Ovis.*)

Caract. du g. — *Point* de barbe au menton ; cornes en *spirale*, dirigées en arrière, revenant plus ou moins de côté et en avant : queue *longue*.

La brebis porte cinq mois, et met ordinairement bas deux *agneaux*; de l'accouplement de la brebis avec le *bouc* proviennent des *métis* féconds. Le mâle de la brebis se nomme bélier et, seul, est armé de cornes.

« Les moutons sont, de tous les animaux, les plus stupides : ce sont ceux qui ont le moins de ressource et d'instinct. Les chèvres qui leur ressemblent à tant d'autres égards, ont beaucoup plus de sentiment ; elles savent se conduire, elles évitent les dangers, elles se familiarisent aisément avec les nouveaux objets, au lieu que la brebis ne sait ni fuir ni s'approcher : quelque besoin qu'elle ait de secours, elle ne vient point à l'homme aussi volontiers que la chèvre ; et, ce qui dans les animaux paraît être le dernier degré de la timidité ou de l'insensibilité, elle se laisse enlever son agneau sans le défendre, sans s'irriter, sans résister et sans marquer sa douleur par un cri différent du *bêlement ordinaire*.

« Mais cet animal si chétif en lui-même, si dépourvu de sentiment, si dénué de qualités intérieures, est pour l'homme l'animal le plus précieux, celui dont l'utilité est la plus immédiate et la plus étendue : seul il peut suffire aux besoins de première nécessité ; il fournit tout à la fois de quoi se nourrir et se vêtir, sans compter les avantages particuliers que l'on sait tirer du suif, du lait, de la peau et même des boyaux, des os et du fumier de cet animal auquel il semble que la nature n'ait pour ainsi dire rien accordé en propre, rien donné que pour le rendre à l'homme. » (*Buffon.*)

QUATRIÈME GENRE.

LE BOEUF. (*Bos.*)

CARACT. DU G. — Cornes chez le taureau et la vache dirigées de côté et en avant; fanons ou longs replis de la peau sous la gorge; poils longs nommés *crins* au bout de la queue : poils ras sur le corps.

Il existe une variété de bœufs sans cornes.

Les vaches portent neuf mois, et ne produisent ordinairement qu'un veau; il y en a qui *supportent*, c'est-à-dire qui portent plus de neuf mois, et dépassent le terme de quatre, six, et même vingt jours.

On nomme *amouillantes* les vaches qui doivent *viauler*, c'est-à-dire mettre bas, et *anouillières*, celles qui n'ont pas été renouvelées.

Les gras pâturages de la Normandie fournissent tous les ans les plus beaux bœufs à Paris. Le *bœuf-gras* de 1834 pesait 2,500 livres; il avait cinq pieds six pouces de hauteur, onze pieds de longueur et dix pieds de circonférence. Il provenait des herbages de M. Cornet de Caen.

Ce qu'on appelle *nerfs de bœuf* n'est autre chose que des *tendons* de cet animal que l'on confond mal à propos avec les nerfs qui sont d'une substance inerte (page 20.)

L'âge du bœuf se reconnaît par les dents et par les cornes. Les dents du bœuf se divisent comme celles du cheval (page 114), excepté qu'il n'y a point d'incisives ni de canines à la mâchoire supérieure.

Les dents de lait commencent à paraître, savoir :

Les *pinces* et les premières *mitoyennes* avant ou après la naissance.

Les secondes *mitoyennes* cinq ou six jours après.

Les *coins* de quatorze à dix-huit jours.

Les *pinces* tombent et se remplacent de l'âge de dix-huit mois à deux ans.

Les premières mitoyennes, de deux ans et demi à trois

ans; les secondes mitoyennes, de trois ans et demi à quatre ans; les coins, de quatre à cinq ans.

De plus, ainsi que dans le cheval, la *table* des dents se rase, et l'on découvre une cavité dont la forme, d'abord de carré oblong, devient un carré parfait.

Les molaires *caduques* sont les antérieures; celles du fond sont *persistantes*.

Du quatrième au cinquième mois les cornes se développent dans les jeunes veaux; vers trois ans, il se forme autour de la corne, et à la base un *bourrelet* circulaire; et, d'année en année, il en paraît successivement un. Le premier compte pour *trois ans*, et chaque suivant pour une année : ainsi, dans un bœuf qui a *cinq bourrelets*, le premier comptera pour trois ans, et chacun des suivants pour un an, d'où on concluera que l'animal a sept ans. Cependant, des sillons circulaires empêchent quelquefois d'apprécier exactement; l'habitude et la pratique l'emportent sur la théorie.

Dans les ruminans à cornes creuses, sont les antilopes, la gazelle, le chamois, le bufle, etc.

CHAPITRE XVIII.

HUITIÈME ORDRE.

LES CÉTACÉS.

CARACTÈRES DE L'ORDRE.

Toutes les dents de forme *conique*, sans distinction ; parfois absence d'incisives et de canines. Extrémités antérieures *sans ongles*, formant de *véritables nageoires*; point d'*extrémités postérieures* ; elles sont remplacées par une nageoire *horizontale*. Peau *nue* ; estomac à *cinq* ou *sept* poches distinctes.

Long-temps confondus parmi les poissons, avec lesquels ils ont beaucoup d'analogie *extérieure*, les cétacés en diffèrent esentiellement cependant par l'anatomie intérieure : en effet, ils ont un cœur à *deux* ventricules et à *deux* oreillettes ; des poumons, et conséquemment le sang chaud, et ils sont obligés de respirer l'air atmosphérique à la surface de l'eau. Ils ont des mamelles, sont vivipares, tous caractères qui ne permettent pas de les confondre avec les poissons différemment organisés, ainsi que nous l'avons vu dans le premier tableau, page 48.

L'absence des *extrémités postérieures*, et la *nudité* de la peau, empêchent aussi de les confondre avec les phoques, ou amphibies.

La respiration dans les cétacés, qui tirent leur nom du mot latin *cete*, baleine, se fait par un mécanisme particulier dont il est bon d'avoir une notion succinte.

Les cétacés ont, à la partie antérieure de la tête, un conduit ou ouverture nommée *évent*, par lequel l'air circule et pénètre dans la trachée-artère. Ce conduit, dans ses deux tiers supérieurs à partir du bord du trou occipital, est divisé en deux parties par une plaque osseuse qui représente les *cornets*. L'évent aboutit au sommet de la tête, et l'air extérieur pénètre dans la trachée-artère ; dans la mastication, une disposition particulière de la membrane nommée *voile du palais* empêche l'eau de pénétrer dans le pharynx, ou arrière-bouche, et dans l'œsophage ; l'eau comprimée s'échappe en partie par les mâchoires et l'évent. Chez ces animaux, l'appareil respiratoire est disposé au point le plus élevé de la tête ; de sorte que l'animal rasant la surface de l'eau, l'ouverture se trouve à la superficie.

Nous remarquerons que le phénomème de la respiration et l'ascension du jet d'eau que ces animaux rejettent par les évents, leur a fait donner le nom de *souffleurs*.

La disposition de la graisse dans ces animaux est la même que celle du cochon.

Trois familles partagent cet ordre dans l'ouvrage de Cuvier.

La première, ou celle des cétacés *herbivorés*, comprend des genres étrangers à nos mers, parmi lesquels on distingue les lamantins, les dugongs.

La seconde famille est celle des cétacés ordinaires dont deux genres se trouvent sur nos côtes. Ces deux genres que l'on pourrait réunir en un, sont différenciés ainsi que l'indique le tableau, ou analyse des cétacés.

{ Parties antérieures du museau formant une pointe
ou bec mince. . . . . DAUPHIN. 1er Genre.
——————— sans bec. . . . . MARSOUIN. 2e Genre.

PREMIER GENRE.

DAUPHIN. *(Delphinus.)*

CARACT. DU G. — Museau *pointu*. Ce caractère est le plus tranché ; le nombre des dents varie suivant les espèces à chaque mâchoire. Crâne très-bombé.

On sait que beaucoup de poissons suivent les vaisseaux, attirés par les débris de cuisine que l'on jette à la mer. Les dauphins attachés sans cesse à la poursuite de ces poissons suivent en même temps; et, vu la force de leur taille, se font plus aisément remarquer, ainsi que les requins, des navigateurs: de là, les fables de l'amitié des dauphins pour les hommes, fables que nous trouvons dans la mythologie ancienne qui les attelait au char des divinités de l'empire d'Amphitrite et de Neptune; mais maintenant les dauphins ne sont plus aussi renommés, et ne ressemblent pas plus aux anciens par leurs mœurs que par leur conformation qui est loin d'être aussi élégante que les anciens peintres les représentaient.

Première espèce.

Le Dauphin vulgaire. (*D. Delphis.*) *Oie de mer.*

Descript. — Long de six à sept pieds : son museau de forme aplatie et déprimée, égale en longueur le reste de la tête : il a jusqu'à cent quatre-vingt-huit dents arquées ou pointues, ou quarante-sept à chaque côté des deux mâchoires. Outre les deux nageoires pectorales, remplaçant les membres antérieurs, il en a une dorsale, c'est-à-dire située sur le dos; la *caudale*, qui forme la queue en forme de croissant, est échancrée, à cornes peu aiguës et peu prolongées. Le dos est de couleur noirâtre, les flancs grisâtres et le ventre blanchâtre. Les mamelles sont situées vers la queue.

Deuxième espèce.

Le Dauphin des Normands. (*D. Tursio.*) *Souffleur. Taupe de mer.*

Long de neuf à dix pieds; a vingt et une à vingt-trois dents coniques à chaque côté de chaque mâchoire. Même couleur que dans l'espèce précédente.

On voit souvent ces animaux s'ébatre dans la mer,

avancer en troupes à la surface de l'onde; ils approchent assez près du rivage et remontent même la Seine jusqu'à Rouen.

DEUXIÈME GENRE.

LE MARSOUIN. (*Phocœna*).

Ce genre se confond avec le précédent dont il se distingue cependant par un museau *arrondi uniformément, bombé, sans bec, court*, et par les dents *comprimées*.

Première espèce.

LE MARSOUIN ORDINAIRE. (*P. Delphinus.*)

DESCRIPT. — Vingt-deux à vingt-cinq dents tranchantes de chaque côté de la mâchoire ; *noirâtre en dessus, blanc en dessous*. N'atteint pas plus de cinq pieds de longueur.

Deuxième espèce.

LE MARSOUIN GLOBICEPS. (*P. Globiceps.*)

DESCRIPT. — Vingt-quatre à vingt-huit dents à chaque mâchoire; la saillie du front représente un casque antique. La couleur de la peau est *généralement noire*, sauf *une bande blanchâtre* sous le ventre jusqu'à la gorge, et s'élargissant *transversalement* sous la gorge.

La troisième famille est celle des cétacés à grosse tête.

Il se trouve accidentellement sur nos côtes des espèces du genre baleine, très-faciles à distinguer, parce qu'au lieu *de dents*, ces animaux ont des *fanons*, ou lames de substance cornée, qui portent le nom de l'animal, et dont on fait beaucoup d'usages.

Dans cette famille sont les cachalots, cétacés dont la tête est si grosse qu'elle fait à elle seule le tiers de la longueur du corps. Ces animaux fournissent l'ambre gris.

CHAPITRE XIX.

DEUXIÈME CLASSE. — OISEAUX.

ORNITHOLOGIE.

Le mot *ornithologie* vient de deux mots grecs qui signifient *traité des oiseaux*. L'étude des oiseaux est l'objet de cette partie de la zoologie générale, ou *deuxième* classe du règne animal, dont les principaux caractères sont :

Animaux vertébrés : vertèbres *dorsales soudées* ; cœur à deux ventricules et deux oreillettes ; des poumons *sans* diaphragme ; sang chaud ; corps *recouvert de plumes*, *ovipares* ; les membres antérieurs remplacés par des *ailes*.

Parmi les nombreux caractères qui différencient les oiseaux des mammifères, nous remarquerons :

1°. Que la partie dorsale de la colonne vertébrale est entièrement *immobile* ; les vertèbres dorsales en nombre *indéterminé*, plus nombreuses que dans les mammifères, et celles de la queue sont les *seules mobiles*.

2° Que les extrémités antérieures nommées *ailes* ne servent ni à la station, ni à la préhension ; de là vient que leurs cuisses se portent beaucoup plus en avant pour conserver au corps *le centre de gravité*, et que leurs doigts s'allongent pour donner une base suffisante ; aussi dans les oiseaux, le bassin est très-étendu en longueur pour fournir des points d'attache aux muscles qui supportent le tronc et les cuisses. La disposition des tendons des muscles fléchisseurs des doigts, en produisant la flexion du fémur et du tarse, produit en même temps, par le simple poids du corps de l'oiseau, une flexion des doigts qui leur fait serrer la branche sur laquelle ils sont posés, et leur permet de dormir perchés même sur un seul pied. Le tibia et le péroné sont *soudés*, et leurs tarses très-allongés sont formés *d'un seul os*, et sont vulgairement nommés *pattes*, *jambes*. Les doigts sont ordinairement au nombre de quatre, dont le plus souvent trois dirigés en avant, et un en arrière, qui se nomme *pouce*.

3°. Que les extrémités antérieures ou ailes sont appuyées sur une *double clavicule* sans omoplate *proprement dite*. On trouve en outre une troisième clavicule ordinairement nommée *fourchette*, *lunette*. L'on voit des vestiges de carpe, métacarpe, doigts, et même de *pouce* à l'articulation située à l'extrémité du cubitus et du radius, formant le *crochet* ou *briquet*. La réunion des os soudés du carpe, métacarpe et doigts, forme à l'extrémité de l'aile, ce qu'on appelle le *fouet*.

4°. Que le sternum, ordinairement nommé *bateau*, est très-fort, large, et porte à sa partie moyenne extérieure une apophyse, ou *crête* en forme de *quille* de vaisseau, ordinairement nommée *brechet*.

5°. Que les oiseaux n'ont point de diaphragme pour séparer la cavité de la poitrine de celle de l'abdomen. Leurs poumons, également au nombre de deux, *adhèrent* aux vertèbres dorsales et aux côtes dans lesquelles ils sont en partie logés, et communiquent avec plusieurs sacs membraneux qui laissent pénétrer l'air dans toutes les parties du corps et même dans les os qui sont creux.

6°. Que le canal aérien a *deux larynx* ; l'un supérieur aboutissant au pharynx, mais *sans épiglotte* ; le second, ou larynx inférieur, est situé à l'endroit où la trachée se divise en bronches.

Ordinairement l'œsophage des oiseaux, éprouve, avant de pénétrer dans la poitrine, une dilatation assez considérable que l'on nomme *berge*, *jabot*, et supplée au défaut de mastication. Les aliments y séjournent quelque temps et s'imprègnent d'une humeur analogue à la *sa-*

tive avant de pénétrer dans l'estomac, ou *gésier*, sac en*tièrement musculeux*, d'autant plus charnu que le bec est moins fort pour broyer les aliments.

7°. Qu'au lieu de *lèvres* charnues, les oiseaux ont un *bec* formé de deux *mandibules*, d'une substance assez semblable à de la corne; enfin ils n'ont point de dents. Cette partie de la bouche paraît peu sensible au goût, étant moins disposée pour broyer les aliments que pour les saisir et les diviser. La forme et les modifications du bec indiquent le genre de nourriture des oiseaux, et fournissent des caractères de classification.

8°. Que le défaut d'extrémités antérieures pour supporter le poids du corps lorsque les oiseaux prennent leur nourriture, nécessite un plus grand nombre de vertèbres cervicales.

9°. Qu'au lieu d'être revêtus de poils, les oiseaux sont couverts de plumes, espèce de téguments propre à les garantir des fréquentes variations de l'atmosphère, auxquelles leurs mouvements et leurs habitudes les exposent; les plumes portent différents noms suivant les parties du corps qu'elles recouvrent et leur usage; ainsi, on nomme *pennes*, en général les grandes plumes des ailes et de la queue.

Les pennes des ailes portent plus spécialement le nom de *rémiges* (rames); celles qui adhèrent au *fouet* de l'aile se nomment *rémiges primaires*; celles du vestige de pouce *rémiges bâtardes*, et enfin, celles du bras et avant-bras, *rémiges secondaires*. A la partie moyenne inférieure des *rémiges secondaires* se trouve quelquefois, sur-tout dans les canards, un espace colorié différemment, nommé *miroir*.

Les pennes de la queue se nomment plus particulièrement *rectrices* (de *regere*, diriger); leurs barbes sont à peu près égales des deux côtés; elles sont insérées sur le croupion, au nombre de dix à dix-huit, suivant les espèces. La queue fait équilibre avec le cou dans le vol, et les oiseaux qui en sont privés y suppléent, pour maintenir le centre de gravité, en reportant leurs pattes en arrière au lieu de les reployer sous leur ventre.

Les plumes qui recouvrent le corps se nomment *plumes tectrices* (de tegere, couvrir); celles qui recouvrent le dessus des ailes à chaque épaule se nomment *scapulaires*; leur réunion forme le *manteau*.

Outre ces plumes, la plupart des oiseaux, surtout les palmipèdes, ont un *duvet* en dessous qui les garantit du froid et de l'humidité.

Nous remarquerons encore les *aigrettes* qui ornent la tête de certaines espèces d'oiseaux : elles sont ou droites, ou recourbées, ou mobiles.

Les oiseaux changent de plumes tous les ans. Cette particularité s'appelle *la mue*. Dans certaines espèces la mue est double, ou a lieu deux fois par an. Dans les epèces propres à la Normandie la couleur varie au printemps sans qu'il y ait double mue. La mue a lieu vers la fin de l'été. Les espèces qui, comme l'hirondelle, nous quittent aux approches de l'hiver, muent plus tôt que celles qui restent.

Nous observerons encore que les couleurs des oiseaux pendant l'hiver sont loin d'être aussi brillantes que lorsque le printemps, revivifiant la nature, donne aussi un nouvel éclat au plumage des oiseaux. La couleur des plumes, depuis l'automne jusqu'au printemps, se nomme *livrée d'hiver*, et celle de l'été, *livrée de noces*. La différence entre ces deux états est même assez grande dans certaines espèces pour empêcher de les reconnaître au premier aspect : c'est surtout dans les oiseaux échassiers et palmipèdes que ce changement de *livrée* est très-remarquable.

Les plus belles couleurs et le chant sont l'apanage des mâles. Ces couleurs varient, et le chant cesse à l'époque de la mue.

Observons que généralement les petits sont, dans le premier âge, de la couleur de la mère, et qu'ils ne prennent souvent leur plumage caractéristique qu'au bout d'un, deux, ou même trois ans; ce qui rend la détermination, surtout dans les animaux de proie, très-difficile en certains cas ; ce qui a fait souvent confondre ou augmenter les espèces.

L'état de domesticité apporte aussi, ainsi que nous l'avons déjà remarqué (page 63), des variations étonnantes dans le plumage et même les habitudes des oiseaux.

10°. L'oreille des oiseaux n'a point de pavillon, (page 28) ou *cornet*, ou *conque* extérieure. Ils perçoivent cependant très-bien les sons ; les narines placées à la base du bec, quoiqu'ayant peu d'étendue, sont très-sensibles aux émanations des odeurs ; cet organe est quelquefois recouvert d'une substance nommée *cire*. Leurs yeux sont garnis d'une troisième paupière, ou membrane *interne*; ainsi que dans les quadrupèdes, ils sont placés latéralement, excepté dans la famille des chats-huants. L'organe du toucher paraît peu sensible chez les oiseaux. Leur peau est revêtue de plumes, et leurs pattes de lames ou écailles d'une substance trop compacte pour percevoir et transmettre les impressions extérieures.

11°. Tous les œufs sont à peu près composés des mêmes parties, mais ils varient beaucoup pour la couleur, suivant les différentes espèces et même l'âge.

On remarque d'abord la *coque*, ou enveloppe extérieure, percée d'une infinité de pores qui, laissant au bout de quelque temps, l'air intérieur s'évaporer, occasionent un vide dans un des bouts de l'œuf, vide qu'on nomme *chambre à louer*; l'intérieur de la coquille est tapissé par une membrane qui renferme la *glaire*, ou *albumine*, ou *blanc-d'œuf*; au centre se trouve une boule jaune, formée d'une substance nommée *vitelline*, à laquelle adhère un filet nommé *cicatricule*, ou rudiment du *poulet*.

La température nécessaire pour l'incubation, ou le développement du germe, est, terme moyen, de 38 degrés centigrades, et s'élève quelquefois jusqu'à 44 ; les oiseaux sont d'autant plus long-temps à éclore qu'ils doivent naître plus développés.

Les oiseaux qui se trouvent en Normandie peuvent être partagés en trois séries.

La première comprend les espèces qui, telles que la pie, le geai, le moineau, etc., habitent constamment notre province.

La seconde renferme celles qui, comme l'hirondelle, la caille, le rossignol, viennent au printemps et nous quittent à l'approche de l'hiver.

La troisième enfin, contient les espèces qui ne viennent que dans l'hiver, repoussées du nord par l'intensité du froid, ou à des époques indéterminées.

N° 8. — ANALYSE. OISEAUX. — DEUXIÈME CLASSE.

1. Doigts libres, ou seulement réunis au plus jusqu'à la deuxième phalange. 2
   - tous réunis par une membrane propre à la natation ; tarses courts, comprimés, tibia garni de plumes à la partie inférieure. . . . . PALMIPÈDES. 6e. Ordre.
2. Trois doigts dirigés en avant, et un en arrière. 3
   - Deux doigts dirigés en avant, et deux en arrière. . . . . GRIMPEURS. 3e. Ordre.
3. Cire sur les narines ; bec et ongles forts, recourbés, aigus. . . . . RAPACES. 1er. Ordre.
   - Point de cire, ——— faibles, plus ou moins arqués ou droits. 4
4. Tarses ou pattes d'une longueur proportionnée à la taille. 5
   - très-longs ; tibia dégarni de plumes au tiers inférieur. . . . . ECHASSIERS. 5e. Ordre.
5. Pennes longues ; deux doigts au plus garnis d'une membrane à la base, ou soudés ; narines unies. . PASSEREAUX. 2e. Ordre.
   - courtes, trois doigts ——— garnis d'une membrane à la base ——— narines renflées. GALLINACÉS. 4e. Ordre.

CLASSIFICATION

DES OISEAUX.

L'observation et la comparaison des organes et des caractères généraux des ovipares, ou oiseaux, a déterminé leur rang dans l'échelle générale des êtres, et leur a fait assigner la deuxième classe, ainsi que nous l'avons vu dans le tableau n° 1er, page 46.

L'observation et la comparaison de certains points principaux de leur organisation respective a déterminé les différents ordres qui partagent cette classe.

Dans les mammifères, nous avons examiné les dents et les pieds comme organes extérieurs de la nutrition ; la forme et les modifications du bec et des pattes ont fait ranger les oiseaux en six ordres, ainsi que l'indique le tableau en regard.

Je suis loin de prétendre avoir donné dans ce tableau une analyse exacte et rigoureuse des caractères qui différencient les *ordres* des oiseaux. L'analyse des *mammifères* était plus facile, les caractères étant plus tranchés et plus aisés à observer. Quelques genres, ainsi que nous le verrons dans les oiseaux, paraîtraient, au premier aspect, appartenir plutôt à l'ordre des palmipèdes qu'à celui des échassiers : de ce nombre serait, par exemple, le genre *avocette*, dont les doigts sont palmés ; la *foulque*, ou *morette*, par les demi palmures, semblerait devoir appartenir autant à l'ordre des palmipèdes que le petit plongeon ; le genre pigeon, par les ailes et le vol des espèces qui le composent, semblerait devoir être rangé dans les passereaux, au lieu d'être dans les *gallinacés*. Ainsi, dans les quadrupèdes, nous avons remarqué que le genre *chameau*, qui, par le nombre des estomacs et l'habitude générale du corps, appartient réellement à l'ordre des *ruminants*, en diffère cependant par la *dentition*, ayant des *incisives* aux deux *mâchoires*. C'est donc sur *l'ensemble* des *détails* d'organisation, que doivent porter les observations pour arriver à la classification exacte. Il ne faut pas perdre de vue les caractères de transition, (page 6) qui établissent la gradation du passage d'un ordre à un autre, caractères qui ne sont bien remarqués que par l'habitude de comparer, afin de pouvoir saisir, dans quelques cas réellement embarrassants, *l'air de famille* et les véritables rapports qui assignent aux différents genres et aux diverses espèces, le rang qui leur appartient. La théorie et la pratique doivent se prêter un mutuel appui.

CHAPITRE XX.

PREMIER ORDRE DES OISEAUX.

LES RAPACES, ou OISEAUX DE PROIE.

CARACTÈRES DE L'ORDRE.

Bec court, fort, tranchant, *recourbé* en tout ou partie: la mandibule *supérieure recouverte* par une substance coloriée, nommée *cire*; narines ouvertes, tarses forts; trois doigts libres en avant, ou un de côté, et un pouce en arrière, munis d'ongles acérés, aigus, *tranchants* et arqués; troisième paupière; rectrices *d'égale* longueur, ou formant une *fourche*.

Cet ordre est aux oiseaux ce que sont les carnivores aux mammifères; leur appétit vorace et sanguinaire est puissamment secondé par les forces musculaires de l'habitude générale du corps, du bec et des pattes, armées d'ongles propres, ainsi que ceux des carnivores, à saisir et à déchirer leur proie; la base de leur bec est recouverte d'une membrane nommée *cire*; à la mandibule supérieure se trouve, dans certains genres, un prolongement latéral qui porte le nom de *dent* lorsqu'il est *aigu*, et celui de *feston* quand il est *obtus* ou *arrondi*. Nous avons remarqué (page 85), la protubérance des chiens de chasse; cette particularité se trouve aussi dans les oiseaux de proie diurnes.

ANALYSE DES GENRES DU 3ᵉ. ORDRE DES OISEAUX, OU LES RAPACES.

		Genres.
1 { Plumicolles, ayant le cou garni de plumes. 2		VAUTOUR (exotique.)
Nudicolles, ——— dégarni de plumes. 3		
2 { Diurnes, yeux placés latéralement, trois doigts dirigés en avant; cire nue sur le bec. 10		
Nocturnes ——— antérieurement deux ——— cire recouverte de poils ou plumes 4		
3 { Espace entre l'œil et le bec, garni de poils, ou barbes au lieu de plumes. . . .		BONDRÉE. 6ᵉ. Genre.
véritables plumes. . . . 5		
4 { Ongles sillonnés en gouttière en dessous. 9		
entièrement ronds. 6		
5 { Queue à peu près égale. 7		MILAN. 5ᵉ. Genre.
fourchue.		
6 { Bec recourbé dès la base. 8		AIGLE. 2ᵉ. Genre.
seulement à la pointe.		FAUCON. 1ᵉʳ. Genre.
7 { Deux dents aiguës à la mandibule supérieure du bec.		ÉPERVIER. 4ᵉ. Genre.
festons simples, ou même mandibules unies.		
8 { Ailes plus courtes que la queue, feston au bec.		BUSE. 7ᵉ. Genre.
——— égalant la queue ——— point de feston.		BUSARD. 8ᵉ. Genre.
9 { Plumes formant un collier sous les oreilles.		BALBUSARD. 3ᵉ. Genre.
——— ne formant point de collier.		DUC. 9ᵉ. Genre.
10 { Aigrette formée par les plumes du front.		CHOUETTE. 10ᵉ. Genre.
Point d'aigrette.		

La taille des mâles est en général d'un *tiers* moindre que celle des femelles, de là le nom de *tiercelet* dans quelques espèces.

Nous remarquerons deux grandes divisions dans l'ordre des rapaces, les *nudicolles et les plumicolles*.

Nous n'avons dans notre pays aucune espèce de la division des nudicolles, ou les vautours, dont la tête et une partie du cou sont *dégarnis* de plumes ; dans cette coupe se trouvent le *condor*, ou vautour des Cordillières, ainsi que le percnoptère d'Egypte, ou poule de Pharaon, le griffon, ou lemmer-geyer, vautour des agneaux, qui attaque les chèvres, les agneaux; cet oiseau a jusqu'à quatre pieds de long, et dix pieds et plus d'envergure.

Les *plumicolles* ont la tête et le cou *garnis* de plumes, excepté l'*espace* compris entre l'œil et le bec qui est revêtu d'une espèce de *barbe* ou poils roides, (la bondrée exceptée.)

La division des plumicolles se subdivise en deux grandes familles, les *diurnes* et les *nocturnes*.

Les *diurnes* ont *la cire nue*, et les yeux placés *latéralement*.

Les nocturnes ont *la cire couverte* par les plumes ou poils, et les yeux placés *antérieurement*.

Le tableau des rapaces nous indique les principales divisions des genres.

Telle est l'analogie qui existe entre les espèces de cet ordre, que plusieurs auteurs les réunissent toutes dans le genre *faucon*. Cependant il existe des caractères assez tranchés pour suivre les coupes établies par Cuvier.

La famille des diurnes se subdivise en deux tribus : celle des oiseaux de proie *nobles*, et celle des *ignobles*.

On nommait *nobles* les espèces qui *servaient* à la chasse, et *ignobles* celles qu'on ne pouvait *dresser*.

Pour éviter les répétitions, nous ne donnerons point à chaque genre les caractères communs à l'ordre; il suffira d'énoncer les caractères *génériques*, tirés des modifications du bec, des tarses, des rémiges ; de même pour les espèces, il suffira d'indiquer les caractères *spécifiques*, ainsi que dans les mammifères.

PREMIÈRE TRIBU.

RAPACES NOBLES.

PREMIER GENRE.

FAUCON. (*Falco.*)

CARACT. DU G. — Bec *recourbé dès la base*; une *dent* de chaque côté de la mandibule supérieure vers la pointe du bec; la mandibule inférieure tronquée obliquement; narines latérales percées dans la cire; une *tache triangulaire noire* sur la joue: tarses élevés, écailleux, en partie emplumés au tiers supérieur; *deuxième rémige* plus longue; ongles *sillonnés* en gouttière en dessous.

Il est utile de se rappeler ce qui a été dit (page 137) sur les variations qui arrivent dans le plumage des oiseaux de proie, avant qu'ils ne soient parvenus à l'âge adulte.

Les différentes modifications de couleur, de taille, et de la longueur des rémiges, ainsi que la couleur des tarses, en raison de l'âge, ont fait établir d'abord deux espèces de faucon qui, d'après divers auteurs et Cuvier n'en font réellement qu'une.

Pour ne point trancher une question difficile à résoudre, et sans vouloir établir deux espèces différentes, il suffira de donner, d'après le dictionnaire classique d'histoire naturelle et Temming, la description des deux espèces en litige, en faisant ressortir les caractères qui les différencient au moins de nom.

Première espèce.

Le Faucon commun, ou Pélerin. (*F. Peregrinus.*)

DESCRIPT. — Bec bleuâtre ; pieds *jaunâtres* ; iris jaune ; parties supérieures d'un *blanc cendré* avec des bandes plus ou moins prononcées ; plumes inférieures blanchâtres, rayées de brun ; gorge et poitrine blanches avec des raies *longitudinales* ; ailes *aboutissant à l'extrémité* de la queue ; une *seule* rémige à *barbe tronquée* vers le bout ; taille 15 à 17 pouces

Le Faucon Lanier. (*F. Laniarius.*)

Parties supérieures d'un brun cendré ; franges des plumes roussâtres, sommet de la tête d'un roux clair ; parties inférieures et gorge blanchâtres, rayées *transversalement* ; iris *brun* ; bec et pieds *bleuâtres*. Ailes n'aboutissant qu'aux *deux tiers* de la queue ; *deux rémiges* à *barbes tronquées* vers le bout ; taille 20 pouces.

Les femelles sont d'une couleur plus prononcée en brun dans le faucon *pélerin*, et de cendré bleuâtre dans le *lanier*. Elles sont plus fortes que les mâles.

Les jeunes se ressemblent beaucoup ; ils ont le bec bleuâtre, l'iris brun, les taches larges, mais longitudinales.

Le faucon niche dans les fentes des rochers, pond trois ou quatre œufs d'un jaune rougeâtre avec des taches brunes. Je ne crois pas que ces deux espèces nichent en Normandie. Les deux individus que j'ai, ont été pris pendant l'hiver.

Leur patrie ordinaire est dans le nord de l'Europe.

« Le faucon est peut-être l'oiseau dont le courage est le plus franc, le plus grand, relativement à ses forces ; il fond sans détour et perpendiculairement sur sa proie ; au lieu que l'autour et la plupart des autres arrivent de côté. Aussi prend-on l'autour avec des filets dans lesquels le faucon ne s'empêtre jamais ; il tombe à-plomb sur l'oiseau, victime exposée au milieu de l'enceinte des filets, le tue, le mange sur le lieu, s'il est gros, ou l'emporte s'il n'est pas trop lourd, en se relevant à-plomb. S'il y a quelque faisanderie dans le voisinage, il choisit cette proie de préférence ; on le voit tout-à-coup fondre sur un troupeau de faisans, comme s'il tombait des nues, parce qu'il arrive de si haut et en si peu de temps que son apparition est toujours imprévue, et souvent inopinée. On le voit fréquemment attaquer le milan, soit pour exercer son courage, soit pour lui enlever une proie ; mais il lui fait plutôt la honte que la guerre ; il le traite comme un lâche, le chasse, le frappe avec dédain, et ne le met point à mort parce que le milan se défend mal, et que probablement sa chair répugne au faucon encore plus que sa lâcheté ne lui déplaît.

« Les gens qui habitent dans le voisinage de nos grandes montagnes, en Dauphiné, Bugey, Auvergne et au pied des Alpes, peuvent s'assurer de tous ces faits » (*Buffon.*)

Cet oiseau est susceptible d'éducation pour la chasse. On sait qu'autrefois on le dressait pour le plaisir des grands seigneurs ; l'espèce suivante, moins estimée, était élevée par les pauvres gentils-hommes que l'on nommait *hobereaux.*

Deuxième espèce.

Le Hobereau. (*F. Subuteo.*)

Descript. — Iris brun ; cire et pieds jaunes ; parties supérieures d'un *noir bleuâtre*, nuancé de cendré ; parties inférieures blanches, avec des taches longitudinales *noires* ; *larges* moustaches noires. Croupion et cuisses d'un *roux rougeâtre*. Ailes *plus longues* que la queue ; taille 14 pouces.

La femelle est plus grande, mais ses couleurs sont plus faibles ; les jeunes ont les plumes bordées de couleur roussâtre, et deux grandes taches jaunes sur la nuque.

Les hobereaux nichent sur les grands arbres, ou même

dans les clochers; pondent trois ou quatre œufs bleuâtres tachetés de gris et d'olivâtre. On en trouve des nids dans notre pays.

« Le hobereau est bien plus petit que le faucon, et en diffère aussi par ses habitudes naturelles. Le faucon est plus fier, plus vif et plus courageux; il attaque des oiseaux beaucoup plus gros que lui. Le hobereau est plus lâche de son naturel; car à moins qu'il ne soit dressé, il ne prend que les alouettes et les cailles; mais il sait compenser ce défaut de courage et d'ardeur par son industrie. Dès qu'il aperçoit un chasseur et son chien, il les suit d'assez près, ou plane au-dessus de leur tête et tâche de saisir les petits oiseaux qui s'élèvent devant eux; si le chien fait lever une alouette, une caille, et que le chasseur la manque, il ne la manque pas. Il a l'air de ne pas craindre le bruit, et de ne pas connaître l'effet des armes à feu, car il s'approche de très-près du chasseur, qui le tue souvent lorsqu'il ravit sa proie. Il fréquente les plaines voisines des bois, et surtout celles où les alouettes abondent; il en détruit un grand nombre, et elles connaissent si bien ce mortel ennemi qu'elles ne l'aperçoivent jamais sans le plus grand effroi, et qu'elles se précipitent du haut des airs pour se cacher sous l'herbe ou dans les buissons : c'est la seule manière dont elles puissent échapper: car quoique l'alouette s'élève beaucoup, le hobereau vole encore plus haut qu'elle, et on le peut dresser au leurre comme le faucon et les autres oiseaux du plus haut vol. » (*Buffon.*)

Troisième espèce.

La Cresserelle. (*F. Tinnunculus.*)

Descript. — Bec bleuâtre; iris, tour de l'œil et pieds *jaunes*; ongles *noirs*: parties supérieures d'un *brun rougeâtre*, tachetées *angulairement* de noir; les inférieures d'un blanc rougeâtre; *sommet* de la tête *gris-bleuâtre*; queue cendrée, rayée de noir vers l'extrémité; ailes atteignant les *trois quarts* de la queue ; rémiges rayées intérieurement ; taille 14 pouces.

Les femelles sont plus fortes ; leurs couleurs moins prononcées ; plumes rayées transversalement en dessus, rousses, tachetées de noir en dessous.

Les jeunes ont plus de noir dans le plumage.

La cresserelle niche dans les masures, les rochers du bord de la mer et les clochers, et pond quatre œufs d'un rouge brique, tachetés de brun-rougeâtre. Commune en Normandie.

« La cresserelle est un assez bel oiseau ; elle a l'œil vif, et la vue très-perçante ; le vol aisé et soutenu ; elle est diligente et courageuse ; elle approche, par le naturel, des oiseaux nobles et généreux ; on peut même la dresser comme les émérillons pour la fauconnerie. C'est l'oiseau de proie le plus commun dans la plupart de nos provinces : il n'y a point d'ancien château ou de tour abandonnée qu'elle ne fréquente et qu'elle n'habite. Et c'est surtout le matin et le soir qu'on la voit voler autour de ces vieux bâtimens, et on l'entend encore plus souvent qu'on ne la voit ; elle a un cri précipité *pti, pti, pti* qu'elle ne cesse de répéter en volant, et qui effraie tous les petits oiseaux, sur lesquels elle fond comme une flèche et qu'elle saisit avec ses serres. Si par hasard elle les manque du premier coup, elle les poursuit sans crainte du danger jusque dans les maisons... Lorsqu'elle a saisi et emporté l'oiseau, elle le tue et le plume très-proprement avant de le manger; elle ne prend pas tant de peine pour les souris et les mulots; elle avale les plus petits tout entiers et dépèce les autres. Toutes les parties molles du corps de la souris se digèrent dans l'estomac de cet oiseau ; mais la peau se roule et forme une petite pelote qu'il rend par le bec et non par le bas; car ses excrémens sont presque liquides et blanchâtres. En mettant ces pelotes qu'il vomit dans l'eau chaude pour les ramollir et les étendre, on retrouve la peau entière de la souris comme si on l'eût écorchée. Les ducs, les chouettes, les buses, et peut-être beaucoup d'oiseaux de proie, rendent de pareilles pelotes, dans lesquelles, outre la peau roulée, il se trouve quelquefois des portions les plus dures des os ; il en est de même des oiseaux pêcheurs : les arrêtes et les écailles de poissons se roulent dans leur estomac et sont rejetées par le bec. (*Buffon.*)

Quatrième espèce.

LA CRESSERELLETTE. (*F. Tinnunculoïdes.*)

DESCRIPT. — Iris, tour des yeux, cire et pieds jaunes; ongles *blancs* ; parties supérieures *rousses* ; les inférieures roux clair, tachetées et rayées de noir; tête et côtés du cou cendrés ; tectrices des ailes, croupion et rectrices cendré-bleuâtre; ailes *aussi longues* que la queue; taille onze pouces.

La femelle se confondrait facilement avec la cresserelle, sans le caractère des *ongles blancs* : les jeunes ressemblent à la femelle.

Cette espèce niche dans les rochers, dans les contrées méridionales et septentrionales de l'Europe.

Elle a été tuée, d'après M. Delafresnaye, près de Falaise.

Cinquième espèce.

L'ÉMÉRILLON. (*F. Lithofalco.*)

DESCRIPT. — Iris *brun* ; tour des yeux, cire et pieds jaunes ; parties supérieures d'un *cendré bleuâtre*; taches longitudinales noires; parties inférieures roussâtres; gorge blanche. Cinq bandes *irrégulières* de taches noires sur les rectrices qui sont bordées de noir ; ailes atteignant *les deux tiers* de la queue ; taille dix pouces.

Cette espèce est *la plus petite* de nos oiseaux de proie, la femelle est plus forte; la couleur bleuâtre prononcée; les plumes inférieures au lieu d'être roussâtres, sont d'un blanc jaunâtre ; les taches de la queue d'un brun roussâtre.

Cette espèce niche dans les rochers, les arbres, pond

cinq ou six œufs blanchâtres, marbrés, dont un des bouts brun-verdâtre. Habite ordinairement les lieux montueux et couverts de forêts.

Sixième espèce.

LE GERFAUT. (*F. Islandicus.*) LE SACRE.

Cette espèce, par le caractère du bec qui, au lieu de *dents* n'a qu'un *feston*, caractère de transition pour passer à la deuxième tribu ou les *ignobles*, semblerait devoir faire un genre à part; la *deuxième rémige plus longue* empêche de la ranger dans le genre épervier qui n'a également qu'un feston, mais dont la *quatrième rémige est la plus longue*.

DESCRIPT. — Iris *brun*; cire et tour des yeux d'un jaune *pâle*; parties supérieures et inférieures blanches, rayées en *dessus et sur la queue* de bandes *brunes étroites*; en dessous, de taches brunes en forme de *larmes*. Tarses d'un *jaune vif*, *emplumés* au tiers supérieur; ailes très-longues et cependant dépassées par les rectrices; taille 22 pouces.

La femelle plus forte, diffère par un plus grand nombre de taches d'un *brun foncé* en dessous; les jeunes n'ont presque point de blanc. Cette espèce niche dans les grands rochers. Ponte inconnue.

Habite plus particulièrement l'Islande, d'où il est répandu dans le nord de l'Europe. — De passage en Normandie.

DEUXIÈME TRIBU.

LES IGNOBLES.

DEUXIÈME GENRE.

AIGLE. (*Aquila.*)

CARACT. DU G. — Bec très-fort, recourbé *seulement vers*

la pointe; *point* de dents ni de feston à la mandibule supérieure, *ni de moustaches*; tarses écailleux, ou emplumés; ailes *au moins aussi longues* que la queue; *cinquième* rémige *la plus longue*; ongles sillonnés en dessous; port lourd.

« L'aigle a plusieurs convenances physiques et morales avec le lion; la force, et par conséquent, l'empire sur les autres oiseaux, comme le lion sur les quadrupèdes; la magnanimité: ils dédaignent également les petits animaux et méprisent leurs insultes. Ce n'est qu'après avoir été longuement provoqué par les cris importuns de la corneille ou de la pie, que l'aigle se détermine à la punir de mort; d'ailleurs il ne veut d'autre bien que celui qu'il conquiert, d'autre proie que celle qu'il prend lui-même. La tempérance : il ne mange presque jamais son gibier en entier, et il laisse, comme le lion, les débris et les restes aux autres animaux. Quelqu'affamé qu'il soit, il ne se jette jamais sur les cadavres. Il est encore solitaire comme le lion, habitant d'un désert dont il défend l'entrée et l'usage de la chasse à tous les autres oiseaux, car il est peut-être plus rare de voir deux paires d'aigles dans la même portion de montagne que deux familles de lion dans la même partie de la forêt. Ils se tiennent assez loin les uns des autres pour que l'espace qu'ils se sont départi leur fournisse une ample subsistance; ils ne comptent leur valeur et l'étendue de leur royaume que par le produit de la chasse. L'aigle a de plus les yeux étincelans et à peu près de la même couleur que ceux du lion, les ongles de la même forme, l'haleine tout aussi forte, le cri également effrayant; nés tous deux pour le combat et la proie, ils sont également ennemis de toute société, également féroces, on ne peut les apprivoiser qu'en les prenant tout petits.

« L'aigle est, de tous les oiseaux, celui qui s'élève le plus haut; c'est par cette raison que les anciens ont appelé l'aigle l'*oiseau céleste*, et qu'ils le regardaient dans les augures comme le messager de Jupiter.» (*Buffon.*)

> Au lion dans les bois, à l'aigle dans son aire,
> Qui ne reconnaît pas le même caractère?
> Tous deux sont fiers, tous deux tyrans de leurs vassaux,
> Dans leur désert royal ne veulent point d'égaux;
> L'impérieux Amour, le besoin d'une épouse,
> Domtent seuls les fureurs de leur fierté jalouse;
> Tous deux rois des états par la victoire acquis
> Ne veulent de festins que ceux qu'ils ont conquis;
> Ennemis généreux et vainqueurs magnanimes,
> Enfin tous deux font grâce à de faibles victimes:
> Ainsi le même instinct produit mêmes humeurs,
> Et différents de race, ils sont joints par les mœurs.
>
> DELILLE. *Les Trois Règnes.*

Trois espèces du genre aigle se trouvent *accidentellement* en Normandie.

Première espèce.

AIGLE ROYAL. (*A Fulva.*)

DESCRIPT. — Bec *gris*, iris *brun*, plumes de la tête et du cou d'un *roux doré*, effilées, pointues; tout le corps d'un brun noirâtre; tarses *emplumés*, cire et pieds jaunes; taille trois pieds et demi; huit ou dix pieds d'envergure, c'est-à-dire de l'extrémité des plumes d'une aile à l'autre, lorsqu'elles sont étendues.

Les femelles sont encore plus fortes: les jeunes sont d'un brun ferrugineux. Couvertures de la queue blanchâtres; les cuisses d'un blanc pur. Ils n'atteignent leur couleur qu'à trois ans.

L'aigle niche sur les rochers et les grands arbres, pond deux ou trois œufs d'un blanc sale, mouchetés de roussâtre; le nid de l'aigle se nomme *aire*. Habite ordinairement les forêts, à Fontainebleau, dans l'Auvergne, les Pyrénées.

Deuxième espèce.

L'AIGLE PIGUARGUE. (*A. Albicauda.*)

L'AIGLE ORFRAYE. (*A. Ossifraga.*)

Cuvier et Temming ne font qu'une seule espèce de ces deux aigles : en effet, l'âge seul occasione la différence qui se trouve entre eux et qui doit être décrite ici.

AIGLE PIGUARGUE.

DESCRIPT. — Bec d'un *blanc jaunâtre*, iris *brun-clair*, cire jaune-clair, plumes de la tête et du cou effilées, cendrées, brun-*clair*; *tout* le corps d'un brun sale. Tarses *écaillés*, pieds jaune-clair : queue *blanche* vers l'âge de huit ou dix ans, *taille, deux pieds dix pouces*. Ailes *de la longueur* de la queue.

AIGLE ORFRAYE, OU L'AIGLE PIGUARGUE *jeune.*

DESCRIPT.—Bec *noirâtre* à base *jaunâtre*; iris brun *très-foncé*, plumes de la tête, du cou et du dos effilées, *brun-foncé*, couleur de café grillé, *dessous* du corps blanc-sale avec de larges taches *longitudinales, brunes*; rectrices gris-blanc à l'origine, du reste, *brunes avec des taches*; tarses jaunâtres ou marron, ailes *de la longueur* de la queue.

Ces aigles se trouvent le long de la mer, dans les forêts; mangent des poissons, d'où leur vient le nom d'*aigles pêcheurs*; habitent souvent la forêt de Cerisy.

Cette espèce niche dans les forêts et les rochers, le long de la mer, mais non en Normandie, pond deux œufs obtus, blanchâtres, avec quelques taches rouges; habite sur les côtes de France, d'Angleterre, et de Hollande, et dans les forêts.

Troisième espèce.

Aigle criard. (*A. Nœvius.*)

Descript. — Bec *noir* : cire et doigts jaunes, d'un brun plus ou moins *foncé*, suivant l'âge; croupion et parties inférieures d'un brun *clair*; rectrices brunes, bordées de roux à l'extrémité, taille 22 *pouces*, femelle 24.

Les jeunes ont les tectrices des ailes, de la queue, les rémiges secondaires, les flancs et les cuisses marquées à l'extrémité de taches ovales, blanc-grisâtre.

Cette espèce, rare en Normandie, niche sur les arbres, pond de 3 à 5 œufs blancs, marqués de traits rougeâtres; habite ordinairement les lieux montueux de l'Allemagne, de la Suisse et des Pyrénées.

TROISIÈME GENRE.

LE BALBUSARD, *Pandion*.

Caract. du g. — Ce genre se distingue du genre précédent par ses ongles *ronds en dessous*, au lieu d'être *sillonnés en* gouttière; ce caractère lui est commun avec le *busard*, 8ᵉ genre, mais il en est séparé par l'absence des plumes *formant un collier* autour du cou; ailes *plus longues* que la queue. Port lourd.

Espèce.

Le Balbusard. (*P. Haliœtus.*)

Descript. — Bec *noir*, iris jaune, cire bleue, plumes de la tête et du cou longues, *brunes, bordées de blanc*; bande brune de *l'œil au cou*, parties supérieures brunes, liserées de blanc; les inférieures blanches avec des taches brunes sur la poitrine, rémiges noirâtres, dépassant la queue de plus *de deux pouces*; tarses *bleus*. Taille 1 pied 10 pouces.

La femelle a deux pieds de longueur ; taches *fauves* sur la poitrine.

Cette espèce se nourrit surtout de poissons, niche dans les arbres ou sur les rochers, pond trois ou quatre œufs d'un blanc jaunâtre, tachés de rouge; *habite* ordinairement la Bourgogne et les Vosges.

QUATRIÈME GENRE.

ÉPERVIER. (*Nisus.*)

CARACT. DU G. — Bec *recourbé* dès la base, mais distinct de celui du genre faucon, parce qu'au lieu de dents il n'a qu'un *feston tranchant*; tarses très-longs, faibles et écussonnés ; *quatrième rémige* plus longue, ce qui le distingue du gerfaut. Ailes *plus courtes* que la queue ; tectrices d'*égale* longueur; port léger.

Première espèce.

L'AUTOUR. (*N. Palumbarius.*)

DESCRIPT. — Bec *noirâtre*, iris jaune ainsi que la cire ; plumes de la tête, du cou et du dos *cendré-bleuâtre, un large sourcil brun*; les parties inférieures blanchâtres, rayées de brun; rectrices cendrées avec quatre ou cinq bandes brunes ; pieds jaunâtres; taille deux pieds.

La femelle a moins de bleuâtre, mais plus de brun. Les jeunes ont l'iris gris-blanchâtre, la tête roussâtre, les parties supérieures de la même couleur avec des taches longitudinales d'un brun foncé ; rectrices gris-brun, *terminées de blanc*.

Cette espèce niche sur les arbres élevés, pond quatre œufs blanc-bleuâtre, rayés et tachetés de brun ; habite les bois, dans les montagnes, en France, en Suisse, en Allemagne. Rare en Normandie.

Deuxième espèce.

L'ÉPERVIER. *(F. Nisus.)* Tiercelet, Étercelet, Émouchet.

DESCRIPT. — Bec noirâtre, iris jaune, cire jaune-verdâtre; plumes de la tête cendré-bleuâtre; *point de sourcil brun*; une tache *blanche à la nuque*. Parties supérieures d'un cendré bleuâtre, les inférieures blanchâtres, rayées de taches brunes, noirâtres, *longitudinales* sous la gorge, *transversales* sur les autres parties; rectrices gris-cendré, avec cinq bandes d'un *cendré noirâtre*; pieds jaunes; taille douze pouces.

La femelle a quatorze pouces, est plus forte que le mâle, et varie beaucoup de couleur.

Les jeunes n'ont point de cendré bleuâtre, et ont les taches plus larges, rousses, cendrées et noirâtres.

Cette espèce niche sur les arbres, pond cinq ou six œufs d'un blanc sale, tachetés de roux; très-commune en Normandie.

On connaît la manière dont l'épervier *plane* sur sa proie afin de s'en rendre maître. Par l'effet de ce magnétisme animal, la victime immobile n'a qu'un sentiment, une idée fixe, celle de la présence de l'épervier, au point que tout autre danger disparaît. Il m'est arrivé de prendre à la main un perdreau sur lequel planait un épervier.

L'épervier, à son tour, poursuit sa proie avec tant d'ardeur qu'il s'expose lui-même. Un moineau poursuivi par un épervier se jeta dans la boutique de M. Patry, marchand à Épinay-sur-Odon; l'épervier entra à sa suite: je les pris l'un et l'autre, et ayant donné la liberté au moineau, je conservai l'épervier.

CINQUIÈME GENRE.

LE MILAN. (*Milvus.*)

CARACT. DU G. — Queue *très-fourchue*: bec *sans* dents;

et feston; tarses écussonnés, forts, *emplumés* un peu au dessous du tibia; *troisième et quatrième* rémiges plus longues.

Espèce.

Le Milan. (*F. Milvus.*)

DESCRIPT. — Bec brun, iris et cire jaunes; plumes de la tête et du cou effilées, blanchâtres; *striées* de brun; parties supérieures brun-roux, bordées de fauve, les inférieures roux-brun; rectrices roussâtres, *formant une fourche*; pieds jaunes, taille vingt-six pouces. Cette espèce habite rarement en Normandie; se trouve dans diverses provinces, en Italie, en Suisse, en Allemagne.

Les femelles ont plus de brun, la tête et le cou plus blanchâtres; les jeunes varient du brun au brun foncé.

Le milan niche dans les rochers, pond trois ou quatre œufs blanchâtres, tachetés de roux jaunâtre.

« Le milan, dont le corps entier ne pèse guères que deux livres et demie, qui n'a que vingt-six pouces de longueur depuis le bout du bec jusqu'à l'extrémité des pieds, a néanmoins près de cinq pieds d'envergure. Sa vue est aussi perçante que son vol est rapide; il se tient souvent à une si grande hauteur qu'il échappe à nos yeux, et c'est de là qu'il vise et découvre sa proie ou sa pâture et se laisse tomber sur tout ce qu'il peut dévorer ou enlever sans résistance. Il n'attaque que les plus petits animaux et les oiseaux les plus faibles; c'est surtout aux jeunes poussins qu'il en veut; mais la seule colère de la mère poule suffit pour le repousser et l'éloigner. » (*Buffon.*)

SIXIÈME GENRE.

BONDRÉE. (*Pernis.*)

CARACT. DU G. — *L'intervalle entre l'œil et le bec garni de véritables plumes,* au lieu de barbes ou poils, ainsi que dans les autres espèces des diurnes, distingue suffisamment *la bondrée* des autres espèces d'oiseaux de proie de notre pays, et établit ce genre adopté par Cuvier ; ce seul caractère bien tranché dispense des autres.

Espèce.

La Bondrée. *(P. Apivorus.)*

Descript. — Bec *petit*, cendré; iris et cire jaunes; sommet de la tête blanchâtre ; parties supérieures d'un brun cendré, parties inférieures jaunes, roussâtres, avec des taches *triangulaires* brunes ; rémiges secondaires rayées alternativement de brun et de gris-bleu ; pieds jaunes; taille deux pieds.

Les femelles et les jeunes ont les couleurs plus brunes en dessus, rousses en dessous, iris brun-clair.

Cette espèce niche dans les arbres, pond plusieurs œufs d'un blanc jaunâtre espacé de brun et de rougeâtre, parfois entièrement de cette couleur.

Très-rare en Normandie où elle n'est que de passage. J'en possède un individu, tué dans la forêt de Cerisy ; habite ordinairement les Vosges, les contrées orientales de la France et le midi.

SEPTIÈME GENRE.

BUSE. *(Buteo.)*

Caract. du g. — Bec *sans dents ni feston* ; tarses écailleux, nus, ou entièrement garnis de plumes ; rectrices *égales*, *quatrième* rémige plus longue, ailes *plus longues* que la queue ; port lourd.

Première espèce.

La Buse pattue. *(B. Lagopus.)*

Bec *noir*, iris brun, tête et parties supérieures et antérieures d'un *blanc sale*, rayées *largement* de lames brunes; parties postérieures d'un blanc jaunâtre; rectrices blanchâtres à la base, brunes ensuite, et terminées par un *liseré blanc-sale*; *tarses emplumés* jusqu'aux doigts qui sont *bruns*. Taille dix-neuf pouces.

La femelle a deux pieds trois pouces, plus de blanc en dessus, de brun en dessous, plus de blanc sur les cuisses et les tarses.

Les jeunes varient en plus ou moins de taches brunes, sur un fond blanchâtre.

Cette espèce niche sur les grands arbres, pond quatre œufs rougeâtres, nuancés. Rare en Normandie; fréquente le nord de l'Europe.

Deuxième espèce.

LA BUSE COMMUNE. (*F. Buteo.*) *La Haube.*

DESCRIPT. — Tarses *nus*; bec bleuâtre, cire et iris jaunes ou marron; tête, cou, parties supérieures et poitrine fauve-brun; parties inférieures gris-brun, variées de noirâtre; tarses jaunes, rectrices faiblement arrondies; taille un pied dix pouces.

Le plumage, en général dans cette espèce, est sujet à beaucoup de variations de couleurs.

Les jeunes ont le plumage varié de blanchâtre et de jaunâtre; la gorge blanche, tachetée irrégulièrement.

Cette espèce offre, plus fréquemment que la précédente et la suivante, les variétés blanches, ou presque blanches; elle niche dans les vieux chênes, les *ajoncs* ou *vignots*; pond quatre œufs blancs, ondés de verdâtre, tachetés de jaune. Commune en Normandie.

« Cet oiseau demeure toute l'année dans les forêts; il paraît assez stupide (1) soit dans l'état de domesticité, soit dans celui de liberté. Il est assez sédentaire, et même paresseux: il reste souvent plusieurs heures de suite perché sur le même arbre.... Cet oiseau de rapine ne saisit

(1) Cependant la buse se laisse approcher très-difficilement par les chasseurs.

pas sa proie au vol; il reste sur un arbre, sur un buisson ou une motte de terre, et de là, il se jette sur tout le petit gibier qui passe à sa portée: il prend les levreaux et les jeunes lapins aussi bien que les perdrix et les cailles; il dévaste les nids de la plupart des oiseaux; il se nourrit aussi de grenouilles, de lézards, de serpents, de sauterelles, etc., lorsque le gibier lui manque. » (*Buffon*)

HUITIÈME GENRE.

BUSARD. (*Circus.*)

CARACT. DU G. — Le *collier de plumes effilées* qui forme un caractère de transition pour passer aux rapaces nocturnes; la forme des ongles *entièrement ronds en dessous*, formant *pointe*, et non sillonnés comme dans les autres espèces (le balbusard excepté, mais qui n'a point de collier, et dont les ailes sont plus longues que la queue), sont des caractères assez tranchés pour différencier suffisamment le genre busard; la *troisième ou quatrième* rémige est la plus longue; les ailes sont *moins longues* que la queue; tarses, doigts et ongles nus, très-longs; port léger.

Première espèce.

LE BUSARD DE MARAIS. (*C. Rufus.*) *Harpaye, Écoufle.*

DESCRIPT. — Plumes du collier *faiblement marquées*; bec noir, iris et cire rougeâtres, jaunes; tête, cou et poitrine d'un blanc jaunâtre, tacheté de brun; parties supérieures d'un brun roussâtre; parties inférieures jaunâtres, ferrugineuses; rectrices d'un gris cendré.

Les jeunes ont la tête et l'occiput couleur rouille; les plumes inférieures ferrugineuses, tachetées.

Le busard niche dans les roseaux, les buissons, le long des marais; pond quatre œufs blancs, obtus.

L'individu que je possède m'a été donné par M. Carité qui le prit dans les marais de Trévières. Habite les marais de la Hollande; émigre en automne.

Deuxième espèce.

BUSARD ST-MARTIN. (*C. Cyaneus*), *Soubuse.*

DESCRIPT. — Plumes du collier *très-marquées*, bec ardoisé, iris et cire jaunes; *croupion blanc*; tête et parties supérieures cendré-bleuâtre, ainsi que les rectrices qui sont terminées par un peu de blanc; rémiges *noires*, la troisième et quatrième *d'égale longueur*; pieds jaunes; taille vingt pouces.

La femelle diffère extrêmement; toutes les parties supérieures sont d'un brun terne, bordées de roux, les inférieures d'un jaune roussâtre; rectrices du milieu de la queue bordées de noir; les externes sans taches. Les jeunes ressemblent à la femelle.

Cette espèce niche comme la précédente, pond quatre œufs d'un blanc bleuâtre terne. Habite en France, en Allemagne, en Angleterre et en Hollande, les bois situés près des eaux.

Cette espèce est assez rare ici. M. de Cruz, maire de Sully, tua, pendant l'hiver de 1830, un très-beau mâle qu'il eut la complaisance de me donner. Je dois à M. Le Sauvage, docteur médecin à Caen, la femelle que j'ai dans mon cabinet.

Troisième espèce.

BUSARD MONTAGU. (*C. Cineraceus.*)

DESCRIPT. — Bec noirâtre, iris jaune, *point de blanc au croupion*, tête et parties supérieures cendré-bleuâtre prononcé, ainsi que la gorge et la poitrine. Parties inférieures blanches, *striées* de roux; *deux bandes* noires sur les *rémiges secondaires*; pieds jaunes, taille dix-sept pouces.

La femelle ressemble assez à celle du Busard St-Martin; les jeunes sont d'une couleur rousse, rayés de brun.

Niche comme le précédent, pond quatre œufs d'un blanc pur.

Très-rare en Normandie ; habite ordinairement les contrées orientales et méridionales de la France.

DEUXIÈME FAMILLE.

RAPACES NOCTURNES.

Les habitudes des oiseaux de proie *nocturnes* offrent un aussi étonnant contraste avec celles des oiseaux de proie *diurnes* que leur organisation physique en diffère. En effet, au lieu du vol noble, rapide et hardi, du port majestueux que l'on observe dans les individus de la première famille des rapaces, nous remarquons une vie solitaire, nocturne et retirée dans ceux de la seconde. L'aigle prend son essor au plus haut des cieux, fixe le plus brillant des astres sans redouter son éclat ; le milan fend les airs avec la rapidité de la flèche ; l'épervier plane sur sa proie et, par une sorte de magnétisme, s'en rend maître avant de la tenir dans ses serres ; tous se montrent en plein jour ; tous ont le sentiment de leur force, de leur mérite.

Le triste hibou au contraire, la lugubre chouette et les diverses espèces qui se trouvent dans notre pays (1) redoutent la lumière, et ne sortent que lorsque les ténèbres se répandent sur la terre. C'est dans le silence des nuits et par leurs cris funèbres qu'elles révèlent leur triste existence... Ces cris portent dans l'âme du voyageur le plus au-dessus des préjugés, un effroi involontaire. L'on connait la terreur que produit encore dans nos campagnes le sinistre cri de la chouette ; on croit entendre le glas funèbre !.... En vain tenterait-on de rassurer.... le pré-

---

(1) Quelques espèces de chouettes étrangères, nommées *accipitrines*, volent et cherchent leur nourriture pendant le jour.

jugé est tel, que si le malade entend lui-même la chouette sa dernière ressource dans ses souffrances lui est ravie : il a perdu l'espérance.

Objets de mépris pour les autres oiseaux, les ducs, chouettes, hibous ne peuvent se montrer, qu'aussitôt une troupe légère et turbulente de moineaux, pinçons, fauvettes, ne fassent chorus en se joignant au redoutable haro des pies, geais, corneilles; aussi, pour se soustraire à ce bruyant *charivari*, les rapaces nocturnes attendent pour chercher leur nourriture et jouir de la vie, que les autres habitans des airs leur aient laissé le champ libre.

CARACT. DE LA FAMILLE. — Cire *recouverte par des poils, ou plumes roides*; bec comprimé, recourbé dès la base, sans dents ni feston; tête volumineuse, occiput *très-aplati*; yeux placés *antérieurement*, troisième paupière clignotante; pupille très-dilatée; orifice des oreilles *très-grand*, bouche très-élargie à la base du bec; cou très-court; tarses et *doigts des pieds emplumés*; le doigt *externe dirigé de côté*; ailes arrondies; plumes soyeuses, très-douces, longues; les rémiges et les rectrices très-barbues.

Deux genres partagent les espèces de cette famille, savoir les ducs et les chouettes.

PREMIER GENRE.

DUC. *(Strix.)*

CARACT. DU G. — Les mêmes que ceux de la famille ; le caractère le plus tranché et qui différencie les deux genres, consiste dans *deux aigrettes* formées de plumes qui se relèvent sur le front. Troisième rémige la plus longue.

Première espèce.

LE GRAND DUC. (*S. Bubo.*)

DESCRIPT. — Bec couleur de corne, iris *orange-vif*, tête et parties supérieures de couleur ocre foncé, ondé de noir; parties inférieures ocre ferrugineux, avec des taches longitudinales *noires* : tarses revêtus jusqu'aux ongles de plumes, roux-jaunâtre. Longueur *deux pieds*.

La femelle plus forte a les teintes plus claires. Niche dans les rochers, les vieux murs; pond quatre œufs blancs, obtus.

Très-rare en Normandie, où il n'est que de passage: des chasseurs m'ont assuré en avoir vu dans la forêt de Cerisy.

Patrie ordinaire: les grandes montagnes de la Hongrie, de la Russie, de l'Allemagne et de la Suisse ; moins commun en France et en Angleterre.

Deuxième espèce.

Le Moyen-Duc. (*S. Otus.*) *Le Hibou commun.*

Descript. — Bec noirâtre, iris *orange-vif*; yeux entourés d'un cercle de plumes *frisées*, blanchâtres, bordés de noir: tête et parties supérieures d'un roux clair, tachetées de brun et de gris, les inférieures roussâtres, avec des taches oblongues *brunes* ; tarses et *doigts* couverts d'un duvet roussâtre. Longueur treize pouces.

La femelle a la gorge blanche, et tout le plumage tirant sur le grisâtre.

Les jeunes sont d'un roux blanchâtre, avec des lignes transversales noirâtres, ailes et queue grises.

Niche dans les vieux nids de corbeaux, pies, écureuils, pond quatre ou cinq œufs blancs, obtus.

Commun en Normandie.

Troisième espèce.

Le Petit Duc. (*S. Scops.*)

Descript. — Bec noir, iris jaune, tête pointillée de noir, parties supérieures d'un *cendré roussâtre*, rayées et tachetées irrégulièrement de brun et de noir; parties inférieures d'une teinte plus claire. Tarses couverts de plumes roussâtres, doigts *nus*. Longueur sept pouces, de la taille d'un merle.

Niche dans les fentes des rochers, ou les trous des arbres, pond quatre œufs blancs; assez commun dans les Vosges, le Jura et le nord de l'Italie. Très-rare en Normandie, où il n'est que de passage.

Ces trois espèces sont remarquables par leurs aigrettes, ou petits bouquets de plumes placés sur le front, et qu'ils abaissent ou relèvent à volonté; l'espèce suivante les a très-courtes.

Quatrième espèce.

La Grande Chevêche. (*S. Brachyotos.*)

Bec noir: iris d'un beau jaune, *tête petite*, parties supérieures d'un *brun noirâtre*, bordées d'un jaune ocre. Inférieures de couleur Isabelle, rayées *longitudinalement* de taches brunes noirâtres, tarses et doigts emplumés, aigrette de *deux ou trois* plumes *très-courtes*. Taille treize pouces.

Les femelles et les jeunes ont les teintes plus pâles. Habite plus ordinairement la Hollande où elle niche; de passage en Normandie.

L'individu que je possède fut tué dans le mois d'octobre, dans un champ où il mangeait un mulot.

Cette espèce fait la transition des nocturnes à aigrettes aux espèces qui n'en n'ont point.

DIXIÈME GENRE.

CHOUETTE. (*Otus.*)

Les caractères de ce genre sont absolument *négatifs* (pag. 6), *l'absence des aigrettes* le constitue. Nous remarquerons que, dans les chevêches, les oreilles ne sont pas plus grandes que dans les autres oiseaux.

Première espèce.

LE HIBOU. (*O. Aluco.*) *Chat-huant, Cat-hu.*

Bec *brun*, iris bleu-noirâtre, tête et parties supérieures d'un *brun cendré*, variées de grandes taches brunes, et de petites, rousses et blanches : parties inférieures d'un blanc roussâtre, rayées transversalement de brun, et longitudinalement de *brun roussâtre*; rémiges et rectrices rayées alternativement de noirâtre et de roux cendré; tarses et doigts emplumés; taille quinze pouces.

LA FEMELLE. (*S. Stridula*), *Hulotte, Hou-Hou.*

Bec *jaunâtre*, iris bleu-noirâtre, tête et parties supérieures d'un *roux ferrugineux*, variées de teintes noirâtres et brunâtres en zig zag, tachetées de blanc sur la tête, ainsi que les scapulaires et les grandes tectrices alaires; parties inférieures variées de blanc, de noirâtre; tarses et doigts revêtus de duvet blanchâtre; taille quatorze pouces.

On faisait souvent deux espèces du mâle et de la femelle en raison de l'extrême différence qu'on remarque entre eux.

Les jeunes sont d'abord revêtus d'un duvet blanc-gris, et sont, la première année, de la couleur de la femelle.

Niche dans les vieux nids des corneilles, des pies, dans les vieilles masures ou les vieux chênes; pond quatre ou cinq œufs blanchâtres. Commun.

Deuxième espèce.

L'EFFRAYE. (*O. Flammea.*) *Frésaye.*

DESCRIPT. — Bec *blanc* à la base, *noir* à l'extrémité; iris jaune ou noir; tête et parties supérieures *fauve-clair*, variées en zig zag de gris-brun, pointillées de blanc, face blanche; collier à plumes effilées *liserées de roux*, gorge et parties inférieures blanches, pointillées de noir ou de fauve; tarses et doigts recouverts d'un duvet soyeux, blanchâtre. Taille (1) treize pouces.

La femelle et les jeunes sont moins émaillés en dessus, et ont les parties inférieures d'un blanc presqu'uniforme. Les petits sont entièrement blancs. Cette espèce habite les greniers où elle détruit beaucoup de souris, niche dans les vieilles tours, les vieux arbres, pond trois ou cinq œufs blancs.

Troisième espèce.

PETITE CHEVÊCHE. (*C. Passerina.*) *Chouette de pommier.*

Bec brun-blanchâtre, iris jaune, tête et parties supérieures *gris-brun*, irrégulièrement tachetées *de blanc*; poitrine blanche. Parties inférieures d'un blanc roussâtre, tarses et doigts *légèrement* emplumés. Taille sept pouces.

Les femelles et les jeunes ont les teintes plus faibles.

Cette espèce vole souvent pendant le jour, niche dans les vieux troncs d'arbres; pond deux ou quatre œufs ronds, blancs. Très-commune en Normandie.

---

(1) **Taille** est employé pour synonyme de longueur, par les auteurs; elle se prend de l'extrémité du bec à celle de la queue.

N°. 10 — ANALYSE DES FAMILLES DU DEUXIÈME ORDRE, OU LES PASSEREAUX.

1 { Doigt externe réuni à l'intermédiaire, au plus par une phalange. 2
    { ——— jusqu'à l'avant-dernière articulation. . . . . Syndactyles. 5ᵉ Famille.

2 { Deux échancrures à la mandibule supérieure. . . . . Dentirostres. 1ʳᵉ idem.
    { Point d'échancrures. 3

3 { Bec très-déprimé horizontalement; ouverture large à la base; pattes courtes. . . Fissirostres. 2ᵉ idem.
    { ——— plus ou moins arrondi. ——— étroite. ——— proportionnées. . . . 4

4 { Bec conique, de longueur proportionnée. . . . . Conirostres. 3ᵉ idem.
    { ——— effilé, long, arqué. . . . . Ténuirostres. 4ᵉ idem.

CHAPITRE XXI.

DEUXIÈME ORDRE.

LES PASSEREAUX.

A la suite des oiseaux de proie, ou les rapaces, qui ne vivent que de carnage et sont l'effroi des animaux plus faibles et des autres oiseaux, vient l'ordre des *passereaux* qui renferme des oiseaux dont les mœurs sont généralement plus douces. La conformation de leur bec, de leurs pattes, et leurs habitudes indiquent assez leur genre de vie: la plupart sont granivores, c'est-à-dire se nourrissent de grain; d'autres sont insectivores, ou mangent les insectes; d'autres enfin sont omnivores, très peu se nourrissent de chair, et alors même cette nourriture ne leur est point exclusivement habituelle.

Dans cet ordre se trouvent les oiseaux les plus favorisés de la nature, pour la beauté des formes, l'élégance du port, la richesse du plumage, le brillant éclat des couleurs, et surtout l'harmonie du chant, faculté réservée aux mâles.

Beaucoup d'espèces, ainsi que dans les ordres suivans, ne viennent que pendant l'été; dès que la saison devient contraire ils nous quittent pour des climats plus doux; très-peu nous viennent pendant l'hiver.

Cet ordre est aussi celui qui renferme le plus d'espèces dans notre pays.

CARACTÈRES DE L'ORDRE DES PASSEREAUX.

Bec plus ou moins allongé, droit ou recourbé; la man-

DEUXIÈME ORDRE. LES PASSEREAUX.

N°. 11.— ANALYSE DES GENRES DE LA PREMIÈRE FAMILLE, OU LES DENTIROSTRES.

1 { Pennes des ailes terminées naturellement. 2
  { —— secondaires terminées par un disque cartilagineux, rouge. . . . . . . Jaseur. . . . 3ᵉ Genre.

2 { Ongle du pouce courbé, plus long que les doigts; 2 scapulaires égalant les rémiges en longueur. Farlouse. . . 9ᵉ idem.
  { —————— ne dépassant point les autres. 3

3 { Queue très-longue; toutes les scapulaires aussi longues que les rémiges. . . . Bergeronnette. . 8ᵉ idem.
  { —— ordinaire —————— moins longues. 4

4 { Bec très-dur, dents très-marquées, queue étayée ou arrondie. . . . . . . Pie Grièche. . . 1ᵉʳ idem.
  { —— ordinaire, —— faibles, —————— droite ou fourchue 5

5 { Taille forte, de 8 à 10 pouces de longueur. . . . . { Merle. . . . 4ᵉ idem.
  {   { Loriot. . . . 5ᵉ idem.
  { —— faible. 6

6 { Bec déprimé ou aplati à la base. Gobe-mouche. . 2ᵉ idem.
  { —— plus ou moins subulé, ou en alêne. 7

7 { Base du bec, plus élevée que large. . . . . Fauvette. . . . 7ᵉ idem.
  { —————— large qu'élevée. . . . . Traquet. . . . 6ᵉ idem.

dibule supérieure a deux échancrures vers la pointe, ou est unie; *point de cire*, narines ou recouvertes de poils, ou à demi fermées par une légère membrane. Tarses ordinaires, toujours nus, trois doigts dirigés en avant et un en arrière, *les deux externes* le plus souvent réunis par une membrane à la base, ou par la première ou les deux premières phalanges; ongles ordinaires, troisième paupière; rectrices égales, étalées ou fourchues, *tibia garni de plumes jusqu'à l'articulation du tarse*.

Les caractères de cet ordre, comme le remarque Cuvier, sont plus négatifs que positifs : en effet, les oiseaux qui le composent n'ont ni le port des rapaces, ou des gallinacés, ni deux doigts dirigés en avant et deux en arrière, comme les grimpeurs, ni les tarses allongés et le tibia dégarni de plumes, comme les échassiers, ni enfin toutes les phalanges réunies par une membrane comme les palmipèdes.

Cet ordre se partage en cinq familles, savoir : les *dentirostres*, les *fissirostres*, les *conirostres*, les *ténuirostres* et les *syndactyles*.

1re FAMILLE. — *Les Dentirostres*.

CARACT. DE LA FAMILLE.—*L'échancrure* qui se trouve de *chaque côté* de la partie *inférieure* de la *mandibule supérieure* caractérise la première famille, ou les dentirostres, qui se partagent en huit genres, ainsi que l'indique le tableau ci-contre.

PREMIER GENRE.

PIE-GRIÈCHE. (*Lanius*.)

CARACT. DU G. — Queue *étagée ou arrondie*, *tous* les doigts *libres*; une bande noire, des yeux aux oreilles, bec fort court, *tranchant* comprimé, mandibule supérieure recourbée vers la pointe, garnie à la base de poils rudes, dirigés en avant, *échancrures fortes*, narines à demi fermées par une membrane, troisième et quatrième rémiges les plus longues.

Les habitudes des espèces de ce genre en font un caractère de transition pour passer des oiseaux de proie aux passereaux.

Première espèce.

PIE-GRIÈCHE GRISE. (*L. Excubitor.*) *Pie-Cruelle, Pie-Croï.*

DESCRIPT. — Bec noir, iris marron, *tête, cou et dos* d'un beau *cendré-clair*, *large bande* noire du bec aux oreilles, parties inférieures d'un blanc pur, rémiges noires, l'origine des premières rémiges et l'extrémité des secondaires blanches, les deux pennes externes des rectrices blanches; la troisième noire vers le centre, sur la quatrième une tache blanche ; la cinquième liserée de blanc, intermédiaires noires, queue étagée, tarses noirs. Longueur neuf pouces.

La femelle a toutes les teintes moins prononcées; les plumes de la poitrine terminées par un croissant de cendré-clair; les jeunes ont une teinte grise.

Niche sur les arbres, pond cinq ou sept œufs blancs, tachetés de brun sale. Habite les plaines montueuses, se trouve en tout temps en Normandie.

Deuxième espèce.

LA PIE-GRIÈCHE ROUSSE. (*L. Rufus.*)

DESCRIPT. — Bec noir, iris marron, région des yeux et des oreilles noire, *occiput et nuque* d'un *roux vif*; parties supérieures du dos et des ailes *noires* ; scapulaires, miroir des rémiges, extrémités du corps et des pennes moyennes d'un blanc pur; toutes les parties inférieures de cette couleur; première rectrice blanche, avec une tache noire carrée sur la barbe intérieure, une tache plus large sur les deux barbes de la deuxième, les deux suivantes blanches aux extrémités, les deux mitoyennes noires. Tarses noirs, queue *arrondie*. Longueur sept pouces.

Les couleurs sont les mêmes dans la femelle, mais beaucoup moins vives; les plumes de la poitrine sont d'un blanc sale, rayées transversalement de brun, les plumes des flancs roussâtres, terminées de brun.

Les jeunes sont d'un gris roux, avec des croissans bruns en dessus, en dessous d'un blanc sale, avec des raies grises.

Niche dans les arbres, les buissons; pond six œufs d'un vert blanchâtre, tachetés de cendré.

Habite les vergers, arrive vers le mois d'avril, émigre vers le mois de septembre.

Troisième espèce.

L'Écorcheur. (*L. Collurio.*)

Bec noirâtre, iris marron, *tête et parties supérieures* d'un *cendré bleuâtre*; le bandeau noir fait le tour des yeux; manteau et tectrices claires, d'un *roux brun*; rémiges noirâtres, bordées de roux; gorge et abdomen d'un blanc pur; poitrine, flancs et ventre d'un *roux rose*; deux rectrices mitoyennes noires, les externes blanches aux deux tiers, noires du reste avec une tache blanche. Queue *presque carrée*, les deux pennes extérieures plus courtes; tarses noirâtres; longueur six à sept pouces.

Les femelles ont les parties supérieures d'un *roux terne*, les plumes des côtés du cou, de la poitrine et des flancs rayées finement de brun; les quatre rectrices mitoyennes d'un *brun roux* uniforme; les plumes entre le bec et l'œil, et le tour des paupières d'un blanc jaunâtre.

Les jeunes ressemblent beaucoup à la femelle, mais le cendré de la nuque et du croupion est très-faible et rayé de brun.

Arrive et part comme l'espèce précédente. Niche dans

les buissons, pond cinq ou six œufs obtus, roses, tachetés de rouge, ou jaunâtres, tachés de cendré verdâtre.

Les pies-grièches se font entendre de très-loin par leur cri rauque, agaçant; et, lorsqu'elles sont inquiétées, témoignent leur anxiété par les mouvemens brusques de leur queue qu'elles agitent de droite à gauche et de haut en bas. Elles se nourrissent d'insectes, de jeunes souris, de petites grenouilles, de petits oiseaux, de reptiles.

« Ces oiseaux, quoique petits, quoique délicats de corps et de membres, doivent néanmoins, par leur courage, par leur large bec, fort et crochu, et par leur appétit pour la chair, être mis au rang des oiseaux de proie, même des plus fiers et des plus sanguinaires. On est toujours étonné de voir l'intrépidité avec laquelle une petite pie-grièche combat contre les pies, les corneilles, les cresserelles, tous oiseaux beaucoup plus grands et plus forts qu'elle; non-seulement elle combat pour se défendre, mais souvent elle attaque, et toujours avec avantage, surtout lorsque le couple se réunit pour éloigner de leurs petits les oiseaux de rapine. Elles n'attendent pas qu'ils approchent, il suffit qu'ils passent à leur portée pour qu'elles aillent au devant. Elles les attaquent à grands cris, leur font des blessures cruelles et les chassent avec tant de fureur qu'ils fuient souvent sans oser revenir; et, dans ce combat inégal contre d'aussi grands ennemis, il est rare de la voir succomber sous la force, ou se laisser emporter; il arrive seulement qu'elles tombent quelquefois avec l'oiseau contre lequel elles se sont accrochées avec tant d'acharnement, que le combat ne finit que par la chute et la mort de tous deux; aussi les oiseaux de proie les plus braves les respectent; les milans, les buses, les corbeaux paraissent les craindre et les fuir plutôt que les chercher. »

(Buffon.)

DEUXIÈME GENRE.

LE GOBE-MOUCHE. (*Muscipa.*)

CARACT. DU G. — *Queue égale; point* de bande noire entre les yeux; doigt externe *réuni* à l'interne par une membrane; bec faible, *déprimé ou aplati* à la base, *comprimé* et courbé à la pointe, *garni à la base* de poils longs et roides, narines *nues*, couvertes seulement par l'extrémité des poils; *troisième et quatrième rémiges* les plus longues.

Première espèce.

LE GOBE-MOUCHE GRIS (*M. Grisola*), *Pinçon de vignes.*

DESCRIPT. — Iris marron, front *blanchâtre; une raie longitudinale brun-foncé* sur la tête : parties *supérieures d'un brun cendré*, les inférieures blanchâtres, les *côtés striés* de brun cendré; longueur cinq pouces et demi.

Niche sur les arbres, dans les espaliers, pond cinq œufs d'un blanc rougeâtre, tachetés de rouge.

Cette espèce se nourrit d'insectes; elle vient au printemps, ainsi que les deux suivantes, et émigre vers le mois de septembre. Commune en Normandie; voltige autour des arbres pour saisir les insectes au vol.

Deuxième espèce.

LE GOBE-MOUCHE BEC-FIGUE. (*M. Luctuosa, Atricapilla.*)

DESCRIPT. — Iris marron-noir; *bandeau blanc* sur le front, mais *sans collier*; parties *supérieures noires*; les *inférieures blanches*; tectrices blanc-clair; longueur cinq pouces.

Les femelles ont les parties supérieures cendré-brun, ainsi que les jeunes, qui n'ont la couleur des mâles que vers la troisième année.

Taille et mœurs du précédent. Je n'ai vu qu'un seul individu de cette espèce, que je tuai au mois de mai.

Troisième espèce.

Le Gobe-Mouche a collier. (*M. Collaris. Albicollis*)

Descript. — Iris marron, sommet de la tête, dos et petites tectrices claires, noires, *un large collier* sur la nuque, et le front blancs, ainsi que les parties inférieures; blanc mêlé de noir *sur le croupion; miroir blanc* à l'orige des rémiges; grandes tectrices claires, blanches, et une tache noire à l'extrémité; *rectrices d'un noir prononcé*. Taille cinq pouces.

Les femelles n'ont qu'un petit espace cendré sur le front; les parties supérieures gris-cendré, les grandes tectrices des ailes blanches extérieurement; les *deux* pennes externes de la queue *tiserées de blanc*; parties inférieures d'un blanc pur; le collier est cendré clair.

Les jeunes, jusqu'à deux ans, ressemblent aux femelles, mais n'ont point de blanchâtre au front; parties inférieures d'un blanc sale, cendrées sur la poitrine; les deux pennes latérales, largement bordées de blanc.

Rare en Normandie. Habite ordinairement dans l'intérieur des forêts du centre de l'Europe; niche dans les troncs d'arbres, pond cinq ou six œufs d'un bleu verdâtre, pointillés de brun.

Les deux dernières espèces varient de plumage suivant les différentes saisons dans notre climat, au point que vers le mois de juillet, on ne distingue plus les mâles des femelles : ce n'est que vers le mois de mai que le mâle est dans son *habit de noces*.

TROISIÈME GENRE.

LE JASEUR. (*Bombycivora.*)

Caract. du g. — *Extrémités* des rémiges *secondaires*

terminées par un *prolongement cartilagineux* en forme de *disque*, d'un *rouge vif*; bec ordinaire, faiblement arqué vers la pointe, garni à la base de poils rudes ; première et deuxième rémiges les plus longues.

Espèce.

Le Jaseur de Bohème. (*B. Garrula.*)

Descript. — Plumes de la tête *allongées en huppe*; parties supérieures et inférieures d'un cendré rougeâtre ; front, sourcils et gorge noirs ; tectrices inférieures de la queue brun-marron, rectrices noires, terminées de jaune.

Les femelles ont moins de noir sous la gorge, les jeunes n'ont point de disque cartilagineux.

Très-rare en Normandie, où il ne niche jamais : il y vient quelquefois en hiver; habite ordinairement le nord de l'Europe.

QUATRIÈME GENRE.

LE MERLE. (*Turdus.*)

Caract. du g. — Longueur huit à onze pouces ; bec *arrondi et uni à la base*; narines *à moitié* recouvertes par une membrane; doigt externe réuni par la base à l'interne, troisième ou quatrième rémige la plus longue.

La nourriture des espèces de ce genre consiste en baies, ou petits fruits, tels que la graine de lierre, d'aubépine, etc. et insectes.

Première espèce.

Le Merle. (*T. Merula.*), *Merle à bec jaune*, *Mesle.*

Descript. — *Bec et tour des yeux jaunes* ; *tout le corps* d'un beau noir. Pieds jaunes.

J'en possède un que tua M. Carité, et qui a plusieurs

plumes très-blanches à la gorge, et deux rectrices blanches ; il se trouve des individus *émaillés* de noir et blanc, et même entièrement *blancs*.

Les femelles et les jeunes sont gris-noir ; bec gris-cendré. Habite constamment notre pays, niche dans les haies dès le mois de mars : pond quatre ou cinq œufs d'un gris verdâtre, tachetés d'un brun clair, livide.

Deuxième espèce.

Le Merle a Plastron. (*T. Torquatus*, Merle à collier.)

Descript. — Bec *noirâtre*, iris *noisette* : un *plastron, ou demi collier* blanc sur la poitrine ; toutes les plumes du reste du corps noirâtres, bordées de gris-blanc ; taille dix pouces.

Les femelles et les jeunes ont les teintes plus grises, le collier moins grand et d'un blanc sale.

Cette espèce n'est que de passage : elle niche cependant quelquefois vers le mois de mai en Normandie. Pond quatre ou six œufs d'un vert blanchâtre, tiqueté de brun-roux, ou rougeâtres. On ne le voit pas tous les ans ; habite plus ordinairement la Suède, l'Écosse, les Vosges.

Troisième espèce.

Merle de Roche. (*T. Saxatilis.*)

Descript. — Tête et haut du cou *bleu-cendré, large espace blanc* sur le milieu du dos ; parties supérieures d'un brun noirâtre ; parties inférieures, ailes et rectrices moyennes *roux vif*; tectrices de la queue terminées de blanc ;

Les femelles ont les parties supérieures d'un *brun terne*, quelques grandes taches blanchâtres sur le dos ; la gorge et les côtés du cou d'un blanc pur.

Cette espèce qui habite ordinairement les hautes montagnes ne se trouve que bien rarement en Normandie.

Ces trois espèces sont bien distinctes des suivantes, qui se confondent aisément.

Quatrième espèce.

La Drenne. (*T. Viscivorus*), *Grive de pommier.*

Descript. Espace *gris-blanc*, entre l'œil et le bec ; parties supérieures *brun-cendré*; les inférieures *blanchâtres*, nuancées de *jaune roussâtre*; parties antérieures du cou et de la gorge *blanc-sale*, émaillées de larges taches *brunes, triangulaires, ovales* sur les autres parties. Dessous des ailes *blanc*; *les trois rectrices* extérieures terminées de gris-blanc.

La femelle et les jeunes ont plus de roussâtre ; niche dans le fourchet des pommiers; pond quatre ou cinq œufs d'un vert blanchâtre, tachetés de violet, pointillés de roux.

J'ai remarqué qu'on trouve toujours un nid de pinçon près du lieu où la grive, ou drenne a fait le sien.

Cinquième espèce.

La Litorne. (*T. Pilaris.*) *La Claque.*

Descript. — Espace *noir* entre l'œil et le bec ; un *trait blanc au-dessus des yeux*; tête, nuque et parties inférieures du dos cendrées ; parties supérieures du dos et couvertures des ailes *châtain*. Gorge et poitrine d'un roux clair, avec des taches noires, lancéolées. Plumes des flancs tachées de noir, liserées de blanc, ventre d'un *blanc pur*; queue noire, *une* rectrice *extérieure* terminée de gris foncé.

Les femelles ont le cendré de la tête plus brun, la gorge blanchâtre.

De passage vers l'automne et pendant l'hiver ; se réunit

par troupes; habite ordinairement les grandes forêts vers le Nord, où elle niche.

Sixième espèce.

LA GRIVE. *(T. Musicus.)* Grèv.

DESCRIPT. — Taille moins forte que dans l'espèce précédente; *espace* entre l'œil et le bec *jaunâtre*; parties supérieures *brunes*, nuancées d'olivâtre, les couvertures des ailes, surtout le dessous, bordées de jaune *roussâtre*; gorge blanche, avec ou *sans taches*; côtés du cou et poitrine d'un *jaune roussâtre*, tachetés triangulairement de brun; ventre et flancs d'un blanc pur, avec des taches ovoïdes brunes; queue gris-roux en dessus, cendrée en dessous.

Les femelles ont le jaunâtre de la poitrine plus clair, et le roux des ailes moins prononcé.

Niche dans les pommiers; pond quatre ou six œufs bleu-verdâtre, tachetés de brun ou violet.

Septième espèce.

LE MAUVIS. *(T. Iliacus.)*

DESCRIPT. — Espace entre l'œil et le bec *noir-jaunâtre*; une *large bande blanchâtre* au-dessus des yeux; parties supérieures d'un *brun-olive*; couvertures inférieures des ailes et des flancs *roux vif*; côtés du cou, du ventre et de la poitrine *tachetés longitudinalement* de noirâtre; ventre d'un blanc pur.

Les femelles ont les teintes plus claires. Niche dans les buissons; pond cinq ou six œufs d'un bleu verdâtre, tachetés de noirâtre.

Observation. Jusqu'à l'âge parfait les quatre espèces précédentes varient extrêmement de plumage, et leur exacte détermination n'est pas toujours aisée.

Dans cette coupe des passereaux se trouve le merle plongeur, ou d'eau *(Cinclus aquaticus)* qui, sans être plongeur, entre dans l'eau, se promène au fond, et cherche les insectes aquatiques dans le sable; se trouve en France, mais n'a jamais, je pense, été trouvé en Normandie.

CINQUIÈME GENRE.

Le Loriot. *(Oriolus.)*

A la suite du genre merle vient le genre loriot, qui ne diffère du précédent que parce que les tarses *sont plus courts.*

Espèce.

Le Loriot. *(O. Galbula.) Tritérot.*

Descript. Bec et iris ainsi que les pieds *rougeâtres*; *tout le corps* d'un beau *jaune*; une *tache noire* du bec à l'œil, ailes *noires* avec une tache jaune sur le milieu; rectrices noires aux *deux tiers*, jaunes à la fin.

Les femelles et les jeunes ont les parties supérieures d'un vert olivâtre, *gris-blanc*, rayées de brun en dessous; ailes brunes, rectrices olivâtres, terminées de jaune.

Arrive dans notre pays vers le mois d'avril, et émigre vers le mois de septembre.

Le Loriot suspend, dit-on, son nid à trois cordons de laine, ce qui le rend semblable à un encensoir. J'en ai vu beaucoup, mais aucun n'avait cette forme. Tous étaient, il est vrai, *sans appui* en dessous, mais les bords étaient seulement très-adroitement entrelacés autour des branches qui le soutenaient, de sorte qu'il était suspendu par les bords; mais il n'y avait aucune ressemblance avec un encensoir. En coupant la principale branche et élaguant les petites qui le supportaient, le nid aurait plutôt la forme d'une casserolle.

Les œufs, au nombre de quatre ou cinq sont d'un blanc pur, parfois tachetés de brun ou de noir. Le nom vulgaire, *tritérot*, indique le chant de cet oiseau, qui habite nos forêts; comme il se tient toujours à la cime des arbres, on le tue difficilement; il est friand de cerises et se nourrit d'insectes.

SIXIÈME GENRE.

LE TRAQUET. *(Saxicola.)*

CARACTÈRE DU G. — Taille faible; une *arête saillante* sur toute la longueur de la mandibule supérieure; *bec plus large qu'élevé* à la base; mandibules *subulées* (en forme d'alêne) à la pointe, garnies de quelques poils à leur base; doigt externe soudé par la première phalange à l'intermédiaire; troisième et quatrième rémiges plus longues; les espèces de ce genre sont insectivores.

Première espèce.

LE TRAQUET. *(S. Rubicula.) Le Maréchal.*

DESCRIPT. — Bec, iris, tête, gorge, nuque et dos, ainsi que la queue, d'un beau noir; côtés du cou, haut des ailes et croupion blancs; poitrine d'un roux foncé; longueur quatre pouces huit lignes.

Toutes les couleurs sont moins vives dans les femelles et les jeunes.

Habite constamment dans nos bruyères; se perche toujours sur les sommités des buissons; niche dans les fentes des rochers, entre les racines des buissons; pond six œufs d'un vert blanchâtre tachetés de roux jaunâtre.

Deuxième espèce.

LE TARIER. *(S. Rubetra.)*

DESCRIPT : Haut de la tête, côtés du cou et parties supérieures d'un *brun noirâtre*; toutes les plumes sont bordées de jaune roussâtre; un trait blanc au-dessus des yeux; du bec aux yeux, une *large tache noire* forme

ies côtés du cou; au-dessous, une bande longitudinale blanche; gorge, poitrine d'un *beau roux clair*; ventre gris-blanc; tache blanche sur les ailes et la queue; extrémités des rectrices noires; longueur quatre pouces.

Dans les femelles le blanc est remplacé par du jaunâtre; l'espace blanc sur les ailes est moindre, toutes les plumes sont tachetées de brun, le roux est moins pur; les jeunes ont des taches blanches et grises sur toutes les parties.

Cette espèce arrive au printemps et émigre à l'automne. Elle niche dans les herbes et les buissons; pond sept œufs verdâtres.

Troisième espèce.

Le Motteux, (*S. OEnanthe.*) *Cul-Blanc, Ortolan du pays.*

Descript. — Parties supérieures *gris-cendré*; un trait blanc du bec à l'œil; gorge et poitrine *blanc-roussâtre*; *croupion blanc*; ventre blanc; ailes noires, rectrices *mitoyennes noires*; les latérales *blanches* aux deux tiers, noires à l'extrémité; longueur six pouces.

Les femelles ont le front roussâtre-gris, les parties supérieures d'un brun cendré, les ailes d'un brun noirâtre, bordées de brun clair, moins de blanc à l'origine de la queue; les jeunes sont variés de roussâtre, de cendré et de brun; la gorge et la poitrine pointillées de roux; rémiges et rectrices terminées de roux.

Arrive également au printemps et émigre en automne; fréquente les plaines, se perche habituellement sur les mottes de terre; niche dans les trous, les fentes des rochers; pond six œufs très-obtus au gros bout, de couleur verdâtre. Les qualités de la chair, dont la graisse est extrêmement blanche, ont fait surnommer cet oiseau l'ortolan du pays.

SEPTIÈME GENRE.

LA FAUVETTE. (*Sylvia.*)

CARACT. DU G. — *Point de poils* à la base du bec; *point d'arête*; bec plus *élevé que large* à la base; narines à moitié fermées par une membrane; doigt externe soudé à l'intermédiaire par la première phalange; deuxième et troisième rémiges plus longues. Toutes les espèces de ce genre se nourrissent de chenilles, d'insectes et de graines.

Ce genre renferme vingt-trois espèces dont la détermination n'est pas toujours très-aisée.

« Le triste hiver, saison de mort, est le temps du sommeil, ou plutôt de la torpeur de la nature; les insectes sans vie, les reptiles sans mouvement, les végétaux sans verdure et sans accroissement, tous les habitans de l'air détruits ou relégués, ceux des eaux renfermés dans des prisons de glace, et la plupart des animaux terrestres confinés dans les cavernes, les antres et les terriers; tout nous présente les images de la langueur et de la dépopulation; mais le retour des oiseaux au printemps est le premier signal et la douce annonce du réveil de la nature vivante; et les feuillages renaissants et les bocages revêtus de leur nouvelle parure, sembleraient moins frais et moins touchans sans les nouveaux hôtes qui viennent les animer et y chanter l'amour.

» De ces hôtes des bois, les fauvettes sont les plus nombreuses comme les plus aimables : vives, agiles, légères et sans cesse remuées, tous leurs mouvemens ont l'air du sentiment, tous leurs accens, le ton de la joie et tous leurs jeux l'intérêt de l'amour. Ces jolis oiseaux arrivent au moment où les arbres développent leurs feuilles et commencent à laisser épanouir leurs fleurs; ils se dispersent dans toute l'étendue de nos campagnes : les uns viennent habiter nos jardins, d'autres préfèrent les avenues et les bosquets; plusieurs espèces s'enfoncent dans les grands bois, et quelques-unes se cachent au milieu des roseaux : ainsi les fauvettes remplissent tous les lieux de la terre, et les animent par les mouvemens et les accens de leur tendre gaîté.

« A ce mérite des grâces naturelles, nous voudrions réunir celui de la beauté; mais en leur donnant tant de qualités aimables, la nature semble avoir oublié de parer leur plumage : il est obscur et terne; excepté deux ou trois espèces qui sont légèrement tachetées, toutes les autres n'ont que des teintes, plus ou moins sombres, de blanchâtre, de gris et de roussâtre. » (*Buffon*).

Nous partagerons ce genre en trois sections ou paragraphes.

§. 1er.

Première espèce.

Le Rossignol. (*S. Luscinia.*)

Descript. —Parties supérieures brun-roux; les inférieures blanchâtres; poitrine et flancs cendrés; le mâle et la femelle ; longueur six pouces.

Arrive au printemps, émigre en Égypte vers la fin de l'automne; niche dans les broussailles, pond quatre ou six œufs d'un vert olivâtre.

Dans la partie orientale de l'Europe se trouve le *S. Philomela*, espèce un peu plus forte que la nôtre.

Je regrette de ne pouvoir citer en entier le beau morceau de Buffon sur le rossignol, morceau qu'on ne peut se lasser de lire.

« Ce coryphée du printemps se prépare-t-il à chanter l'hymne de la nature, il commence par un prélude timide, par des tons faibles; presqu'indécis, comme s'il voulait essayer son instrument et intéresser ceux qui l'écoutent; mais ensuite, prenant de l'assurance, il s'anime par degrés, il s'échauffe, et bientôt il déploie dans leur plénitude toutes les ressources de son incomparable organe. Coups de gosier éclatans, batteries vives et légères ; fusées de chant, où la netteté est égale à la volubilité ; murmure inférieur et sourd, qui n'est point appréciable à l'oreille, mais très-propre à augmenter l'éclat des tons appréciables; roulades précipitées, brillantes et rapides, articulées avec force, et même avec une dureté de bon goût; accens plaintifs, cadencés avec mollesse; sons filés sans art, mais enflés avec âme, sons enchanteurs et pénétrans; vrais soupirs d'amour et de volupté, qui semblent sortir du cœur et font palpiter tous les cœurs, qui causent à tout ce qui est sensible une émotion si douce, une langueur si touchante. C'est dans ces tons passionnés que l'on reconnaît le langage du sentiment qu'un époux heureux adresse à une compagne chérie, et qu'elle seule peut lui inspirer ; tandis que dans d'autres phrases, plus étonnantes peut-être, mais moins expressives, on reconnaît le simple projet de l'amuser et de lui plaire, ou bien de disputer devant elle le prix du chant à des rivaux jaloux de sa gloire et de son bonheur »

Deuxième espèce.

LE ROSSIGNOL DE MURAILLE. (*S. Phœnicurus*), *Pétro.*

DESCRIPT. — Bandeau *d'un blanc pur* sur le front et les sourcils; base du bec, tour des yeux, gorge et parties latérales du cou *noirs*; tête, haut du dos *cendré-bleuâtre*, poitrine, flancs, croupion et rectrices latérales d'un beau roux; rectrices mitoyennes; brunes; deuxième rémige la plus longue; longueur cinq pouces trois lignes.

Les femelles, très-vieilles, ont la gorge noirâtre ; ordinairement blanchâtre ; parties supérieures gris-roussâtre ; les ailes jaune-roussâtre, ainsi que la poitrine et les flancs; les rectrices roux-pâle.

Les jeunes ressemblent à la femelle et ont l'extrémité des plumes bordée de brun.

Arrive au printemps et émigre à l'automne; niche dans les trous de muraille ; pond cinq œufs bleus; habite de préférence auprès des maisons.

Troisième espèce.

Le Rouge-Gorge. (*S. Rubecula.*)

Descript. — Iris d'un beau noir, front, espace entre l'œil et le bec; parties antérieures du cou et poitrine *roux-vif*; bordé de roux cendré; sommet de la tête et parties supérieures *gris-brun olivâtre* ; flancs cendré-olivâtre, ventre d'un blanc pur.

Les femelles et les jeunes ont les parties supérieures brun-cendré; le roux plus terne; les tout jeunes ont des raies et des taches triangulaires roux-sale à l'extrémité de chaque plume; celles de la gorge rayées de brun olivâtre

Habite constamment notre pays, et fréquente les habitations dans lesquelles il entre dans le temps de neige; niche dans les trous de murailles, de fossés; pond de quatre à sept œufs blanc-jaunâtre, ondés de raies brunes.

Quatrième espèce.

Le Rouge-Queue. (*S. Erithacus.*)

Descript. — Espace entre le bec et l'œil, joue, gorge et poitrine d'un noir vif; *point de bandeau blanc* sur le front; parties supérieures cendré-bleuâtre, ainsi que sur les flancs et le ventre; couvertures inférieures de la queue, croupion et rectrices roux ardent; *grandes couvertures* des ailes bordées *de blanc* pur:

Les femelles ont les couleurs plus ternes, couverture des ailes noirâtre bordée de gris, ainsi que les jeunes.

Niche dans le Nord, dans les fentes des rochers, ou les masures; pond six œufs d'un blanc pur; très-rare en Normandie, où il n'est que de passage.

Cinquième espèce.

LA GORGE-BLEUE. (*S. Suecica.*)

DESCRIPT. — Gorge et devant du cou d'un *bleu d'azur*; au centre, un espace *blanc pur*; au-dessus du bleu *une zone* noire, une blanche et une rousse; parties supérieures cendré-brun; moitié de la queue rousse; l'extrémité noire, ventre blanc: dans un âge plus avancé, une raie blanche au-dessus des yeux, et une noire; point de blanc à la gorge.

Les femelles diffèrent par une raie longitudinale noirâtre de chaque côté du cou; poitrine noirâtre-cendré; *tache blanche* sur le cou; parfois gorge bleu-clair.

Habite le nord; niche dans les buissons et les trous d'arbres; pond six œufs bleu-verdâtre; extrêmement rare en Normandie où elle n'est que de passage.

§ IIe.

ESPÈCES A QUEUE ARRONDIE.

Sixième espèce.

LA ROUSSEROLLE. (*S. Turdoïdes*), *Rossignol de rivière.*

DESCRIPT. — Taille *moindre que celle du mauvis*; bec *jaune* à la racine, *brun* vers la pointe; iris brun entouré d'un *cercle aurore*; trait blanc-jaunâtre au-dessus des yeux; parties supérieures et queue brun-roussâtre; gorge et parties inférieures blanchâtres; *queue arrondie*; longueur huit pouces.

Les femelles et les jeunes offrent peu de différences. Arrive au printemps, repart à l'automne; habite les bords des rivières, étangs, niche dans les roseaux, pond cinq œufs obtus, tachetés de cendré-noirâtre.

PREMIÈRE FAMILLE. LES DENTIROSTRES.

Septième espèce.

La Petite Rousserolle. (*S. Arundinacea.*) *Effarvatte.*

Descript. — Taille *deux tiers moindre* que l'espèce précédente ; queue *longue, arrondie;* trait blanc-jaunâtre du bec au-dessus des yeux ; parties supérieures brun-roussâtre ; ailes brunes, bordées de brun olivâtre ; gorge d'un blanc pur ; parties inférieures jaune-roussâtre.

Les femelles et les jeunes varient peu.

Mœurs de l'espèce précédente ; pond quatre ou cinq œufs d'un blanc verdâtre.

Huitième espèce.

La Fauvette de Roseaux. (*S. Salicaria*).

Descript. — Queue *fortement* arrondie ; trait blanc-jaunâtre au-dessus des yeux, et *un plus large* de même couleur du bec au *milieu du crâne* ; l'espace entre ces trois bandes *brun-noir* ; nuque et parties supérieures gris-roussâtre, avec des *taches* longitudinales noirâtres sur les scapulaires et le haut du dos ; croupion couleur roussâtre pâle, et une tache noirâtre le long des tiges des plumes ; rectrices *acuminées* (aiguës) brun foncé, *bordées de gris* ; les extérieures grisâtres *bordées de blanc.*

Rare en Normandie, où elle n'est, je pense, que de passage.

On trouve quelquefois deux variétés, le sylvia nœvia, et le sylvia schœnobanus, ou fauvette tachetée.

Neuvième espèce.

Fauvette Locustelle. (*S. Locustela.*)

Descript. — *Point de trait* blanc à l'œil ; queue *très-fortement arrondie* ; parties supérieures olivâtres, nuancées de brun sur le milieu des plumes; gorge, poitrine et ventre blanc-jaunâtre; couvertures inférieures de la queue jaune-roussâtre, avec des taches brunes le long de la tige; toutes les rectrices brun-foncé *unicolores.*

Les femelles ont les teintes moins vives. Mœurs des précédentes.

§. IIIe.

ESPÈCES A QUEUE ÉGALE.

Dixième espèce.

LA FAUVETTE A TÊTE NOIRE. (*S. Atricapilla.*

DESCRIPT. — Bec et pieds *noirs*; *sommet* de la tête *noir* ainsi que le front; espace entre l'œil et le bec *gris-cendré*; parties supérieures et rectrices cendré-olivâtre, ainsi que la queue; ventre et gorge cendré-blanchâtre.

Les femelles ont le sommet de la tête et le front *roux*, et généralement une teinte plus olivâtre.

Cette espèce, une des premières à nous annoncer, par son chant, le retour de la belle saison, est aussi une des première à nous quitter. Elle niche dans les buissons, les haies, les herbes; pond quatre ou six œufs jaune-blanchâtre, tachetés de roux plus ou moins prononcé.

Onzième espèce.

LA FAUVETTE GRISE. (*S. Cinerea.*)

DESCRIPT. — Espace, *entre l'œil et le bec cendré*; tout le reste du corps *gris* avec une forte *teinte de roux* principalement sur le *haut du dos*; poitrine *rose-léger*, gorge, ventre d'un blanc pur; flancs gris-roussâtre; ailes *noirâtres*, couvertures *bordées de roux vif*; rectrices d'un brun foncé; la plus extérieure de chaque côté, et en même-temps *la plus courte*, à *barbes extérieures*, et extrémité *blanche.* Taille cinq pouces.

Les femelles et les jeunes ont plus de roux, sans rose sur la poitrine.

Mœurs des précédentes; niche dans les buissons; pond cinq ou six œufs gris-verdâtre, mouchetés de roux-olive.

Douzième espèce.

La Petite Fauvette. (*S. Hortensis.*)

Descript. — Iris brun; mandibule inférieure *jaunâtre*; *tour de l'œil blanc*; *espace brun-cendré pur* sur la partie latérale du cou; parties supérieures *gris-brun olivâtre*; gorge blanchâtre; poitrine et flancs d'un *gris roussâtre*; ventre blanc; ailes et queue *gris sombre, frangées.*

Les femelles et les jeunes ont les teintes moins prononcées.

Mœurs des précédentes; pond cinq ou six œufs blanchâtres, tachetés de points verdâtres et grisâtres.

Treizième espèce.

La Fauvette babillarde. (*S. Curruca.*)

Descript. — Espace entre le bec et les oreilles *cendré foncé*; tête *cendré pur*; nuque, manteau et croupion *cendré-brun*; poitrine, flancs et ventre *blanc-roussâtre*; ailes *brunes*, bordées de cendré-brun; rectrices *noirâtres*; l'extérieure cendrée et blanche sur la barbe extérieure; une tache blanche sur les deux suivantes.

Les femelles ressemblent aux mâles.

Mœurs des précédentes; pond cinq ou six œufs blanc-verdâtre, tachetés de bleu et de brun.

Je ne pense pas que la véritable fauvette (S. Orphea.) se trouve en Normandie, ni le pitchou.

A la suite des véritables fauvettes, M. Cuvier plaçait les deux espèces suivantes :

Quatorzième espèce.

La Fauvette Traine-Buisson. (*S. Modularis*), Bunette.

Descript. — Sommet de la tête cendré, avec des *taches brunes* ; côtés du cou ; gorge et poitrine *cendré-bleuâtre* ; parties supérieures tachetées de *brun-roux* sur le centre des plumes ; couvertures des ailes noirâtres, bordées de roussâtre, avec une petite tache d'un jaune blanchâtre ; parties latérales gris-roussâtre ; ventre blanc ; queue brune.

Les femelles ont plus de brun sur la tête ; habite constamment notre province ; niche dès le mois d'avril : pond cinq œufs bleu-azur.

Quinzième espèce.

La Fauvette des Alpes. (*S. Accentor.*)

Descript. — Tête et parties supérieures gris cendré, avec des taches larges, brunes ; gorge *blanche, à écailles brunes* ; petites couvertures des ailes terminées par une *tache blanche* ; flancs et ventre roussâtres, mêlés de blanc et de gris ; rémiges et rectrices brun-noirâtre.

Taille plus forte que l'espèce précédente.

Les femelles ont les couleurs moins vives : nichent sur les Alpes ; pondent cinq œufs verdâtres.

Très-rare en Normandie. Depuis seize ans que je m'occupe d'ornithologie, je n'ai pu m'en procurer qu'un individu qui fut tué sur la couverture de la caserne de gendarmerie pendant l'hiver par M. Chuquet, gendarme. Il y avait une demi-douzaine d'accentors qui restèrent pendant environ huit jours ; depuis ce temps il n'en est point revenu.

Seizième espèce.

Le Siffleur. (*S. Sibilatrix.*)

Descript. — Du bec au front, sur les yeux et sur les tempes une large raie *jaune pur* ; sommet de la tête, toutes les parties supérieures d'un *vert clair* ; parties antérieures et poitrine d'un *beau jaune* ; le ventre blanc ; rectrices et rémiges noirâtres, bordées de vert. Emigre.

Habite les bois, niche dans les troncs des vieux arbres : pond six œufs blanc-terne, marqués de rougeâtre.

Dix-septième espèce.

Le Bec-Fin véloce. (*S. Rufa.*)

Descript. — Une ligne *blanc-jaunâtre*, au-dessus des yeux ; parties supérieures *gris-brun*, nuancées d'olivâtre ; côtés de la tête, du cou et insertion des ailes brun-clair ; couvertures intérieures des ailes jaune-clair ; ventre blanc-jaunâtre ; rémiges et rectrices brunes ; les deux rectrices extérieures liserées en dehors de gris-blanc.

Emigre ; habite les bois, forêts ; niche à terre, pond cinq œufs blancs, variés de taches noirâtres surtout vers le gros bout.

Dix-huitième espèce.

Bec-fin a Poitrine jaune. (*S. Hippolaïs.*)

Descript. — Mandibule inférieure *blanche* ; l'espace entre l'œil et le bec *jaune*, ainsi que le tour des yeux ; parties supérieures *cendré-verdâtre* : les inférieures jaune-pâle ; rémiges et rectrices brunes, bordées de gris-verdâtre.

Emigre ; habite les bois ; niche sur les buissons ; pond cinq œufs blanc-rougeâtre, tachetés de rouge.

Dix-neuvième espèce.

Le Grand-Pouillot. (*S. Trochilus major.*) *Chantre.*

N'est, je pense, qu'une variété de l'espèce précédente.
Descript. — Trait blanc sur l'œil; parties supérieures noir-blanchâtre; les inférieures blanc-roussâtre; rémiges et rectrices noirâtres.

Vingtième espèce.

Le Pouillot. (*S. Trochilus.*)

Descript. — Une *raie jaunâtre* de chaque côté de la tête; parties supérieures olivâtres, les inférieures d'un blanc jaunâtre; rémiges et rectrices brun-cendré, bordées d'olivâtre.

Les femelles et les jeunes ont le jaune plus pâle. Arrive dès les premiers jours de printemps; habite les buissons, haies; niche à terre; pond six œufs blancs, tachetés de rouge-pourpre; le nid est entièrement couvert, et n'a qu'une petite ouverture pour l'oiseau.

Vingt-unième espèce.

Le Roitelet. (*S. Regulus.*) *l'Empereur.*

Descript. — *Huppe* du mâle *jaune-orange vif*; parties supérieures olivâtre-jaune. *Bande noire* de chaque côté de la tête, parties inférieures cendré-roux olivâtre.

Les plumes effilées de la huppe des femelles et des jeunes sont d'un jaune pâle, ainsi que les autres teintes.

Ne se trouve que pendant l'hiver en Normandie, où il niche cependant quelquefois: fait un nid sphérique comme l'espèce précédente, mais sur les branches des sapins.

Vingt-deuxième espèce.

LE ROITELET-TRIPLE-BANDEAU. (*S. Ignicapilla.*)

DESCRIPT. — Ressemble beaucoup à l'espèce précédente, dont il diffère *par trois bandes longitudinales*, dont *deux blanches et une noire* sur les joues. Du reste, mœurs semblables.

Vingt-troisième espèce.

LE TROGLODYTE. (*S. Troglodytes.*) *Roitelet, Réblot, Poulette du Bon-Dieu.*

DESCRIPT. — Bec long, effilé, ou subulé, légèrement courbé; queue *ordinairement relevée; légère bande blanche au-dessous* des yeux; parties supérieures brun-terne, rayées transversalement; gorge et poitrine bleuâtres; le reste *brun tacheté* de blanc et de raies transversales noires, rémiges tachetées alternativement de noir et de roussâtre; rectrices ondées transversalement de noir.

Habite constamment notre pays; niche le long des couvertures, dans l'intervalle des soliveaux; fait son nid comme les espèces précédentes, mais en mousse; pond huit œufs d'un blanc terne, pointillés de roux.

HUITIÈME GENRE.

BERGERONNETTE. (*Motacilla.*)

CARACT. DU G. *Scapulaires égalant les rémiges en longueur*; queue *très-longue*; bec *grêle, en forme d'alène, cylindrique et anguleux*, entre les narines qui sont recouvertes par les narines; doigt externe réuni par la base à l'intermédiaire; deuxième rémige la plus longue.

Première espèce.

LA BERGERONNETTE DE PRINTEMPS. (*M. Flava.*)

DESCRIPT. — Bande blanche *du bec aux yeux*; une seconde à la mandibule inférieure *au-dessous des oreilles*; tête et nuque cendré-bleuâtre, quelquefois olive; parties supérieures *vert-olivâtre*; les inférieures d'un beau jaune; rémiges et rectrices du milieu de la queue noirâtres, bordées de blanc jaunâtre; les deux latérales blanches; ongle du pouce très-long et peu arqué.

Les femelles et les jeunes ont les couleurs plus pâles.

Émigre vers le mois de novembre: se nourrit d'insectes ainsi que les espèces suivantes; niche dans les trous de murs, de fossés, dans les champs; pond six œufs arrondis, d'un vert olivâtre; tachetés légèrement de chair.

Deuxième espèce.

LA BERGERONNETTE JAUNE. (*M. Boarula.*) *La Hochequeue.*

DESCRIPT. — Bande blanche *au-dessus des yeux et sur les parties latérales* du cou; parties supérieures cendré; croupion *jaune-olive*; gorge très-noire; ventre *jaune clair*; rémiges et les six rectrices intermédiaires de la queue noires, bordées de blanc et *d'olivâtre*; les deux suivantes blanches sur les barbes intérieures; l'extérieure *entièrement blanche*; la taille de cette espèce est plus forte que la précédente; les rectrices sont beaucoup plus longues.

Après la mue d'automne, *le noir de la gorge disparaît* et cette partie est *d'un blanc roussâtre*; le trait au-dessus des yeux jaunâtre, et le reste des couleurs plus pâle. Les mâles et les femelles diffèrent alors très-peu.

Niche entre des pierres, dans les trous, le long des rivages. Pond six œufs très-pointus, larges vers le gros bout; d'un blanc sale, tachetés de rougeâtre.

Mœurs de l'espèce précédente.

Troisième espèce.

La Bergeronnette grise. (*M. Alba.*) Bacouette.

Descript. — Front, joues, côtés du cou et parties inférieures *d'un blanc pur*; occiput, nuque, poitrine, gorge; rectrices du milieu de la queue et couvertures des rectrices d'un beau noir; dos et flancs cendrés, couvertures des ailes noirâtres, bordées de blanc; les deux rectrices extérieures blanches.

Les femelles ont toutes les couleurs plus ternes; habite constamment notre pays, niche dans les trous de muraille ou de rochers, le long des étangs, des rivages; pond six œufs bleuâtres, blancs, mouchetés de noir.

« L'espèce d'affection que les bergeronnettes marquent pour les troupeaux, leur habitude à les suivre dans la prairie, leur manière de voltiger, de se promener au milieu du bétail paissant, de s'y mêler sans crainte, jusqu'à se poser quelquefois sur le dos des vaches et des moutons, leur air de familiarité avec le berger, qu'elles précèdent, qu'elles accompagnent sans défiance et sans danger, qu'elles avertissent même de l'approche du loup ou de l'oiseau de proie, leur ont fait donner un nom approprié, pour ainsi dire à cette vie pastorale: compagne d'hommes innocents et paisibles, la bergeronnette semble avoir pour notre espèce, ce penchant qui rapprocherait de nous la plupart des animaux s'ils n'étaient repoussés par notre barbarie, et écartés par la crainte de devenir nos victimes. Dans la bergeronnette, l'affection est plus forte que la peur; il n'est point d'oiseau libre dans les champs qui se montre aussi apprivoisé, qui fuie moins, et moins loin, qui soit aussi confiant, qui se laisse approcher de plus près, qui revienne plus tôt à portée des armes du chasseur, qu'elle n'a pas l'air de redouter, puisqu'elle ne sait pas même le fuir.

« La bergeronnette, si volontiers amie de l'homme, ne se plie point à devenir son esclave; elle meurt dans la prison de la cage ; elle aime la société, et craint l'étroite captivité ; mais laissée libre dans un appartement en hiver, elle y vit, donnant la chasse aux mouches et ramassant la mie de pain qu'on lui jette. » *(Buffon.)*

NEUVIÈME GENRE.

LA FARLOUSE. *(Anthus.)*

CARACT. DU G. — Pouce de l'ongle *courbé, et plus long* que les doigts ; deux *tectrices scapulaires aussi longues* que les rémiges ; une arête *seulement à la base* de la mandibule supérieure ; bec droit, grêle, subuliforme ; première phalange du doigt externe soudée à l'intermédiaire ; troisième et quatrième rémiges les plus longues.

Le caractère de *l'ongle recourbé* empêche de confondre ce genre avec celui des alouettes qui l'a *droit.*

Les espèces du genre farlouse, vivent d'insectes et de petites graines.

Première espèce.

LA FARLOUSE PIPI. *(A. Arboreus.)*

DESCRIPT. — *Ongle postérieur très-arqué* et *plus court* que le pouce ; parties supérieures *cendré-olivâtre*, avec des taches longitudinales, noirâtres sur les tiges des plumes ; *double bande transversale* jaunâtre sur les petites et moyennes couvertures des ailes ; gorge d'un blanc pur ; parties inférieures roux-jaunâtre et ventre d'un blanc pur ; poitrine tachetée de *points ronds noirs*.

Habite les lieux montueux ; niche dans les touffes d'herbe. Pond cinq œufs blancs, rougeâtres, tachetés de rouge.

Deuxième espèce.

LA FARLOUSE ROUSSELINE. *(A. Campestris.)*

DESCRIPT. — Ongle postérieur *faiblement arqué, plus court*

que le pouce; *large bande* blanchâtre au-dessus des yeux ; parties supérieures *gris Isabelle*; gorge blanchâtre, et sur chaque côté un petit trait délié; couvertures des ailes et rémiges brunes, bordées de roux; parties inférieures *blanc Isabelle*; rectrices brun-noirâtre, les mitoyennes liserées de roussâtre, les extérieures presque totalement blanches.

Cette espèce n'est, je pense, que de passage en Normandie; elle niche dans les herbes : pond six œufs arrondis, bleuâtre pâle, tachetés et rayés de roux-violet.

Troisième espèce.

Farlouse Spioncelle. (*A. Aquaticus.*)

Descript. — Ongle postérieur *arqué*, *long de quatre lignes*; parties supérieures gris-brun, nuancées plus fortement au centre; couvertures des ailes bordées et terminées de gris-bleu, les inférieures à fond blanc, et taches longitudinales brun-cendré clair; rectrices mitoyennes brun-cendré, les latérales *noires*, l'extérieure blanche avec une tache.

Très-rare dans nos cantons, habite les lisières des bois ; niche à terre, le long des falaises; pond cinq œufs blanc-sale, tiquetés de brun.

Quatrième espèce.

La Farlouse de prés. (*A. Pratensis.*)

Descript. — L'ongle *postérieur* plus long que le pouce, et *faiblement arqué*; parties supérieures *cendré-olivâtre* avec de grandes taches noirâtres sur le centre des plumes, parties inférieures *blanc jaunâtre*, variées de longues et larges taches noires, rectrices noirâtres, l'extérieure bordée de blanc.

Cette espèce se confond aisément avec la farlouse pipi. Niche dans les buissons, le long des marais; pond six œufs rougeâtres, tachetés de pourpre.

DEUXIÈME FAMILLE.

LES FISSIROSTRES.

CARACTÈRES DE LA FAMILLE.

La forme *très-aplatie* du bec, qui *est très-court, sans échancrures, très-dilaté* à la base; le peu de longueur des pattes, plus propres à la station qu'à la marche, caractérisent la deuxième famille des passereaux, ou les FISSIROSTRES (de fissum, fendu et rostrum, bec) qui se partagent en deux genres, dont toutes les espèces se nourrissent d'insectes, qu'elles saisissent en volant.

Analyse des genres.

{ Moustaches et taille faibles, queue fourchue
  [ou carrée. . . HIRONDELLE. 1er Genre.
  ———————— fortes ——— arrondie. . . ENGOULEVENT. 2e Genre.

PREMIER GENRE.

HIRONDELLE. (*Hirundo.*)

CARACT. DU G. — *Point de poils* à la base du bec qui est recouverte par les plumes du front; bec court, *triangulaire*, fendu jusque *sous les yeux*; mandibule supérieure sans échancrure; tarses courts; queue plus ou moins *fourchue*; *première* rémige la plus longue. Toutes les espèces de notre pays ont la queue *fourchue*.

Volent le jour, tandis que l'engoulevent ne vole que le soir.

Première espèce.

LE MARTINET. (*H. Apus.*) *Le Juif.*

DESCRIPT. — *Brun uniforme* sur tout le corps ; queue d'un *blanc cendré*; pieds couverts de plumes brunes ; longueur sept pouces. Ongles *aigus*.

Niche dans les trous des clochers, les fentes des rochers, comme les moineaux ; pond quatre œufs d'un blanc pur.

Le vol du martinet est plus rapide et plus élevé que celui des autres hirondelles : lorsque ces oiseaux sont à terre, ils ont beaucoup de peine à s'élever.

Deuxième espèce.

L'HIRONDELLE DE FENÊTRE. (*H. Urbica.*)

DESCRIPT. — Parties supérieures *noires*, à reflet *violet*, ailes, couvertures des ailes et queue fourchue, *noir mat* ; gorge, ventre et *croupion* d'un *blanc pur* ; tarses et doigts revêtus de quelques plumes.

Construit son nid à l'extérieur des croisées ; pond six œufs de forme arrondie, d'un blanc pur.

Troisième espèce.

L'HIRONDELLE DE CHEMINÉE. (*H. Rustica.*)

DESCRIPT. — Front et gorge d'un *brun marron* ; parties supérieures et une *large bande* sur la poitrine *noires*, à reflets violets ; les inférieures blanc terne ou roussâtres ; les *deux* rectrices extérieures *longues, effilées, entièrement* noires, ainsi que les deux du milieu ; sur chacune des autres *une tache blanche* à l'extrémité.

La femelle a moins de roux sur le front ; la bande noire

sur la poitrine moins large, et les deux rectrices extérieures plus courtes.

Niche ordinairement dans les cheminées; pond six œufs blancs, tachetés de brun violet.

Quatrième espèce.

L'Hirondelle de rivage. (*H. Riparia.*)

Descript. — Toutes les parties supérieures et une *large bande* sur la poitrine *gris-brun*, ailes *noirâtres* ; parties inférieures d'un blanc pur ; tarses et doigts *presque nus*.

Niche le long des rivages de la mer, pond cinq ou six œufs oblongs, d'un blanc pur. Le nid de cette espèce n'est qu'un amas de brins de paille et d'herbes sèches dans les trous ou crevasses des rochers.

Nous rapporterons ici les beaux vers de Racine sur l'industrie des hirondelles :

> O toi qui follement fais ton Dieu du hasard,
> Viens me développer ce nid qu'avec tant d'art,
> Au même ordre toujours, architecte fidèle,
> A l'aide de son bec maçonne l'hirondelle !
> Comment, pour élever ce hardi bâtiment,
> A-t-elle, en le broyant arrondi son ciment?
> Et pourquoi ces oiseaux si remplis de prudence
> Ont-ils de leurs enfants su prévoir la naissance?
> Que de berceaux pour eux aux arbres suspendus !
> Sur le plus doux coton que de lits étendus !
> Le père vole au loin cherchant dans la campagne
> Des vivres qu'il rapporte à sa tendre compagne ;
> Et la tranquille mère, attendant son secours,
> Echauffe dans son sein le fruit de leurs amours.
> Des ennemis souvent ils repoussent la rage
> Et dans de faibles corps s'allume un grand courage.
> Si chèrement aimés, leurs nourrissons un jour
> Aux fils qui naîtront d'eux rendront le même amour.
> Quand des nouveaux zéphirs l'haleine fortunée
> Allumera pour eux le flambeau d'hyménée,

DEUXIÈME FAMILLE. LES FISSIROSTRES.

Fidèlement unis par leurs tendres liens,
Ils rempliront les airs de nouveaux citoyens.
Innombrable famille, où bientôt tant de frères
Ne reconnaîtront plus leurs aïeux ni leurs pères.
Ceux qui, de nos hivers redoutant le courroux,
Vont se réfugier dans des climats plus doux,
Ne laisseront jamais la saison rigoureuse
Surprendre parmi nous leur troupe paresseuse.
Dans un sage conseil, par les chefs assemblé,
Du départ général le grand jour est réglé ;
Il arrive : tout part ; le plus jeune peut-être
Demande en regardant les lieux qui l'ont vu naître
Quand viendra ce printemps par qui tant d'exilés
Dans les champs paternels se verront rappelés ?

La migration, ou départ des hirondelles pour des climats plus doux est bien connue ; vers l'équinoxe d'automne les hirondelles, réunies en troupes, vont dans les contrées équatoriales, sur les rives du Sénégal ; surprises par des vents contraires, ou épuisées de fatigue, elles s'arrêtent sur les vaisseaux dont elles garnissent les mâts et les cordages.

On a prétendu que quelques hirondelles passent l'hiver dans la vase, au fond des marais ; cette erreur n'est plus accréditée ; il serait moins invraisemblable que les hirondelles de rivage hibernassent dans le creux des rochers, ainsi que le hérisson, le loir, etc. Cependant on n'a pu s'en assurer d'une manière positive.

On trouve, dans la berge, ou l'estomac des hirondelles une agathe lenticulaire, vulgairement nommée *pierre d'hirondelle*, à laquelle on attribuait des propriétés admirables pour la guérison des yeux, mais qui maintenant a perdu toutes ses propriétés !....

« On a encore prétendu que lorsque leurs petits avaient les yeux crevés, même arrachés, elles les guérissaient et leur rendaient la vue avec une certaine herbe nommée *chélidoine*, c'est-à-dire herbe aux hirondelles ; mais les expériences de Redi, et de Lahire nous apprennent qu'il n'est besoin d'aucune herbe pour cela, et que lorsque les yeux d'un jeune oiseau sont, je ne dis pas arrachés tout-à-fait, mais seulement crevés ou même flétris, ils se rétablissent très-promptement et sans aucun remède.

« L'hirondelle sent que l'air est son domaine : elle en parcourt toutes les dimensions, et dans tous les sens, comme pour en jouir dans tous les détails, et le plaisir de cette jouissance se marque par de petits cris de gaîté. Tantôt elle donne la chasse aux insectes voltigeans, et suit, avec une agilité souple, leur trace oblique et tortueuse, ou bien quitte l'un pour courir à l'autre, et happe en passant un troisième ; tantôt elle rase légèrement la surface de la terre et des eaux pour saisir ceux que la pluie et la fraîcheur y rassemblent ; tantôt elle échappe elle-même à l'impétuosité de l'oiseau de proie par l'inflexibilité preste de ses mouvemens, toujours maîtresse de son vol dans sa plus grande vitesse, elle en change à chaque instant la direction ; elle semble décrire au milieu des airs un dédale mobile et fugitif dont les routes se croisent, s'entrelacent, se fuient, se rapprochent, se heurtent, se roulent, montent, descendent, se perdent et reparaissent pour se croiser, se rebrouiller encore en mille manières, et dont le plan, trop compliqué pour être représenté aux yeux par l'art du dessin, peut à peine être indiqué à l'imagination par le pinceau de la parole. »

(Buffon.)

DEUXIÈME GENRE.

L'ENGOULEVENT. *(Caprimulgus.)*

CARACT. DU G. — *base* du bec garnie de soies *roides et dirigées en avant*; bec court, aplati, flexible; angle du bec s'étendant *bien en arrière* des yeux, et occasionant une très-grande dilatation; extrémité de la mandibule supérieure légèrement échancrée et crochue; tarses courts; pouce grêle, pouvant *se porter en avant*; deuxième rémige la plus longue.

Espèce.

L'Engoulevent. (*C. Europæus.*) *Frésaye, Crapaud-Volant, Tête-Chèvre.*

Descript. — Mêmes caractères du genre, et de plus, plumes longues, soyeuses; la couleur de toutes les parties du corps variée de lignes en zig-zags, alternativement noir-roussâtre et blanchâtre; joues et gorge rayées de lignes plus étroites, roussâtres; une bande blanche depuis le bec jusque derrière la tête; rémiges brun-noirâtre, variées de taches roussâtres; au côté intérieur des trois premières une tache blanche; rectrices extérieures terminées de blanc; les intermédiaires rayées transversalement de bandes noirâtres, longueur dix pouces et demi.

Cette espèce ne vole que vers le soir, et se nourrit d'insectes; elle émigre comme les hirondelles; elle niche dans les bruyères, au pied ou dans les trous des arbres; pond deux œufs oblongs, à fond blanc, marbrés de taches brunes foncées.

« L'engoulevent se nourrit d'insectes comme l'hirondelle, et surtout d'insectes de nuit : car il ne prend son essor et ne commence sa chasse que lorsque le soleil est peu élevé sur l'horizon, ou s'il la commence au milieu du jour, c'est lorsque le temps est nébuleux: dans une belle journée, il ne part que lorsqu'il y est forcé; et, dans ce cas, son vol est bas et peu soutenu. Il a les yeux si sensibles, que le grand jour l'éblouit plus qu'il ne l'éclaire, et qu'il ne peut bien voir qu'avec une lumière affaiblie, mais encore lui en faut-il un peu, et l'on se tromperait fort si l'on se persuadait qu'il voit et qu'il vole lorsque l'obscurité est totale : il est dans le cas des autres oiseaux nocturnes; tous sont, au fond, des oiseaux de crépuscule plutôt que des oiseaux de nuit. »   (*Buffon.*)

N°. 12. — ANALYSE DES GENRES DE LA TROISIÈME FAMILLE, OU LES CONIROSTRES.

1. { Ongle du pouce *droit*, plus long que ceux des doigts antérieurs. . . . . ALOUETTE. 1er. Genre.
   { ———— différant peu des autres. 2

2. { Un tubercule osseux dans l'intérieur de la mandibule supérieure. . . . . BRUANT. . 3e. Genre.
   { Point de tubercule. 3

3. { Bec réellement conique. 4
   { ———— plus ou moins aplati, ou prismatique. 7

4. { Bec subulé, ou en alène, ongle du pouce *courbé*, *plus long* que les autres. . . . MÉSANGE. 2e. Genre.
   { ———— plus ou moins gros, ———— ordinaire. 5

5. { Bec arrondi, bombé, court, plus ou moins courbé à la pointe . . . . GROS-BEC. 4e. Genre.
   { ———— plus ou moins aigu, allongé. 6

6. { Narines recouvertes de plumes sétacées, ou poils; taille forte, doigts libres . . . CORBEAU. 7e. Genre.
   { ———— sans poils. ———— faible, ———— externe soudé à la base. 7

7. { Bec entièrement prismatique. . . . . STELLE. 6e. Genre.
   { ———— déprimé vers la pointe. . . . . ÉTOURNEAU. 5e. Genre.

CHAPITRE XXIII.

DEUXIÈME FAMILLE.
LES CONIROSTRES.

CARACTÈRES DE LA FAMILLE.

Bec *plus ou moins conique*, sans *échancrure* (*caractère bien positif*) à la mandibule supérieure; tarses ordinairement proportionnés à la taille; doigts libres, ou au plus soudés par la base de l'externe à l'intermédiaire; tels sont les principaux caractères qui différencient des autres familles des passereaux celle des conirostres (*conus* cône, et *rostrum* bec.)

Cette famille se partage en sept genres principaux pour la Normandie, caractérisés comme l'indique le tableau ci-joint,

PREMIER GENRE.
ALOUETTE. (*Alauda.*)

CARACT. DU G. — Ongle du pouce *droit* plus long que celui des doigts antérieurs; bec conique, court, assez droit; mandibule supérieure *voûtée*, ne *dépassant point* l'inférieure; narines *couvertes* par de petites plumes *dirigées* en avant; doigts entièrement divisés; *troisième* rémige la plus longue. Toutes les espèces de ce genre vivent d'insectes et de petites graines.

Première espèce.

ALOUETTE DES CHAMPS. (*A. Arvensis.*)

DESCRIPT. — Plumes de la tête *courtes, ne formant point huppe*; une bande blanchâtre au-dessus des yeux; parties supérieures *gris-roussâtre*; taches noirâtres *sur le milieu* des plumes et plus prononcées sur la tête et le haut du dos; joues *brun-gris*; gorge blanche; cou, poitrine et flancs *roussâtres*, avec des taches brunes, lancéolées; ventre blanc, légèrement roussâtre; rémiges secondaires échancrées et terminées de blanc; rectrices brun-noirâtre; la barbe extérieure de l'avant-dernière blanche; sur la dernière, une tache blanche conique. Taille six pouces dix lig.

Varie du blanc-jaunâtre au blanc pur. Habite constamment notre pays; niche à terre; pond cinq œufs grisâtres, tachés de brun.

« L'alouette chante dès les premiers jours du printemps; elle continue pendant toute la belle saison: le matin et le soir sont les temps de la journée où elle se fait le plus entendre, et le milieu du jour celui où on l'entend le moins. Elle est du petit nombre des oiseaux qui chantent en volant. Plus elle s'élève, plus elle force la voix; et souvent elle la force à un tel point que, quoiqu'elle se soutienne au haut des airs, et à perte de vue, on l'entend encore assez distinctement.... L'alouette chante rarement à terre, où néanmoins elle se tient toujours, lorsqu'elle ne vole point, car elle ne se perche jamais sur les arbres. » (*Buffon*)

Deuxième espèce.

L'ALOUETTE LULU (*A. Arborea.*) *Le Cujélier.*

DESCRIPT. — Bande blanchâtre au-dessus des yeux et entourant le derrière de la tête; *plumes* de la tête *plus longues* que dans l'espèce précédente; mais *moins* que dans l'espèce suivante, et formant une *courte huppe*;

parties supérieures *cendré-roussâtre*, *brun-noirâtre*, au milieu. Tache *triangulaire blanchâtre* sur les joues; gorge et poitrine blanc-jaunâtre, avec des taches longitudinales; parties inférieures blanc-jaunâtre; rémiges *terminées de blanc*, les secondaires échancrées; rectrices intermédiaires noires, terminées de blanc pur, les extérieures grisâtres bordées, de blanc. Taille six pouces.

Les femelles ont le trait des yeux plus marqué, la poitrine plus tachetée, et le blanc des parties inférieures plus pur.

Perche rarement. Habite constamment notre pays. Je la crois plus rare que l'espèce précédente; niche sous les mottes, dans les bruyères et les taillis; pond cinq œufs gris, tachés de brun.

Troisième espèce.

L'ALOUETTE HUPPÉE. (*A. Cristata.*) *Le Cochevis.*

DESCRIPT : — *Petite huppe* sur la tête, formée de plumes longues, effilées, que l'animal relève à volonté; parties supérieures et ailes *cendré-gris*, rayées de taches brunes, longitudinales; parties inférieures *blanc-jaunâtre*; rémiges bordées *de roussâtre et de blanchâtre*; rectrices moyennes roussâtres; les extérieures brun-noirâtre, terminées par un bord blanchâtre. Taille six pouces et demi.

Niche à terre, au pied des mottes ou des buissons; pond cinq œufs cendré clair, tachetés de brun foncé.

J'ai remarqué que cette espèce est très-rare dans l'arrondissement de Bayeux, tandis qu'elle est très-commune dans celui de Caen, qui est limitrophe; au-dessus de la vallée de Vieux-Pont, à une lieue de Bayeux, on trouve très-communément le cochevis; de Bayeux à Vieux-Pont on n'en voit point. Dans les plaines de Crépon on en trouve quelquefois; mais il parait que cette espèce y est rare; dans les environs de Creully, et jusqu'à Caen, elle y est aussi commune que l'alouette des champs.

Quatrième espèce.

LA CALANDRE. (*A. Calandra.*)

DESCRIPT. — *Point de huppe*; une grande *tache noire* de chaque côté du cou; parties supérieures d'un *cendré roussâtre*; milieu des plumes brun; poitrine et flancs ocre pâle, à taches lancéolées brunes; gorge et ventre d'un blanc pur; rémiges bordées de blanc; rectrices moyennes terminées par un espace blanc; les avant-dernières bordées de blanc, les plus extérieures *presqu'entièrement* blanches.

Les femelles ont la tache du cou moins noire; toutes les autres taches plus pâles; les jeunes ont toutes les plumes supérieures *cendré-brun*, liserées de noirâtre, et frangées de blanchâtre. Les rectrices extérieures *entièrement* blanches.

Niche dans les herbes, pond quatre œufs pourpré clair, tachetés de cendré et tiquetés de brun.

Cinquième espèce.

LA CALANDRELLE. (*A. Brachydactyla.*)

Cette espèce se distingue facilement des précédentes par ses doigts *très-courts*, son bec court, fort, rougeâtre, le beau roux Isabelle des parties supérieures. Je doute qu'elle se trouve en Normandie, quoiqu'un chasseur m'ait assuré l'avoir tuée.

DEUXIÈME GENRE.

LA MÉSANGE. (*Parus.*) *Mésette.*

CARACT. DU G. — L'ongle du pouce *courbé et plus long que celui* des autres doigts; bec *subulé*, ou en *alène*, comprimé, court, droit, *garni de poils* à sa base; narines cachées par de petites plumes dirigées en avant; doigts libres, quatrième *et cinquième* rémiges les plus longues.

Toutes les espèces de ce genre se nourrissent de chenilles sans poils, d'insectes, de menues graines, de semences de pins, et des jeunes bourgeons des arbres qu'elles ravagent.

« Tous ces oiseaux sont faibles en apparence parce qu'ils sont très-petits, mais ils sont en même temps vifs, agissans et courageux : on les voit sans cesse en mouvement ; sans cesse ils voltigent d'arbre en arbre ; ils sautent de branche en branche ; ils grimpent sur l'écorce ; ils gravissent contre les murailles ; ils s'accrochent, se suspendent de toutes les manières, souvent même la tête en bas, afin de pouvoir fouiller dans toutes les petites fentes et y chercher les vers, les insectes ou leurs œufs ; ils vivent aussi de graines, mais au lieu de les casser dans leur bec, comme font les linottes et les chardonnerets, presque toutes les mésanges les tiennent assujetties sous leurs petites serres, et les percent à coup de bec. Elles percent de même les noisettes, les amandes ; si on leur suspend une noix au bout d'un fil, elles s'accrocheront à cette noix et en suivront toutes les oscillations ou balancemens, sans lâcher prise, sans cesser de la becqueter..... Enfin, elles cherchent dans la campagne de petits oiseaux morts ; et si elles en trouvent de vivans, affaiblis par la maladie, embarassés dans des piéges ; en un mot, sur qui elles aient de l'avantage, fussent-ils de leur espèce, elles leur percent le crâne, et se nourrissent de leur cervelle ; et cette cruauté n'est pas toujours justifiée par le besoin, puisqu'elles se la permettent lors même qu'elle leur est inutile : par exemple, dans une volière où elles ont en abondance la nourriture qui leur convient. » (*Buffon.*)

Première espèce.

La Mésange Charbonnière. (*P. Major.*)

Descript. — Têtes, gorge et poitrine noirs, manteau vert-olivâtre ; croupion et petites couvertures des ailes cendré : tempes d'un *blanc pur* ; flancs et ventre jaunes, avec *une raie noire* sur les parties qui recouvrent le sternum. Rémiges bordées de cendré : une bande transversale blanche sur les ailes, rectrices cendré-noirâtre ; la penne extérieure mi-partie blanche, la deuxième terminée de blanc. Taille cinq pouces et demi.

Les femelles et les jeunes ont les couleurs moins prononcées.

Cette espèce habite constamment notre pays, et se fait remarquer par son cri aigu *fi de gueu, fi de gueu, fi...* Elle niche dans les trous d'arbres, de murailles, pond jusqu'à vingt œufs blanc-jaunâtre, tiquetés et rayés de rouge.

Deuxième espèce.

La Petite Charbonnière. (*P. Ater.*)

Descript. — Taille *plus petite* que dans l'espèce précédente ; *espace blanc* sur la nuque et sur la partie latérale du cou ; sommet de la tête, gorge et devant du cou *noirs* ; parties supérieures cendrées ; flancs et ventre *grisâtres* ; deux bandes transversales sur les ailes ; queue grisâtre. Taille quatre pouces.

Les femelles ont moins de blanc et de noir. Moins commune que la précédente, cette espèce est plus erratique ; habite ordinairement les lieux remplis de sapins ; niche dans les trous d'arbres ; pond huit ou dix œufs blancs, avec des taches pourprées.

Troisième espèce.

La Mésange bleue. (*P. Cœruleus.*)

Descript. — Sommet de la tête bleu *clair* ; joues blanches, encadrées de noir ; *front blanc* ; parties supérieures vert-olivâtre ; les inférieures jaunâtres, avec une raie longitudinale noire ; bandes transversales blanches sur les ailes ; rémiges et rectrices bleuâtres. Taille quatre pouces et demi.

Les couleurs sont plus cendrées chez les femelles et la raie du ventre peu apparente.

Plus commune que la précédente, elle niche également dans les trous d'arbres; pond huit ou dix œufs blanc-rougeâtre, tiquetés de brun et de rouge.

Quatrième espèce.

La Mésange huppée. *(P. Cristatus.)*

Descript. — *Huppe* formée de plumes frontales et occipitales, acuminées, noires, bordées de blanchâtre; joues et côtés du cou de cette couleur; raie noire sur les tempes; haut du cou, gorge et collier d'un beau noir, parties supérieures d'un brun roussâtre, les inférieures blanc sale; taille quatre pouces et demi.

Les femelles ont la huppe plus courte, et l'espace noir de la gorge moins grand.

Habite plus ordinairement les grandes forêts; ne se trouve que rarement dans nos environs, niche comme les précédentes, et même dans les nids de pies, d'écureuils; pond dix œufs blancs, tiquetés sous le gros bout de roux vif.

Cinquième espèce.

La Mésange Nonette. *(P. Palustris.)*

Descript. — Toute la calotte noire; parties supérieures gris-brun; ailes brunes, bordées de cendré clair; gorge noirâtre, parties inférieures blanchâtres, nuancées de gris-brun; Taille quatre pouces.

La calotte des femelles est moins noire.

Niche comme les espèces précédentes : pond douze œufs blancs, tachés de rouge-pourpre. Très-commune.

Sixième espèce.

Mésange a longue queue. (*P. Caudatus.*) Brouetteux.

Descript. — Queue *très-longue, étagée*; tête, cou, gorge et poitrine d'un blanc pur; parties supérieures noires; tectrices scapulaires rougeâtres; grandes couvertures des ailes cendrées, bordées de blanc, rémiges noires; parties inférieures blanc-rougeâtre; rectrices du milieu noires, les latérales blanches sur les barbes extérieures et à l'extrémité. Taille cinq pouces huit lignes.

Les femelles ont une large bande noire au-dessus des yeux qui se prolonge sur la nuque et se réunit au noir du dos.

Habite constamment notre province; construit son nid avec beaucoup d'art et d'industrie en forme de melon ou d'œuf; avec de la mousse, des racines et du lichen; beaucoup de plumes et de crin à l'intérieur. Vers les deux tiers se trouve une petite ouverture pour donner passage à l'oiseau. Pond quinze œufs blanchâtres, entourés de bandes de points rouges très-faibles.

Septième espèce.

La Mésange a moustache. (*P. Biarmicus.*)

Descript. — *Plumes noires entre* le bec et l'œil, *tombant des deux côtés* et formant une *petite moustache*; tête cendré-bleuâtre; parties supérieures d'un *beau roux*; grandes couvertures des ailes noires, bordées de roux et de blanc, ainsi que les rémiges; gorge d'un blanc pur, nuancé de rose sur la poitrine et le ventre; tectrices inférieures de la queue noires; rectrices mitoyennes rousses; les latérales bordées de gris. Queue longue, étagée; taille six pouces.

Les femelles n'ont point les moustaches noires; le roux est nuancé de brun, le noir est moins profond. Très-rare en

Normandie; j'en possède un individu, tué sur le bord de la mer; habite ordinairement le nord de l'Europe; niche dans les joncs; pond huit œufs rougeâtres, tachetés de brun.

TROISIÈME GENRE.

BRUANT. (*Emberiza.*) *Verdrix.*

CARACT. DU G. — *Tubercule osseux, saillant à la partie moyenne interne* de la mandibule *supérieure*; bec conique, fort, court, comprimé; narines couvertes par les plumes dirigées en avant; doigts entièrement divisés; ongles *égaux*; deuxième et troisième rémiges les plus longues.

Les espèces de ce genre se nourrissent d'insectes et de petites graines.

Première espèce.

LE BRUANT COMMUN. (*E. Citrinella*)

DESCRIPT. — Iris brun; tête, gorge, ventre d'un beau jaune; plumes du manteau noirâtres au centre, roussâtres sur les côtés; celles du croupion marron clair; poitrine et flancs jaunes, tachetés de rougeâtre, avec un trait noir; rectrices noirâtres, les deux externes ayant une tache blanche de forme conique; taille six pouces quatre lignes.

Dans la femelle, le jaune est plus marqué de taches brun-olivâtre longitudinales.

Habite constamment notre pays; niche à terre le long des fossés; pond cinq œufs à fond blanchâtre, rayés, bigarrés de lignes et points bruns.

Deuxième espèce.

LE BRUANT DE HAIES. (*E. Cirlus.*)

DESCRIPT. — Se confondrait facilement avec l'espèce précédente; en diffère essentiellement cependant par *une tache d'un beau noir* au haut du cou et à la gorge; une bande noire part du bec jusqu'au-dessus des yeux, au-dessus desquels une ligne d'un jaune brillant forme un sourcil.

Les femelles ont plus de petites taches noires que les mâles, et le jaune est plus pâle.

Cette espèce est assez rare ; du moins je n'en ai vu que peu d'individus. Elle niche comme la précédente ; pond cinq œufs grisâtres, tachetés et rayés de cendré noirâtre.

Troisième espèce.

Bruant fou. (*E. Cia.*)

Descript. — Partie supérieure de la tête *cendrée, tachetée de noir*; un large *sourcil blanchâtre*, suivi d'une bande noire qui se prolonge jusqu'à la nuque. Parties supérieures roux cendré, avec des taches longitudinales noires ; devant du cou et poitrine cendré-bleuâtre pur ; parties inférieures *roux pur*. Taille six pouces.

Dans les femelles, le cendré et le roux sont parsemés de petites taches brunes.

Cette espèce se trouve fort rarement en Normandie : elle niche dans les haies et buissons, pond cinq œufs blanchâtres, rayés de noir.

Quatrième espèce.

Bruant de roseaux. (*E. Schœniculus.*)

Descript. — Bec noir ; iris et pieds *bruns* ; *tête entière*, gorge et devant du cou *d'un noir profond* ; *trait blanc* du bec au cou ; parties supérieures d'un *beau roux* ; sur le milieu des plumes et rémiges, une *large raie* longitudinale noire ; nuque et parties inférieures *d'un blanc pur* ; rectrices noirâtres ; sur l'avant-dernière, qui est noire, une tache conique blanche ; sur l'externe, en grande partie blanche, une petite tache conique brune.

La femelle a les parties supérieures de la tête rousses, tachetées de noir; un trait roux clair au-dessus des yeux; la gorge blanchâtre et bordée par une bande noire; la poitrine et les flancs teints de roussâtre et tachetés de noirâtre.

Cette espèce, assez commune en Normandie, habite les marais, le bord des eaux; niche dans les roseaux, pond quatre œufs gris foncé, avec des taches et raies angulaires brunes.

Cinquième espèce.

Bruant de neige. (*E. Nivalis.*)

DESCRIPT. — Cette espèce a deux livrées bien différentes, l'une pendant l'été, l'autre pendant l'hiver; comme c'est pendant cette dernière saison qu'elle nous vient, la description de la saison d'hiver est celle qu'il nous importe le plus de connaître : iris brun foncé; sommet de la tête, le cou et la poitrine blancs, *nuancé de roux de rouille*; une ceinture, ou hausse-col roux ceint la poitrine; les parties supérieures, au lieu d'être entièrement noires, sont bordées de cendré roussâtre; toutes les plumes *noires* du croupion et de la queue sont bordées de cendré roussâtre. Le mâle et la femelle sont peu différenciés dans cette saison. Les trois rectrices latérales sont blanches avec un trait noir à l'extrémité; les autres sont noires; le bec est *jaune* à la base, et *noir* vers la pointe. Pieds et ongles noirs; taille six pouces six lignes.

Très-rare en Normandie. J'en ai tué trois individus dans l'hiver de 1830. Cette espèce habite les régions du cercle arctique et émigre pendant les grands hivers. Elle est abondante en Hollande; niche sur les rochers; pond cinq œufs obtus, blanchâtres, tachetés de brun cendré.

Sixième espèce.

Le Bruant Proyer. (*E. Miliaria.*)

DESCRIPT. — Bec cendré bleuâtre; iris brun : taille beaucoup plus forte que dans les espèces précédentes; parties supérieures brun cendré, marquées de taches longitudinales noires sur la tige des plumes; gorge blanche, tachetée de noir; parties inférieures blanches; rectrices et rémiges noirâtre-cendré, liserées de brun blanchâtre; taille sept pouces et demi.

Les femelles n'en diffèrent point; les jeunes ont les parties supérieures cendré-roussâtre, avec de grandes taches noires; les parties inférieures d'un blanc jaunâtre, tachetées angulairement de brun noirâtre.

J'en possède un individu presque blanc. Se trouve accidentellement dans notre pays, surtout vers l'automne; niche dans les herbes, mais non sur terre; pond six œufs obtus gris cendré, tachetés et rayés de rouge brun.

Septième espèce.

LE BRUANT ORTOLAN. (*E. Hortolana.*)

DESCRIPT. — Bec et pieds couleur de chair; iris brun; tête et cou *gris-olivâtre* tachetés de brun; parties supérieures *gris-roussâtre* sur les bords, *noires* au milieu; *cercle des yeux*, et *gorge jaunes*; parties inférieures d'un *rouge bai*, terminées de cendré; rectrices noirâtres, les extérieures presque blanches sur la barbe intérieure. Taille six pouces.

Les femelles sont plus petites; le jaune est pâle; la poitrine tachetée de brun, et les parties inférieures d'un roux blanchâtre.

Cette espèce est extrêmement rare en Normandie. M. Le Normand, ainsi que M. Dubourg-D'Isigny, naturalistes très-distingués à Vire, m'ont assuré que des individus ont été tués dans les environs de cette ville.

L'ortolan habite ordinairement le midi de la France; niche dans les buissons, pond cinq œufs gris-rougeâtre, rayés de brun.

QUATRIÈME GENRE.

GROS-BEC. (*Loxia.*)

CARACT. DU G. — *Bec droit et conique en tous sens; bombé, court, robuste; mandibule supérieure renflée, inclinée à la pointe, dépassant quelquefois l'inférieure, souvent prolongée en angle à la base; narines couvertes par les plumes du front*, et placées derrière le renflement de la partie bombée; doigt intermédiaire plus long que le tarse; troisième ou quatrième rémige la plus longue.

Ce genre renferme en Normandie quinze espèces assez disparates en apparence, mais qui cependant n'offrent pas de caractères positifs assez tranchés pour être partagées en plusieurs genres, ni faire admettre ceux qui avaient été établis par plusieurs naturalistes. Conformément au nouveau dictionnaire d'histoire naturelle, les espèces de notre pays, et même le bouvreuil, sont réunis sous le nom générique de *gros-bec*; seulement le mot latin variera suivant la nomenclature de Cuvier.

Première espèce.

LE GROS-BEC. (*L. Coccothrostes.*) *Pinçon d'Ardennes.*

DESCRIPT. — Bec, *égalant à sa base la grosseur de la tête, jaune*, renflé; iris rouge pâle; tête, joues et croupion brun-roux; espace entre l'œil et le bec, tour du bec et gorge d'un noir profond; collier cendré sur la nuque; parties inférieures d'un roux vineux; tache blanche longitudinale sur les ailes; rémiges secondaires d'un beau noir violet, *terminées carrément*; rectrices à barbes extérieures brun noirâtre, les intérieures blanches.

Les femelles ont les teintes plus pâles, la tache longitudinale de l'aile gris blanchâtre; les parties inférieures cendrées.

Les jeunes ont la tête jaunâtre, la gorge jaune, les

parties inférieures blanchâtres, les supérieures brun terne; bec brun-blanchâtre.

Cette espèce habite ordinairement les bois, se nourrit des semences du platane, hêtre, pin, des amandes des noyaux de cerises, que la force de son bec lui permet aisément de casser; niche sur les plus hautes branches des arbres; pond cinq œufs gris cendré, nuancés de verdâtre, tachetés de brun, rayés de noir.

Deuxième espèce.

LA SOULCIE. (*Fringilla Petronia.*)

DESCRIPT. — Iris brun; mandibule supérieure *brune*, l'inférieure jaunâtre; *ligne blanchâtre* au-dessus des yeux, suivie d'une bande brune plus large qui se prolonge jusqu'à l'occiput; toutes les parties supérieures variées de *brun foncé*, terminées de blanchâtre. Parties inférieures brun cendré. Tache *jaunâtre* sur la poitrine; tache blanche à l'extrémité des barbes intérieures des rectrices; pieds brun clair. Taille cinq pouces neuf lignes.

Les femelles ressemblent aux mâles; les jeunes n'ont presque point de tache jaune sur la poitrine.

Habite ordinairement les grands bois, dans le midi de la France; très-rare en Normandie; se nourrit de semences, niche dans les trous d'arbres.

Troisième espèce.

LE DUR-BEC. (*Loxia Enucleator.*) *Perroquet de haies.*

DESCRIPT. — Bec bombé de toutes parts, à pointe *recourbée* sur la mandibule inférieure; tête, parties supérieures du cou et gorge *rouge-orange*; plumes des parties supérieures *brun noirâtre*, bordées de *jaune-orange*; ailes noires avec deux bandes transversales blanches; rectrices noires, liserées d'orange; taille sept pouces neuf lignes.

Les femelles n'ont que le sommet de la tête et le croupion rougeâtres; couleur qui se prolonge et s'étend avec l'âge; parties inférieures cendrées, avec une légère teinte d'orange; bandes de l'aile blanc-grisâtre; les jeunes ont les teintes plus cendrées.

Très-rare en Normandie; habite ordinairement le nord. Se nourrit de graines; niche sur les arbres; pond quatre œufs blancs.

Quatrième espèce.

Le Bec-Croisé. (*Loxia. Curvirostra.*)

Descript. — Iris et bec bruns; les deux mandibules *recourbées en sens inverse*, de manière que leurs pointes se croisent et se dépassent tantôt d'un côté tantôt de l'autre; front et sourcils gris, avec des taches jaunâtres; parties supérieures cendré-verdâtre; croupion jaune; parties inférieures vert-jaunâtre; ventre gris; rémiges et rectrices noirâtres, liserées de verdâtre; pieds bruns; taille six pouces.

Dans la première année les jeunes mâles ont toutes les parties supérieures et inférieures d'un rouge brique, avec des teintes verdâtres et jaunâtres.

Les femelles sont de couleur gris-brun, plus ou moins nuancé de verdâtre; les parties inférieures blanchâtres, tachetées longitudinalement de brun et de noir.

Habite ordinairement le nord de l'Europe; niche dans les bois de sapins; se nourrit de semence de sapin; pond cinq œufs cendrés, tachetés de rouge sang sur le gros bout.

On distingue encore une autre espèce, le loxia pythiopsittacus, qui a beaucoup de rapports avec la précédente et qui habite les mêmes lieux.

Du reste, le bec-croisé est un des oiseaux dont les couleurs sont les plus sujettes à varier: à peine trouve-t-on, dans un grand nombre, deux individus absolument semblables.

Les becs-croisés ne viennent dans notre pays qu'à des époques absolument indéterminées et très-rares. Leur apparition, dans le temps de la récolte des pommes, est un fléau: car ces oiseaux dévastent les vergers pour extraire les pepins des pommes et des poires dont ils se nourrissent à défaut de graines de pins. Ils arrivent par troupes très-nombreuses, vont toujours de compagnie, sont beaucoup moins farouches lors de leur arrivée; il m'est arrivé d'en tuer dix-sept à coup de fusil dans le même pommier sans que les autres quittassent l'arbre. Ceux que l'on prend vivants s'habituent très-aisément en cage, où ils se nourrissent de graines de chènevis, mais ils ne vivent pas long-temps.

Cinquième espèce.

Le Bouvreuil. (*Loxia Pyrrhula.*)

Descript. — Iris noir; bec *arrondi, bombé en tous sens*; la pointe de la mandibule supérieure *recourbée et dépassant* celle de l'inférieure, sommet de la tête, tour du bec, gorge, ailes et queue *noir-violet*; nuque et manteau *cendrés*; joues, parties inférieures *rouges*; croupion et ventre blancs. Taille six pouces.

Les femelles diffèrent des mâles par le brun roussâtre au lieu de rouge à la poitrine ; les jeunes leur ressemblent.

Commune dans notre pays, où elle habite constamment, cette espèce niche dans les haies, pond quatre œufs obtus, blanc-bleuâtre, tachetés de brun et de violet sur le gros bout.

Le bouvreuil mâle apprend facilement à parler, à siffler, s'attache singulièrement à la personne qui l'élève et le soigne, mais ne vit guères plus de trois ans en cage.

Sixième espèce.

Le Verdier. (*L. Chloris.*) *Montain, Linot briant.*

Descript. — Iris brun foncé; bec *couleur de chair, conique*; la couleur générale du plumage *vert-jaunâtre*; les rémiges secondaires cendrées avec de grandes taches noires; bord extérieur des ailes, parties supérieures des rémiges et les trois quarts des rectrices extérieures d'un jaune vif, terminées de noir; les pennes du milieu de la queue noires; pieds couleur de chair; taille six pouces; les femelles ont beaucoup plus de verdâtre et de cendré; toutes les teintes sont moins vives.

Habite notre pays, se nourrit de graines; niche dans les haies, les touffes de lierre, pond six œufs blanc-argentin, tiquetés de brun-violet.

Septième espèce.

Le Moineau-Franc. (*Fingilla domestica.*) *Moisson, Moineau de pot, Pierrot.*

Descript. — Iris noisette; bec noir; sommet de la tête et occiput *cendré-bleuâtre*; au dessus des yeux, une *bande marron pur*; plumes des parties supérieures *noirâtres*, bordées de *marron*; espace entre l'œil et le bec, gorge et devant du cou *noirs*; poitrine à plumes noires; *liserées de blanc*; parties inférieures blanc-cendré; *une bande transversale blanche* sur l'aile; taille cinq pouces.

Les femelles n'ont point la gorge noire; la bande transversale des ailes est couleur d'ocre; toutes les parties supérieures sont d'un roux brun; on trouve des moineaux *blancs*. J'en possède un que m'a donné M. Richard Dubois, et qui a les ailes blanches.

Cette espèce, trop commune, est pour ainsi dire *omnivore*; fait jusqu'à deux nichées; pond six œufs vert-blanchâtre, tiquetés de brun cendré.

« Les moineaux sont, comme les rats, attachés à nos habitations; ils ne se plaisent ni dans les bois, ni dans les vastes campagnes: on a même remarqué qu'il y en a plus dans les villes que dans les villages, et qu'on n'en voit point dans les fermes qui sont au milieu des forêts. Ils suivent la société pour vivre à ses dépens ; comme ils sont paresseux et gourmands, c'est sur des provisions toutes faites, c'est-à-dire, sur le bien d'autrui, qu'ils prennent leur subsistance ; nos granges, nos greniers, nos basses-cours, nos colombiers, tous les lieux en un mot, où nous rassemblons ou distribuons des grains, sont les lieux qu'ils fréquentent de préférence ; et comme ils sont aussi voraces que nombreux, ils ne laissent pas de faire plus de tort que leur espèce ne vaut: car leur plume ne sert à rien, leur chair n'est pas bonne à manger, leur voix blesse l'oreille, leur familiarité est incommode, leur pétulance grossière et à charge; ce sont de ces gens que l'on trouve partout et dont on n'a que faire.

« Il faut à peu près dix livres de grain par an pour nourrir un moineau : que l'on juge par leur nombre de la déprédation que ces oiseaux font de nos grains. »

(*Buffon.*)

Huitième espèce.

Le Moineau de Bois. (*F. Montana.*) *Moisson d'arbanète, Friquet.*

Descript. — Iris noisette, bec noir. *Sommet* de la tête et occiput d'un *roux bai*; diffère du précédent par *deux bandes blanches* sur les ailes ; est d'ailleurs moins fort et fréquente moins les habitations ; niche plus ordinairement dans les trous d'arbres, pond sept ou huit œufs d'un blanc cendré, finement pointillés de taches rougeâtres et cendrés ; moins commun que le précédent.

Neuvième espèce.

Le Pinçon. (*F. Cœlebs.*) *Quinquin.*

Descript. — Iris châtain; bec *bleuâtre*; front noir; tête et nuque *bleu-cendré pur*; dos et scapulaires châtain-olivâtre; croupion vert; parties inférieures couleur lie de vin, plus pâle sous le ventre; deux bandes transversales blanches sur les ailes; rémiges noirâtres, liserées de jaunâtre; rectrices noir-verdâtre; les deux externes à barbe externe blanche. Taille six pouces trois lignes.

La femelle est plus petite ; les couleurs des parties supérieures sont d'un cendré brun-olivâtre ; les inférieures cendré-blanchâtre, les bandes de l'aile moins larges et d'un blanc-jaunâtre ; bec gris-brun en été, gris-blanc en hiver.

Les couleurs du mâle n'ont leur vif éclat qu'au printemps, et ce changement de couleur s'opère sans une double mue.

Le pinçon est granivore et habite toujours notre pays; il construit très-artistement son nid, et semble le placer de préférence auprès de celui de la grive (page 181). Il fait entendre un cri plaintif, lorsqu'on déniche celui de cet oiseau ou le sien propre. La femelle pond cinq œufs bleu-rougeâtre, tachetés et rayés de brun café. C'est un des plus aimables habitans de nos vergers : il est tout-à-fait inoffensif. Il s'élève et s'apprivoise très-aisément On trouve quelquefois des pinçons *blancs* ; j'en possède un individu.

Dixième espèce.

Le Pinçon de Montagne. (*F. Montifringilla.*) *Pinçon d'Ardennes.*

Descript.— Iris marron ; bec noir-bleuâtre ; *noir émaillé de fauve* sur les parties supérieures, poitrine *fauve*, dessous des ailes d'un *beau citron*, ventre blanc. Les trois rémiges extérieures entièrement noires; rectrices noires, les deux extérieures bordées de blanc à la racine ; celle du milieu de roux-cendré. Taille égale à celle de notre pinçon.

Toutes les couleurs sont plus ternes chez les femelles. Cet oiseau, ordinairement de passage, ne nous vient que pendant l'hiver; et la description qui se trouve ici est celle de la *livrée d'hiver*: je ne l'ai jamais vu dans la belle saison.

Cette espèce est granivore; niche dans les sapins, pond cinq œufs tachetés de jaunâtre.

Onzième espèce.

LE PINÇON DE NEIGE. (*F. Nivalis.*)

DESCRIPT. — Iris marron; bec *jaune* en hiver, *noir* en été; tête cendré-*bleuâtre*: dos, scapulaires brun foncé; bordées de brun plus clair; couvertures des ailes, et rémiges secondaires *blanches*; les primaires d'un beau noir; rectrices mitoyennes noires, les latérales blanches, terminées par du noir; parties inférieures blanches ou blanchâtres. Taille sept pouces.

Les femelles ont le cendré de la tête roussâtre, le noir des rémiges et des rectrices est brunâtre.

Cette espèce, qui ne se trouve que très-rarement, et seulement pendant l'hiver en Normandie, habite les plus hautes montagnes de l'Europe, près de la région des neiges et glaces perpétuelles; comme la fauvette des Alpes, elle se nourrit de semences de sapin et de plantes aquatiques; elle niche dans les crevasses des rochers; pond cinq œufs d'un vert clair, tachetés de cendré et de vert foncé.

Douzième espèce.

LE CHARDONNERET. (*F. Carduelis.*) *Cardronnette.*

DESCRIPT. — Iris châtain; bec blanc, très-effilé, pointe noirâtre; tour du bec, sommet de la tête d'un beau noir;

joues blanches; front et gorge d'un rouge éclatant; plumes du dos et les scapulaires brun-olivâtre foncé; poitrine et ventre blancs; parties latérales brunes; miroir jaune sur les rémiges noires à extrémités blanches; rectrices noires, terminées de blanc; une tache longitudinale blanche sur les deux externes; taille cinq pouces.

Les femelles ont les couleurs beaucoup moins vives. Habite constamment notre pays. Cette espèce, exclusivement granivore, construit son nid avec beaucoup d'élégance; pond six œufs blancs tachetés, et rayés de rouge.

Treizième espèce

LA GRANDE LINOTTE. (*F. Canabina.*)

DESCRIPT. — Iris brun; bec bleuâtre, sommet de la tête, nuque et côtés du cou cendré pur; front, poitrine rouges; gorge et devant du cou blanchâtres, parties supérieures d'un brun châtain; flancs brun-rougeâtre; ventre blanc; rémiges noires, bordées de blanc à l'extérieur; rectrices noires, liserées à l'extérieur de blanc, et bordées de cette couleur à l'intérieur.

Les femelles n'ont point de rouge à la poitrine; les plumes de cette partie sont tachetées de brun noirâtre, ainsi que les parties supérieures.

L'éclat des couleurs se développe au printemps, sans qu'il y ait double mue.

Mœurs de l'espèce précédente; niche dans les haies, sur les ajoncs; pond six œufs blanc-bleuâtre, tiquetés et rayés de couleur chair.

Quatorzième espèce.

LA PETITE LINOTTE. (*F. Linaria.*) *Linot de vignes. Siserin.*

DESCRIPT. — *Gorge noire*; iris brun; bec jaunâtre; front noir, ainsi que l'espace entre l'œil et le bec, sommet de la tête rouge-vif, parties latérales du cou, de la gorge, de la poitrine, du ventre et le croupion cramoisi clair. Parties supérieures roux-cendré avec des taches longitudinales noires; ventre blanc, rosé; rémiges et rectrices noires bordées de cendré-roux, taille cinq pouces.

Les femelles n'ont que le sommet de la tête cramoisi ; les parties latérales de la gorge, de la poitrine et du ventre sont blanchâtres,

Cette espèce est, je pense, de passage en Normandie, du moins je ne l'ai vue que rarement, et seulement pendant l'automne ou l'hiver, temps où ses couleurs distinctives sont beaucoup moins vives. *La tache noire* de la gorge la différencie bien aisément de la grande linotte, qui est très-commune. Je n'ai jamais vu son nid : elle niche dans les taillis d'aunes ; pond cinq œufs blanc-bleuâtre, tachetés de rougeâtre.

Quinzième espèce.

Le Tarin. (*F. Spinus.*) *Métier à bas, Térin.*

Descript. — Iris marron ; bec blanchâtre ; *sommet de la tête* et gorge *noir vif*; nuque *noir-verdâtre*; *bande jaune* derrière les yeux ; parties supérieures *cendré-verdâtre*, avec de légères taches longitudinales noirâtres ; cou, poitrine, ventre *jaunes*; une bande noire et une seconde verdâtre sur l'aile ; parties inférieures blanchâtres, tachetées longitudinalement de noir ; rémiges et rectices jaunes, à la base, moirées du reste et liserées de vert-jaunâtre; taille quatre pouces et demi.

Les femelles ont plus de cendré sur les parties supérieures ; les inférieures blanchâtres, fortement rayées de noir.

De passage en Normandie : niche dans les forêts de pins du nord, pond cinq œufs blanc-grisâtre, tiquetés de brun pourpré.

Seizième espèce.

Le Serin. (*F. Canaria.*)

Descript. — Bec blanc : tout le corps jaune ; **rémiges et rectrices blanchâtres.**

Quoique cette espèce ne soit pas naturellement acclimatée en Normandie, où on ne la trouve qu'en cage, elle doit cependant être indiquée ici.

Le serin s'accouple très-facilement avec les quatre espèces précédentes ; les métis qui en proviennent sont féconds, excepté ceux produits avec le chardonneret.

CINQUIÈME GENRE.

ÉTOURNEAU. (*Sturnus.*)

Caract. du g. — *Base* de la mandibule supérieure *s'avançant en carène anguleuse sur le front*; bec droit, aigu, faiblement obtus, déprimé vers la pointe ; narines *sans plumes*, *à demi fermées* par une *membrane voûtée*; deuxième et troisième rémiges les plus longues.

Espèce.

l'Étourneau. (*S. Vulgaris.*) *Sansonnet.*

Descript. — Mêmes caractères du genre, et de plus, bec jaune ; iris marron ; plumes de la tête et de la poitrine *effilées*, fond du plumage *noirâtre* à reflets *pourpre et vert doré*; parties supérieures tiquetées de taches *blanc-roussâtre*, triangulaires ; taille huit pouces.

Les femelles n'ont point les beaux reflets métalliques et, les parties supérieures sont beaucoup plus tachetées de blanc.

Habite toujours notre pays, se réunit en bandes vers l'automne ; se nourrit d'insectes ; niche dans les trous d'arbres, de mur, dans les colombiers, pond quatre œufs gris-verdâtre cendré.

L'étourneau apprend très-facilement à parler en cage; vit sept ou huit ans : sa chair est amère; lorsqu'on veut manger ceux que l'on prend, on leur arrache la tête pour les saigner.

SIXIÈME GENRE.

LA SITELLE. (*Sita.*)

CARACT. DU G. — Bec *prismatique*, déprimé, *tranchant* vers la pointe; narines *recouvertes* par de *petits poils* dirigés en avant; doigt externe soudé à l'intermédiaire; pouce très-allongé; troisième et quatrième rémiges les plus longues; rectrices légèrement étagées.

Espèce.

LA SITELLE. (*S. Europæa.*) *Perce-Bois*, *Casse-Noisette*, *Torchepot.*

DESCRIPT. — Caractères du genre, et de plus : Iris noisette; bec cendré-bleuâtre; bande noire du bec à l'oreille; parties supérieures cendré-bleuâtre, gorge blanche, poitrine et ventre roux-jaunâtre; flancs marron; rémiges cendrées; rectrices du milieu cendrées, les suivantes tachetées de blanc, les externes noires; taille cinq pouces et demi.

Les femelles ont les couleurs moins vives.

Cette espèce habite toujours notre pays; se nourrit d'insectes qu'elle cherche dans l'écorce des arbres, de faines et même de noisettes qu'elle casse avec beaucoup d'adresse.

L'habitude de grimper semblerait devoir classer la sitelle dans l'ordre des grimpeurs; mais le caractère des doigts l'en exclut.

SEPTIÈME GENRE.

LE CORBEAU. (*Corvus.*)

CARACT. DU G. *Taille forte*; *poils fort roides et sétacés* à la base du bec, *dirigés* en avant et *recouvrant* les narines; bec fort, *comprimé*, tranchant sur les bords, *courbé* vers la pointe; doigts libres; quatrième rémige la plus longue; queue égale ou étagée.

Toutes les espèces de ce genre, excepté la corneille mantelée et le casse-noix, habitent constamment notre pays.

Première espèce.

LE CORBEAU. (*C. Corax.*) *Corbeau de falaise.*

DESCRIPT. — Taille *deux pieds*; iris marron, le bec très-fort; tout le corps d'un beau noir à reflets pourprés; queue fortement arrondie.

Cette espèce vit toujours *par couple*; se nourrit de jeunes animaux, de poissons et d'animaux morts, de fruits, de grains; niche dans les rochers, le long de la mer, dans les masures, les arbres; pond six œufs d'un vert sale, tachetés et rayés de brun noirâtre.

« Le corbeau, dit Buffon, a été fameux dans tous les temps; mais sa réputation est encore pire qu'elle n'est étendue, peut-être par cela même qu'il a été confondu avec d'autres oiseaux, et qu'on lui a imputé tout ce qu'il y avait de mauvais dans plusieurs espèces; on l'a toujours regardé comme le dernier des oiseaux de proie, et comme l'un des plus lâches et des plus dégoûtans.... Si aux traits sous lesquels nous venons de représenter le corbeau, on ajoute son plumage lugubre, son cri plus lugubre encore, quoique très-faible à proportion de sa grosseur; son port ignoble, son regard farouche; tout son corps exhalant l'infection, on ne sera pas surpris que dans tous les temps il ait été regardé comme un objet de dégoût et d'horreur.

Sa chair était interdite aux Juifs; les sauvages n'en mangent jamais; et parmi nous, les plus misérables n'en mangent qu'avec répugnance et après avoir enlevé la peau qui est très-coriace. Partout on le met au nombre des oiseaux sinistres qui n'ont le pressentiment de l'avenir que pour annoncer des malheurs.

« Non-seulement le corbeau a un grand nombre d'inflexions de voix, répondant a ses différentes affections intérieures, il a encore le talent d'imiter le cri des autres oiseaux, et même la parole de l'homme; et l'on a imaginé de lui couper le filet, afin de perfectionner cette disposition naturelle. *Colas* est le mot qu'il prononce le plus aisément. On faisait grand cas à Rome de ces oiseaux parleurs; et un philosophe n'a pas dédaigné de nous raconter assez au long l'histoire de l'un d'eux; ils n'apprennent pas seulement à parler, ou plutôt à répéter la parole humaine, mais ils deviennent familiers dans la maison; ils s'apprivoisent quoique vieux, et paraissent même capables d'un attachement personnel et durable.

« Cet oiseau vit un siècle et même davantage. On en a vu dans plusieurs villes de France qui avaient atteint cet âge; et dans tous les pays et tous les temps, il a passé pour un oiseau très-vivace. » (*Buffon.*)

On sait que les corbeaux volent par troupes et dévastent les champs ensemencés; il y en a toujours placés en sentinelles de distance en distance sur les arbres les plus élevés, et qui donnent le signal d'alarme au moindre danger: aussi est-il difficile de les approcher. On dit qu'ils *sentent la poudre*; cependant lorsqu'on peut tromper la vigilance des sentinelles, et quoique ces oiseaux aient l'odorat très-subtil, on approche de la troupe même très-nombreuse.

Les corneilles se battent à outrance avec les oiseaux de proie. Il m'est arrivé de tirer sur un épervier et une corneille aux prises, et de terminer le combat par la mort des deux combattans, trop acharnés pour voir le danger.

Deuxième espèce.

La Corneille. (*C. Corone.*)

Descript. — Taille *un pied et demi*, iris *noisette*; tout le corps d'un noir foncé, à reflets violets; queue *faiblement* arrondie.

Se nourrit, ainsi que l'espèce précédente et les suivantes; niche dans les arbres, pond six œufs d'un vert bleuâtre, tachetés de gris cendré et d'olivâtre.

Troisième espèce.

Le Freux. (*C. Frugilegus.*)

Descript. — Taille et couleur de l'espèce précédente, mais s'en dinstingue par l'iris *gris-blanc*, par son bec plus effilé, et par *l'absence de poils* à la base du bec, dont cette partie est dénuée, excepté dans la première jeunesse.

Niche dans les arbres, pond cinq œufs oblongs, vert pâle, tachetés de cendré olivâtre et de brun foncé.

Quatrième espèce.

La Corneille mantelée. (*C. Cornix.*)

Descript. — Iris brun, bec noir; gorge, ailes et queue noires; tout le reste du corps d'un beau gris cendré; taille un pied sept pouces.

Ne vient que pendant l'hiver; mœurs des epèces précédentes, habite pendant l'été dans le midi de la France; niche dans les arbres, pond six œufs d'un vert clair, rayés et tachetés de brun foncé.

Cinquième espèce.

Le Choucas, Corneille de clocher. (*C. Monedula*), *Cauvette.*

Descript. — De la taille d'un pigeon; iris blanchâtre;

bec noir; sommet de la tête noir-violet, ainsi que les ailes; parties supérieures gris cendré surtout derrière le cou; parties inférieures d'un beau noir.

Cette espèce habite constamment nos clochers, se nourrit de souris, mulots, œufs d'oiseaux, insectes, fruits, graines; niche dans les clochers; pond quatre ou sept œufs vert-blanchâtre; tachetés surtout vers le gros bout de brun foncé.

Cette espèce s'apprivoise très-facilement, et a beaucoup d'attachement. M. le Vard, horloger à Bayeux en a élevé une qui le suit en volant à une distance de quatre lieues. Lorsqu'il l'appelle elle vient se poser sur son épaule.

Sixième espèce.

La Corneille a pieds rouges. (*C. Phyrrocorax.*)

On m'a assuré qu'on trouve dans les falaises de Jobourg, département de la Manche, une espèce de corneille à pieds rouges; ce serait alors la crave, ou *corvus fregilus*, dont le rang a beaucoup varié dans la classification des auteurs.

Septième espèce.

La Pie. (*C. Pica.*) *Margot, Ragasse.*

Descript. — Queue *très-longue, étagée*; iris et bec noirs; tête, gorge, cou, parties supérieures de la poitrine et tout le dos, rémiges et rectrices d'un beau noir, à reflets azurés; manteau, parties inférieures de la poitrine et ventre blancs. Taille dix-huit pouces.

Cette espèce est omnivore, niche dans la tête des arbres ou même dans les buissons; pond six œufs vert-blanchâtre, mouchetés de gris-cendré et d'olivâtre.

« La Pie a les ailes plus courtes et la queue plus longue que les corneilles; par conséquent son vol est beaucoup moins élevé et moins soutenu : aussi n'entreprendelle point de longs voyages ; elle ne fait guères que voltiger d'arbres en arbres; car pour l'action de voler, il s'en faut bien que la longueur de la queue compense la brièveté des ailes. Lorsqu'elle est posée à terre, elle est toujours en action, et fait autant de sauts que de pas. Elle a aussi dans la queue un mouvement brusque et presque continuel comme la lavandière. En général, elle montre plus d'inquiétude et d'activité que les corneilles, plus de malice et de penchant à une sorte de moquerie. Elle met aussi plus d'art et de combinaison dans la construction de son nid... Elle jase à peu près comme la corneille et apprend aussi à contrefaire la voix des autres animaux et la parole de l'homme... *Margot* est le nom qu'on a coutume de lui donner, parce que c'est celui qu'elle prononce le plus volontiers ou le plus facilement. » (*Buffon.*)

On sait que la pie s'apprivoise très-aisément. Cet oiseau est d'un naturel voleur; la pie aime à prendre des objets qu'elle va cacher en divers endroits. On connaît l'histoire de la *Pie voleuse...* L'expression, *jaser comme une pie*, vient sans doute de la volubilité fatigante de la pie lorsqu'elle *ragasse*.

Huitième espèce.

LE GEAI. (*C. Glandarius.*) *Charlot.*

DESCRIPT. — Iris gris-bleu ; bec noir, plumes de la tête *cendré-rougeâtre*, parsemées de *traits noirs*, susceptibles de *se redresser*, et de former une espèce de huppe; *moustaches noires*, parties supérieures d'un roux vineux, le croupion blanc ; parties inférieures cendré-rougeâtre ; *deux rangées* de plumes *d'un beau bleu* sur l'aile, rayées transversalement de noir ; queue à *peu près égale* ; taille quatorze pouces.

Le geai habite constamment notre pays, ainsi que la pie ; cette espèce niche dans les pommiers, les arbres ; pond cinq œufs bleu-verdâtre, parsemés de brun-olivâtre.

Le geai se nourrit de glands, de noisettes, de fruits, d'insectes et de vers.

Il se trouve des variétés blanches : je possède dans ma collection un jeune geai entièrement blanc, que m'a donné M. Graffey, maire de Formigny. Comme les Albinos, ce geai a les yeux rouges.

« Les geais, dit Buffon, sont fort pétulans de leur nature ; ils ont les sensations vives, les mouvemens brusques ; et, dans leurs fréquents accès de colère, ils s'emportent et oublient le soin de leur conservation au point de se prendre quelquefois la tête entre deux branches, et ils meurent ainsi suspendus en l'air. Leur agitation perpétuelle prend encore un nouveau degré de violence lorsqu'ils se sentent gênés, et c'est la raison pour laquelle ils deviennent tout-à-fait méconnaissables en cage, ne pouvant conserver la beauté de leurs plumes, qui sont bientôt cassées, usées, déchirées et flétries par un frottement continuel.

« Leur cri ordinaire est très-désagréable, et ils le font entendre souvent ; ils ont aussi de la disposition à contrefaire celui de plusieurs oiseaux qui ne chantent pas mieux, tels que la cresserelle, le chat-huant, etc. S'ils aperçoivent un renard ou quelqu'autres animaux de rapine, ils jettent un certain cri très-perçant, comme pour s'appeler les uns les autres, et on les voit en peu de temps rassemblés en force, et se croyant en état d'en imposer par le nombre, ou du moins par le bruit... Ils ont aussi, comme la pie et la famille des corneilles, l'habitude d'enfouir leurs provisions, et celle de dérober tout ce qu'ils peuvent emporter ; mais ils ne se souviennent pas toujours de l'endroit où ils ont enterré leur trésor ; ou bien, selon l'instinct commun à tous les avares, ils sentent plus la crainte de le diminuer que le désir d'en faire usage. »

La chair du geai bouillie, et ensuite rôtie, approche du goût de celle de l'oie rôtie. En domesticité le geai apprend à parler, il vit jusqu'à vingt ans en cage, comme la pie.

Neuvième espèce.

Le Casse-Noix. (*C. Caryocatactes.*)

Descript.—Iris brun; bec couleur de corne; brun tacheté de blanc sur tout le corps; rectrices terminées par un grand espace blanc. Taille dix-huit pouces.

Les femelles ont le plumage nuancé de roussâtre.

Cette espèce habite les bois montueux, se trouve en Bretagne, très-rarement en Normandie : elle se nourrit d'insectes, de noisettes, semences de pin, parfois d'œufs et de jeunes oiseaux; niche dans les trous d'arbres, pond six œufs gris-fauve, tachetés de gris-brun clair.

Dixième espèce.

Le Rollier. (*C. Garrula.*) *Geai vert.*

Descript. — Iris à *double cercle*, brun et gris; bec brun-jaunâtre à la base, noir à l'extrémité; tête et cou *bleu-verdâtre clair* ; dos et scapulaires fauves; tectrices claires, bleu-violet; parties inférieures *aigue-marine* ; rectrices latérales excédant les autres; taille treize pouces.

Habite les grandes forêts ; très-rare en Normandie, où il n'est que de passage; se nourrit d'insectes, niche dans les trous d'arbres; pond quatre œufs d'un blanc lustré.

Nous remarquerons, parmi les espèces étrangères qui se trouvent dans cette famille des passereaux, l'oiseau de paradis dont les espèces sont si riches et si brillantes ; les veuves, remarquables par les longues pennes de leur queue.

CHAPITRE XXIV.

QUATRIÈME FAMILLE.

LES TÉNUIROSTRES.

CARACTÈRES DE LA FAMILLE.

Un bec *long*, *effilé*, *arqué* dans toute sa longueur, *très-grêle* et faible, caractérise suffisamment la quatrième famille ou les ténuirostres (*tenue*, faible et *rostrum*, bec). Deux genres composent cette famille.

{ Aigrette sur la tête. . . . . Huppe . . 1er. Genre.
{ Point d'aigrette. . . . . Grimpereau. 2e. Genre.

PREMIER GENRE.

HUPPE (*Upupa.*)

Caract. du G. — *Aigrette* sur la tête, formée de plumes rousses, terminées par deux taches, l'une blanche, la dernière noire; ces plumes, *disposées sur deux rangs*, s'élèvent ou s'abaissent à la volonté de l'animal; bec *très-long*, triangulaire, arqué dans toute sa longueur, narines ouvertes; dix rectrices *molles*, *d'égale longueur*; doigt externe réuni à l'interne jusqu'à la première articulation; quatrième et cinquième rémiges les plus longues.

Espèce.

La Huppe. (*U. Epops.*) *Houppe.*

Descript. — Caractères du genre; et de plus, iris brun, tête, cou, haut du dos et poitrine d'un *roux vineux*; large bande transversale noire sur le croupion; tectrices claires, noires, rayées de blanc jaunâtre, formant cinq bandes; parties inférieures cendré-roussâtre, avec des lignes noirâtres sur les flancs; rémiges noires, avec une grande tache blanche aux deux tiers; rectrices noires, traversées par une large bande blanche. Taille onze pouces.

Les femelles, plus faibles que les mâles, ont les couleurs moins vives.

Ce bel oiseau vient au printemps, part à l'automne; habite de préférence les vergers; niche dans les trous d'arbres; pond cinq œufs gris-blanchâtre, nuancés de gris.

La huppe se nourrit d'insectes, de baies, de fruits. Elle ne peut vivre en cage: pour la conserver il faut qu'elle soit libre dans un appartement; on la nourrit de chair crue, de pain et de fromage. En liberté, les huppes vivent par couples.

L'expression, *sale comme une huppe*, vient de l'odeur naturelle à cet oiseau, qui ressemble à celle du musc, et de la malpropreté du nid, lorsqu'on déniche les petits, et que produisent les ordures des jeunes huppes, qui ne peuvent être rejetées au dehors: car le nid de la huppe, construit de petites racines, n'est point composé d'excrémens, ainsi qu'on le débite. On trouve toujours le nid très-propre tant que la mère couve.

DEUXIÈME GENRE.

LE GRIMPEREAU. (*Certhia.*)

Caract. du g. — Rectrices *étagées*, *dures*, à tiges *roides* et *piquantes*, propres à servir de point d'appui à l'oiseau lorsqu'il grimpe ; bec long, effilé, subulé, arqué, triangulaire ; pouce muni d'un ongle très-long, doigt externe réuni par une membrane à la base de l'intermédiaire; quatrième rémige la plus longue.

Le Grimpereau. (*C. Familiaris.*)

Descript. — Mêmes caractères du genre ; de plus, iris noisette ; parties supérieures striées de blanc, de roux et de noir ; rémiges d'un brun foncé, terminées par une tache jaunâtre ; parties inférieures blanc pur, ventre blanc-roussâtre ; taille cinq pouces.

Les femelles sont plus petites, n'ont point de roussâtre ; les jeunes ont le bec droit.

Habite toujours notre pays ; se nourrit d'insectes ; niche dans les trous d'arbres, de murs, pond neuf œufs blancs, tachetés de brun roussâtre.

Cette espèce grimpe constamment et avec beaucoup de légèreté le long des arbres. Cependant la conformation de ses doigts ne permet pas de la mettre dans l'ordre des grimpeurs, dans lequel il se trouve des espèces qui ne grimpent jamais.

Deuxième espèce.

Le Grimpereau de muraille. (*C. Muraria.*) **Echelette.**

On m'a assuré avoir tué dans ce pays l'échelette, ou grimpereau de murailles, qui cependant habite toujours les contrées méridionales : cet oiseau a la gorge noire, les couvertures et les rectrices d'un roux vif, et le reste du corps cendré clair. Cette espèce vit en Espagne, en Italie, dans les Alpes suisses, se nourrit d'insectes, niche dans les fentes des rochers les plus escarpés.

Dans cette famille des passereaux se trouvent les colibris, si élégans de taille, si riches de couleurs, à reflets métalliques, et dont une espèce, l'oiseau-mouche, si célèbre par sa petitesse, et qui effectivement n'est pas plus gros qu'une abeille.

CHAPITRE XXV.

CINQUIÈME FAMILLE.
LES SYNDACTYLES.

CARACTÈRES DE LA FAMILLE.

Tarses courts ; les deux doigts *externes soudés par les deux premières phalanges* forment un caractère suffisant pour séparer des autres familles des passereaux celle des syndactyles (*sun* ensemble, et *dactulos* doigt.)

Deux genres composent cette famille en Normandie.

{ Bec droit. . . . . Martin-Pêcheur.
{   courbé. . . . . Guêpier.

PREMIER GENRE.
MARTIN-PÊCHEUR. (*Alcedo.*)

Caract. du g. — *Bec droit, quadrangulaire*, allongé : mandibules comprimées à *bords tranchans*, à base *nue*; la supérieure légèrement échancrée à la pointe, qui est légèrement courbée ; *queue courte* ; deuxième et troisième rémiges les plus longues.

Espèce.

Martin-Pêcheur. (*A. Ispida.*) *Oiseau St.-Martin.*

Descript. — Iris Brun : Bec rouge à la base, brun vers le bout ; espace roux au-dessus des yeux, ensuite blanc ; parties supérieures vert-bleuâtre, tiquetés de bleu-azur sur la tête et la couverture des ailes ; le milieu du dos et tout le croupion couleur *aigue-marine* ; gorge d'un blanc pur, poitrine et parties inférieures roux de rouille ; pieds rouges, taille sept pouces.

La femelle et les jeunes en diffèrent peu. Habite constamment les bords de nos rivières, de nos étangs; ne marche jamais, se tient perché, vole très-rapidement et toujours en ligne droite ; se nourrit de petits poissons, de frai, d'insectes aquatiques, qu'il saisit en volant et rasant la surface des eaux. Niche dans les trous de rat d'eau, pond six œufs blanc lustré.

Le martin-pêcheur est un de nos plus beaux oiseaux quant aux couleurs ; mais il n'a aucune élégance dans les formes : sa vie est monotone, retirée, solitaire.

Comme sa chair se dessèche aisément, on a long-temps débité que ses plumes repoussaient après sa mort ; qu'on le suspendant par un fil au plancher, il se tournait du côté du vent; qu'il préservait les draps des insectes, etc., etc. L'expérience prouve le contraire.

Cet oiseau était très-célèbre chez les anciens et nous connaissons la fable d'Alcyon et Ceix.

DEUXIÈME GENRE.

LE GUÊPIER. (*Merops.*)

CARACT. DU G — *Bec courbé*, épais à la base ; tranchant, avec une arête élevée ; pointe aiguë; base du bec recouverte de soies dirigées en avant; pouce élargi à la base; ongle court ; deuxième remige la plus longue; *les deux* rectrices externes *dépassant les autres*.

Espèce.

LE GUÊPIER COMMUN. (*M. OEpiaster.*)

DESCRIPT. — Caractères du genre; de plus, iris rouge, bec noir, front *blanc-verdâtre*, une bande noire du bec aux yeux; parties supérieures *marron*; dos *roux-jaunâtre*; gorge jaune doré; avec un demi-collier noir; parties inférieures vert-olivâtre; rectrices et rémiges vert-olivâtre; taille onze pouces.

Les femelles ont toutes les couleurs plus ternes; les jeunes n'ont point le demi-collier noir, toutes les rectrices sont de la même longueur.

Cette espèce habite les parties méridionales de l'Allemagne, la Suisse, la France; de passage dans nos provinces, où un individu fut tué au printemps à Nonant, près de Bayeux; elle est insectivore, niche dans des trous le long des rivières, pond sept œufs d'un blanc pur.

Dans cette dernière famille des passereaux se trouvent les calaos, oiseaux de l'Inde et de l'Afrique, remarquables par leur taille qui atteint jusqu'à trois pieds et demi, et la forme extraordinaire de leur bec, sur lequel se trouve une caroncule formant une espèce de casque.

N°. 14. — ANALYSE DES GENRES DU TROISIÈME ORDRE, OU LES GRIMPEURS.

1 { Bec arqué	Coucou. 1er. Genre.
{ —— droit	2
2 { Rectrices fortes, roides.	Pic . . . 2e. Genre.
{ —— molles	Torcol . 3e. Genre.

CHAPITRE XXVI.

TROISIÈME ORDRE.
LES GRIMPEURS.

CARACTÈRES DE L'ORDRE.

Après avoir vu l'ordre des rapaces distingué par la *cire qui recouvre un bec recourbé*, tranchant, et par les serres aiguës ; celui des passereaux, caractérisé par *l'absence* de cire, ayant le tibia emplumé *jusqu'à son articulation*, avec le tarse ; *trois doigts dirigés en avant*, dont deux au plus sont *réunis ou soudés* par une *très-courte* membrane, et les rémiges presque droites, nous arrivons à l'ordre des grimpeurs, qui se distingue au premier aspect des autres ordres par les caractères suivans :

Deux doigts dirigés en avant et deux en arrière ; les *deux antérieurs soudés à leur base.*

Cette conformation des doigts *isole* les oiseaux de cet ordre de tous les autres, et leur a fait donner le nom de *grimpeurs*, quoique toutes les espèces qui le composent n'aient pas l'habitude de grimper. En effet, parmi les trois genres que nous trouvons en Normandie, il n'y a que le genre pic qui *grimpe* réellement.

Cet ordre se partage dans notre pays en trois genres ainsi que l'indique le tableau en regard.

PREMIER GENRE.

LE COUCOU. (*Cuculus.*)

CARACT. DU G. — *Bec arqué, comprimé;* narines *entourées* d'une membrane saillante; tarses *emplumés* près de l'articulation avec le tibia; dix rectrices étagées, *longues, molles;* troisième rémige la plus longue; langue *non élastique.*

Espèce.

LE COUCOU. (*C. Canorus.*)

DESCRIPT. — Membrane jaune orange autour du bec et des yeux; iris jaune; parties supérieures, cou et poitrine cendré-bleuâtre; parties inférieures blanchâtres, rayées transversalement de brun noirâtre; rectrices noirâtres avec quelques taches blanches; longueur onze pouces.

La femelle diffère très-peu du mâle; l'œuf est blanc-verdâtre, ou bleuâtre; tacheté de cendré-olivâtre.

Les jeunes ont toutes les plumes roux-brun cendré; une tache blanche derrière la tête; les bandes transversales noirâtres, très-rapprochées et larges, varient successivement de nuance jusqu'à l'état parfait.

Le coucou arrive au printemps et émigre à la fin de l'automne; se nourit d'insectes, de chenilles, et d'œufs qu'il prend dans les nids des autres oiseaux.

Le coucou ne marche que très-difficilement ayant les pattes très-courtes et la queue longue. Aussi est-il toujours perché dans les arbres. Il vit solitaire; on sait qu'il ne fait pas de nid, et que la femelle dépose ses œufs dans le nid d'oiseaux beaucoup plus faibles, tels que le rouge-gorge, la fauvette, etc., qui le couvent et nourissent cet étranger comme leurs propres petits. D'où vient cette particularité, commune à toutes les espèces étrangères du même genre ? On n'a encore que des conjectures : la plus généralement admise est que, la conformation interne du coucou, dont le gésier, placé plus en arrière que dans les autres oiseaux, et moins protégé par le sternum, gênerait l'animal lors de l'incubation : d'autres prétendent que la femelle cherche à soustraire son œuf à la voracité du mâle; la première hypothèse semblerait plus plausible. Le fait est constant; quant à la cause, ainsi que beaucoup d'autres, elle est encore, et sera peut-être long-temps ignorée. Depuis Aristote le fait est connu, et depuis plus de deux mille ans, le pourquoi n'a pu être déterminé.

On a débité que le jeune coucou avale les petits de l'oiseau qui l'a couvé, et même la mère qui l'a élevé. Rien ne justifie cette assertion. J'ai trouvé un nid de rouge-gorge dans lequel il y avait quatre petits et un coucou : j'ai acquis la certitude que les petits rouge-gorges, ayant atteint plus tôt leur accroissement, s'échappèrent du nid, où il ne resta que le jeune coucou que j'élevai et que je conservai pendant environ quatre mois; je le nourrissais de pâtée, de mie de pain et d'œufs. Il buvait comme un autre oiseau. Il s'était apprivoisé au point de revenir à la maison un jour qu'il s'était envolé, ayant trouvé la porte de la cage ouverte, et après l'avoir cru perdu pendant toute la journée.

Ce qu'on appelle vulgairement *bave du coucou*, n'est autre chose que la sécrétion d'une matière écumeuse blanchâtre de la larve d'un insecte nommé *cercope écumeuse* qui s'attache aux plantes.

Parmi les espèces de coucous étrangers, nous remarquerons *le coucou indicateur* d'Afrique qui, très-friand de miel, indique réellement par ses cris répétés aux chasseurs, l'arbre creux dans lequel les abeilles sauvages se sont établies et attend tranquillement la part du butin qui lui est toujours réservée.

DEUXIÈME GENRE.

PIC. (*Picus.*)

CARACT. DU G. — Bec *droit*, *anguleux*, *tranchant*, à

pointe *émoussée* ; arête *droite* ; narines cachées par les poils dirigés en avant, queue formée de dix à douze rectrices *étagées*, *roides*, *élastiques*, *pointues*, propres à former un point d'appui lorsque l'oiseau grimpe; ailes médiocres; troisième et quatrième rémiges les plus longues; langue *gluante*, *élastique*, susceptible de s'allonger.

Les cornes, ou prolongement cartilagineux de l'os hyoïde, sont très-longues, *élastiques*, et se recourbant dans l'intérieur des joues, derrière les oreilles, jusque vers le frontal, permettent à ces oiseaux d'allonger étonnamment leur langue enduite d'une matière très-gluante.

Première espèce.

Le Pic-Vert. (*P. Viridis.*) *Pleu-Pleu*, *Avocat des meuniers*.

Descript. — Iris *blanc* ; sommet de la tête, occiput, et larges moustaches d'un rouge éclatant ; parties supérieures d'un *beau vert*, croupion *jaunâtre* : parties inférieures cendré verdâtre, rémiges tachetées de blanchâtre ; rectrices rayées transversalement de brun. Longueur un pied.

Les femelles ont les couleurs moins vives; moins de rouge, et les moustaches noires.

Les jeunes ont l'iris cendré-noirâtre, toutes les couleurs beaucoup plus ternes et les parties inférieures rayées transversalement de brun.

Le pic-vert se nourrit d'insectes ainsi que les espèces suivantes, et habite toujours notre pays: niche dans les trous d'arbres qu'il creuse lui-même ; pond six œufs blancs.

Le nom vulgaire, *avocat des meuniers*, vient de la persuasion que les habitans de la campagne ont que, le cri *pleu pleu* assez sonore qu'il fait entendre, est l'annonce certaine de l'eau qui doit tomber. Cependant les prédictions du pic-vert ne sont pas plus infaillibles que celles du célèbre Mathieu-Laensberg.

« Le pic-vert se tient à terre plus souvent que les autres pics, surtout près des fourmillières, où l'on est assez sûr de le trouver, et même de le prendre avec des lacets; il attend les fourmis au passage, couchant sa longue langue dans le petit sentier qu'elles ont coutume de tracer et de suivre à la file, et lorsqu'il sent sa langue couverte de ces insectes, il la retire pour les avaler; mais si les fourmis ne sont pas assez en mouvement, et lorsque le froid les tient encore renfermées, il va sur la fourmillière, l'ouvre avec les pieds et le bec; et, s'établissant au milieu de la brèche qu'il vient de faire, il les saisit à son aise et avale aussi leurs chrysalides.

« Dans tous les autres temps, il grimpe contre les arbres qu'il attaque et qu'il frappe à coups de bec redoublés; travaillant avec la plus grande activité, il dépouille souvent les arbres secs de leur écorce; on entend de loin ses coups de bec, et l'on peut les compter..... On a dit qu'après quelques coups de bec, il va de l'autre côté de l'arbre pour voir s'il l'a percé; mais c'est plutôt pour recueillir sur l'écorce les insectes qu'il a réveillés et mis en mouvement; et, ce qui paraît encore plus certain, c'est que le son rendu par la partie du bois qu'il frappe semble lui faire connaître les endroits creux où se nichent les vers qu'il recherche, ou bien une cavité dans laquelle il puisse se loger lui-même et disposer son nid.

« C'est au cœur d'un arbre qu'il le place; à quinze ou vingt pieds au-dessus de terre, et plus souvent dans les arbres de bois tendre, comme trembles ou marsaulles, que dans les chênes. Le mâle et la femelle travaillent incessamment et tour à tour à percer la partie vive de l'arbre jusqu'à ce qu'ils rencontrent le centre carié. Ils le vident et le creusent, rejetant au dehors avec leurs pieds les copeaux et la poussière du bois; ils rendent quelquefois leur trou si oblique et si profond que la lumière du jour ne peut y pénétrer. » (*Buffon.*)

Deuxième espèce.

LE GRAND-PIC NOIR. (*P. Martius.*)

DESCRIPT. — Iris blanc-jaunâtre; parties supérieures de la tête d'un roux vif; tout le corps d'un *beau noir*; ventre et abdomen roussâtres.

Les femelles n'ont qu'une tache à l'occiput; mœurs de l'espèce précédente.

Je n'ai jamais vu cette espèce en Normandie, je ne l'indique que sur la foi de quelques chasseurs, entre autres M. Abadie, préparateur d'objets d'histoire naturelle, qui m'a assuré l'avoir vue dans le bois de Sommervieu. Du reste, ce n'est que très-accidentellement qu'il se trouve dans notre pays. Il habite le nord de l'Europe, en Suisse, dans les Vosges; il émigre, dit-on dans l'hiver, et c'est à cette époque qu'il peut se trouver de passage.

Troisième espèce.

MOYEN-ÉPEICHE. (*P. Medius*), *Pic-mar.*

DESCRIPT. — Iris *brun*, bande du front *cendrée*; *sommet* de la tête et occiput couverts de plumes rouges, *longues*, *effilées*; joues, cou et poitrine blanc-cendré; du bec aux yeux, une bande noire, revenant sur la poitrine, parties supérieures d'un beau noir; parties inférieures rosé-blanchâtre, avec des taches longitudinales brunes; scapulaires et moyennes couvertures des ailes blanches; abdomen rouge; rectrices latérales terminées de blanc et rayées de noir; les mitoyennes noires; longueur huit pouces.

Les femelles ont les couleurs moins vives ainsi que les jeunes qui n'ont qu'un petit espace rouge sur la tête.

Mœurs semblables à celles du pic-vert; habite constamment notre pays, dans nos forêts, niche dans les trous d'arbres. Il s'empare des vieux nids du pic-vert, ou des trous naturellement formés; pond quatre œufs d'un blanc lustré.

Quatrième espèce.

LE GRAND-EPEICHE. (*P. Major.*) *Épèque.*

DESCRIPT. — Un peu moindre que le précédent, avec lequel il est très-facile de le confondre. On le distingue en ce qu'il n'a que *l'occiput rouge, sans plumes effilées*; le bandeau du front est *blanc*, l'iris *rouge*. Les femelles n'ont point de tache rouge à l'occiput. Taille neuf pouces.

Mœurs du précédent.

Cinquième espèce.

LE PETIT-PIC-VARIÉ. (*P. Minor.*) *Perce-bois.*

DESCRIPT. — Iris *rouge*; front, tour des yeux, côté du cou et parties inférieures d'un blanc sale, rayés longitudinalement de brun noir; sommet de la tête rouge; occiput, derrière du cou et manteau noirs; pennes du dos, rémiges tachetées de blanc; abdomen *blanc sale*; rectrices latérales blanches, rayées de noir. Tarses emplumés à moitié. Taille cinq pouces et demi.

Les femelles, ainsi que dans les espèces précédentes, n'ont point de rouge à la tête; mœurs semblables; niche dans les trous naturels des arbres, pond cinq œufs vert-blanchâtre.

Aucune de ces espèces ne peut s'élever en cage. Il y a encore une espèce de pic, nommé *tridactyle*, qui n'a que deux doigts en avant, et *un* en arrière, qui se trouve rarement en France.

TROISIÈME GENRE.

LE TORCOL. (*Yunx.*)

CARACT. DU G. — Bec *droit*, en *cône*, *déprimé*, *effilé*

vers la pointe ; arête *arrondie* ; narines *nues*, en partie fermées par une membrane ; rectrices *arrondies*, *molles*, n'offrant point d'appui solide ; deuxième rémige la plus longue.

Espèce.

Le Torcol. *(Y. Torquilla.)*

Descript. — Iris brun-jaunâtre ; bec olivâtre ; parties supérieures brunes, vermiculées de petites ondes noirâtres, et de mèches longitudinales fauves et noirâtres ; parties inférieures blanchâtres, rayées transversalement de noirâtre. Queue rayée en zig-zag de noir, arrondie. Taille six pouces et demi.

Les femelles ont les teintes moins vives, les bandes noirâtres sur le dos moins longues.

Cette espèce émigre vers l'automne, se nourrit d'insectes, niche dans les trous naturels des arbres, pond cinq ou dix œufs d'un blanc pur.

« Cet oiseau se reconnaît au premier coup-d'œil par un signe, ou plutôt par une habitude qui n'appartient qu'à lui : c'est de tordre et de tourner le cou de côté et en arrière, la tête renversée vers le dos, et les yeux à demi fermés, pendant tout le temps que dure ce mouvement, qui n'a rien de précipité, et qui est au contraire lent, sinueux, et tout semblable aux replis ondoyans d'un reptile. Il paraît être produit par une convulsion de surprise et d'effroi, ou par une crise d'étonnement à l'aspect de tout objet nouveau. C'est aussi un effort que l'oiseau semble faire pour se dégager lorsqu'il est retenu. Cependant cet étrange mouvement lui est naturel, et dépend en grande partie d'une conformation particulière, puisque les petits dans le nid se donnent les mêmes tours de cou ; en sorte que plus d'un dénicheur effrayé les a pris pour de petits serpents,... ce sont apparemment ces bizarres attitudes et ces tortures naturelles qui ont anciennement frappé les yeux de la superstition quand elle adopta cet oiseau dans les enchantemens, et qu'elle en prescrivit l'usage comme du plus puissant des philtres.

« L'espèce du torcol n'est nombreuse nulle part, et chaque individu vit solitairement et voyage de même; on les voit arriver seuls au mois de mai; nulle société que celle de leurs femelles, encore cette union est-elle de très-courte durée : car ils se séparent bientôt et repartent seuls en septembre. Un arbre isolé au milieu d'une large haie est celui que le torcol préfère; il semble le choisir pour se percher plus solitairement. Sur la fin de l'été on le trouve également seul dans les blés, surtout dans les avoines et les petits sentiers qui traversent les pièces de blé noir. Il prend sa nourriture à terre et ne grimpe pas contre les arbres comme les pics, quoiqu'il ait le bec et les pieds conformés comme eux. » (*Buffon.*)

Dans cet ordre des oiseaux, se trouvent les toucans, remarquables par leur énorme bec, presqu'aussi long que leur corps, les perroquets qui ont une grande facilité à imiter la voix humaine, les aras, les perruches, les cacatoës, ou perroquets blancs, remarquables par leur belle aigrette, etc., toutes espèces exotiques, quoique cependant l'aras niche en domesticité.

N°. 15. — ANALYSE DES GENRES DU 4ᵉ ORDRE. LES GALLINACÉS.

1. { Queue plus ou moins courte. 2
   { ————— longue 7

2. { Queue verticale, comprimée. . . . . Coq. . . . . . 2ᵉ. Genre.
   { —— horizontale. 3

3. { Premières rémiges beaucoup plus longues que les autres ; queue égale. . Pigeon. . . 1ᵉʳ. Genre.
   { Toutes les rémiges d'égale longueur. 4

4. { Appendice ou caroncule sur le bec. . . . . . . Dindon. . . 4ᵉ. Genre.
   { Point de caroncule. 5

5. { Tête dégarnie de plumes. . . . . Pintade. . . 6ᵉ. Genre.
   { —— garnie de plumes 6

6. { Rudiment ou vestiges d'éperon. . . . . Perdrix. . . 7ᵉ. Genre.
   { Point de rudiment d'éperon. . . . . Caille.

7. { Queue arrondie . . . . Paon. . . . 3ᵉ. Genre.
   { —— en pointe. . . . . Faisan. . . 5ᵉ. Genre.

CHAPITRE XXVII.

QUATRIÈME ORDRE.
LES GALLINACÉS.

CARACTÈRES DE L'ORDRE.

Pennes des ailes courtes, *arquées*; trois doigts en avant, *garnis* d'une membrane à leur base, (le genre pigeon excepté) narines renflées; mandibule supérieure *arquée, voûtée*; recouverte à la base d'une membrane; rectrices arrondies ou étagées, droites dans le genre pigeon.

Cet ordre se partage en huit genres. Parmi les espèces qui le composent en Normandie, nous n'avons que le pigeon ramier, la tourterelle, la perdrix et la caille, qui se trouvent à l'état naturel; toutes les autres sont élevées en domesticité : delà cette étonnante diversité dans les mœurs, les habitudes (page 65) et le plumage des différentes espèces que nous élevons dans nos basses-cours pour l'utilité et l'agrément.

Le nom de cet ordre vient de *gallus*, coq, type de cette coupe. Toutes les espèces de cet ordre sont granivores.

PREMIER GENRE.

PIGEON. (*Columba.*)

CARACT. DU G. — Queue *égale*; premières rémiges *longues*; bec médiocre comprimé, nu à sa base; mandibule supérieure, voûtée, renflée, *couverte d'une peau molle* qui recouvre les narines; trois doigts antérieurs, *entièrement divisés*; point *d'ergot, ou éperon*; rectrices *horizontales*; deuxième rémige la plus longue. (1)

Les pigeons vivent par couples; on sait quel est l'attachement du mâle et de la femelle pour leurs petits; toutes les espèces de ce genre, pondent *deux œufs*, entièrement blancs, qu'ils déposent sur un nid composé de petites branches sèches; la durée de l'incubation est de *dix-huit jours*; la mère leur donne d'abord la nourriture toute prête à digérer, réduite en pâte molle, en véritable chyme; à fur et mesure que les petits grandissent, la nourriture est plus solide; le père et la mère la leur donnent aussitôt qu'ils viennent de la prendre.

Nous ne parlerons point ici des nombreuses espèces ou variétés de pigeons domestiques, dont le type se trouve dans le pigeon ramier, le bizet et la tourterelle.

Première espèce.

Le Pigeon Ramier. (*C. Palumbus.*)

Descript. — Iris blanc-jaunâtre; tête, gorge, croupion cendré-bleuâtre; demi-collier blanc; parties antérieures du cou et poitrine d'un roux vineux, à reflets métalliques; dos et ailes cendré-brun; ventre cendré bleuâtre; rémiges brunes bordées de blanc, rectrices cendré-bleuâtre, terminées de noirâtre; taille dix-sept pouces et demi.

Les femelles ont toutes les couleurs moins prononcées et le collier blanc très-étroit.

Cette espèce se montre par troupes nombreuses en hiver; au printemps, vit par couples isolés, niche dans nos forêts, sur les arbres élevés.

(1) Voyez page 141, l'observation sur la classification du genre pigeon.

Deuxième espèce.

LE BIZET. (*C. Livia.*)

DESCRIPT. — Iris rouge-jaunâtre ; couleur générale du corps gris-ardoisé, cou vert ; *croupion blanc*, une double bande noire sur les ailes ; taille un pied.

Cette espèce ne se trouve point à l'état réellement sauvage dans nos provinces, mais habite les colombiers, les tours des églises; conserve sa couleur particulière.

Toutes les espèces ou variétés de pigeons compris sous le nom de pigeons *de fuie*, varient à l'infini, non-seulement de couleurs, mais encore de genre de vie et d'habitudes

Troisième espèce.

LA TOURTERELLE. (*C. Turtur.*) Teurtre.

DESCRIPT. — Iris rouge-jaunâtre ; sommet de la tête et derrière du cou gris-cendré ; sur la partie postérieure du cou un collier de plumes terminées de blanc; dos brun cendré; cendré-bleuâtre sur les ailes ; gorge et poitrine d'un roux vineux; ventre blanc sale. Taille onze pouces.

Toutes ces couleurs sont plus pâles chez les femelles. Cette espèce arrive au printemps et repart à l'automne.

On l'élève en domesticité; elle s'apprivoise aisément : on élève également une autre espèce la tourterelle à collier (*C. risoria*) originaire d'Afrique, qui varie du blond au blanc.

DEUXIÈME GENRE.

COQ. (*Gallus.*)

CARACT. DU G. — Bec médiocre ; *crête charnue* sur le front, appendices de même nature, nommés *margeotes* à la base de la mandibule inférieure; espace nu sur les joues; ergot ou éperon fixé à la partie postérieure du tarse. Rectrices placées sur deux plans verticaux.

Originaires de l'Inde, où on les trouve à l'état sauvage, dans les montagnes des Gates, le coq et la poule, répandus partout en domesticité, ne conservent plus 'que les caractères génériques; quant aux formes, couleurs, mœurs, elles sont trop connues pour être décrites ici, et elles varient à l'infini.

Le temps de l'incubation est de vingt et un jours ; la poule seule est chargée du soin d'élever la famille. On connaît son instinct, sa tendresse pour ses *poussins*.

Les poules ne pondent ordinairement qu'un œuf par jour, quelquefois, mais rarement deux; souvent, le second œuf, qui n'est qu'une superfétation, *n'a point de jaune* et est très-petit : longtemps on a cru que c'était un *œuf de coq*; delà mille préjugés...

>Des Grecs et des Romains autrefois révéré,
>Le coq était des Dieux l'interprète sacré.
>
>J'omets ses vains honneurs, je chante ses services
>Lorsque du jour l'aurore, apportant les prémices,
>Blanchit de sa lumière et les monts et les toits,
>Du héraut du soleil vous entendez la voix.
>Il l'appelle, il l'annonce, et lui rend son hommage;
>Des heures de la nuit son chant fait le partage;
>Il en marque le cours et celui du sommeil,
>Il fixe le travail, le repos, le réveil ;
>Il est du temps qui fuit la mesure vivante.
>Sa tendresse, toujours active et vigilante,
>Défend le peuple heureux qu'il conduit par ses soins.
>Roi sensible, époux tendre, il veille à leurs besoins.
>
>(Rosset.)

On sait quel est l'instinct des poules dans l'éducation de leurs poulets.

>Cependant qui l'eût cru ! si constant dans ses lois,
>Cet admirable instinct se trompe quelquefois :
>La poule qui, pour nous modèle de tendresse,
>A l'aspect du milan, se hérisse et se dresse,
>Des canards quelquefois échauffe le berceau ;
>Tout à coup à leurs yeux s'il se montre un ruisseau,
>Leur instinct se trahit, la troupe vagabonde
>Reconnaît sa patrie et s'élance dans l'onde :
>La fausse mère, alors, ignorant leur destin,
>Vole d'un bord à l'autre et les rappelle en vain.
>A peine encor sorti de sa coque fragile,
>Déjà l'heureux essaim, navigateur agile,
>Vogue, et sans écouter son inutile cri,
>Parcourt avec transport son élément chéri.
>Le sage les observe, et sa raison compare
>Et l'instinct qui devine, et l'instinct qui s'égare.

>(Delille.)

TROISIÈME GENRE.

LE PAON. (*Pavo.*)

CARACTÈRES DU G. — *Aigrette sur la tête*; queue *arrondie, horizontale*, pouvant se redresser en éventail; tectrices du croupion *extrêmement longues, brillantes, à reflets métalliques*, terminées par un disque nommé œil, susceptibles de se dresser en cercle lorsque le paon fait la roue.

Espèce.

Le Paon. (*P. Cristatus.*)

DESCRIPT. — Iris jaune; tour des yeux blanc : aigrette de

vingt-cinq à trente petites plumes, garnies de barbes très-fines, terminées par un disque de barbules; tête, cou, gorges et poitrine d'un bleu azuré, éclatant; tectrices du dos dorées, celles du croupion s'allongeant et atteignant jusqu'à cinq pieds de longueur, recouvrant et dépassant les rectrices; parties inférieures gris noirâtre; tectrices claire; variées de lignes noires et fauves, transversales; grandes rémiges rousses; pieds très-longs, mal conformés éperonnés; taille de quatre à cinq pieds.

Les femelles sont moins fortes, ont l'aigrette vert-cendré, la tête et le cou vert-bleuâtre, cendré, la gorge blanche, les parties supérieures brun-cendré, les inférieures variées de gris-vert blanchâtre, et les pieds sans éperons.

Leurs rectrices caudales ne dépassent point les rectrices. Elles ne font jamais la roue. La femelle couve seule les œufs au nombre ordinairement de six, blancs, tachetés de points rougeâtres; la *paonne* pond de deux jours l'un. Le temps de l'incubation est de trente jours. Les petits paons s'élèvent difficilement, ainsi que les jeunes dindes, et exigent la même nourriture.

Ce n'est qu'après trois ans que la queue du paon mâle est parée de ses riches couleurs, mais ce n'est que la sixième et septième année qu'on y voit briller le luxe asiatique et toute la pompe orientale. Le paon peut vivre de vingt-cinq à trente ans en domesticité.

Il y a des variétés blanches, émaillées. L'espèce primitive se trouve dans l'Inde, et la conquête de ce bel oiseau est due à l'expédition d'Alexandre, environ trois cents ans avant Jésus-Christ.

Le cri du paon est rauque, perçant; il le fait entendre surtout lors des variations atmosphériques.

« Si l'empire appartenait à la beauté et non à la force, le paon serait, sans contredit, le roi des oiseaux; il n'en est point sur qui la nature ait versé ses trésors avec plus de profusion : la taille grande, le port imposant, la démarche fière, la figure noble, les proportions du corps élégantes et sveltes, tout ce qui annonce un être de distinction lui a été donné. Une aigrette mobile et légère, peinte des plus riches couleurs, orne sa tête et l'élève sans la charger; son incomparable plumage semble réunir tout ce qui flatte nos yeux dans le coloris tendre et frais des plus belles fleurs, tout ce qui éblouit dans les reflets pétillants des pierreries; tout ce qui les étonne dans l'éclat majestueux de l'arc-en-ciel. Non-seulement la nature a réuni sur le plumage du paon toutes les couleurs du ciel et de la terre, pour en faire le chef-d'œuvre de sa magnificence, elle les a encore mêlées, assorties, nuancées, fondues de son inimitable pinceau, et en a fait un tableau unique, où elles tirent de leur mélange avec des nuances plus sombres, et de leurs oppositions entr'elles, un nouveau lustre et des effets de lumière si sublimes que notre art ne peut ni les imiter ni les décrire.... Mais ces plumes brillantes, qui surpassent en éclat les plus belles fleurs se flétrissent aussi comme elles et tombent chaque année. Le paon, comme s'il sentait la honte de sa perte, craint de se faire voir dans cet état humiliant, et cherche les retraites les plus sombres pour s'y cacher à tous les yeux, jusqu'à ce qu'un nouveau printemps, lui rendant sa parure accoutumée, le ramène sur la scène pour y jouir des hommages dus à sa beauté: car on prétend qu'il en jouit en effet; qu'il est sensible à l'admiration; que le vrai moyen de l'engager à étaler ses belles plumes, c'est de lui donner des regards d'attention et des louanges, et qu'au contraire, lorsqu'on paraît le regarder froidement et sans beaucoup d'intérêt, il replie tous ses trésors et les cache à qui ne sait point les admirer. » *(Buffon.)*

QUATRIÈME GENRE.

LE DINDON. *(Meleagris.)*

CARACT. DU G. — *Caroncule*, vulgairement *morve*, sur le front, pendante sur le bec; membrane charnue, flottante sous la gorge; bec, cou robustes; tête et cou *dégarnis* de plumes, couverts de rugosités, avec quelques poils roides;

dix-huit rectrices que l'animal *redresse* à volonté pour faire *la roue*, ou *piaffer* ; vestiges d'éperon, faible, obtus ; quatrième rémige la plus longue.

Espèce.

Le Dinde. (*M. Gallopavo.*) Picot, Jésuite.

Descript. — Caractères du genre ; du reste très-connu, et varie beaucoup de plumage en domesticité.

Les mâles ont un *pinceau* ou bouquet de *crin* sur la poitrine.

Les femelles, ou poules dindes, ne font point la roue ; elles couvent trente jours ; les jeunes dindons sont assez difficiles à élever.

Le dindon est originaire de l'Amérique septentrionale. Les missionnaires jésuites les introduisirent en Europe sous le règne de François Ier. Delà cette plaisanterie de M. Talleyrand au célèbre Cuvier : Quel est le plus reconnaissant des animaux, lui demanda-t-il un jour ? le savant naturaliste en cita plusieurs.... Point, lui dit Talleyrand.... je vais vous le dire : ce sont les dindons ; en effet, les jésuites ont amené les dindons en France, et il n'y a que les dindons qui voudraient y ramener les jésuites.

« Si le coq ordinaire est l'oiseau le plus utile de la basse-cour, le dindon domestique est le plus remarquable, soit par la grandeur de sa taille, soit par la forme de sa tête, soit par certaines habitudes naturelles qui ne lui sont communes qu'avec un petit nombre d'autres espèces... Sur la base du bec supérieur s'élève une caroncule charnue, de forme conique, et sillonnée par des rides transversales assez profondes. Cette caroncule n'a guères plus d'un pouce de hauteur dans son état de contraction ou de repos, c'est-à-dire, lorsque le dindon, ne voyant autour de lui que des objets auxquels il est accoutumé, et n'éprouvant aucune agitation intérieure, se promène tranquillement en prenant sa pâture ; mais si quelque objet étranger se présente inopinément, cet oiseau, qui n'a rien dans son port ordinaire que d'humble et de simple, se rengorge tout à coup avec fierté; sa tête et son cou se gonflent; la caroncule conique se déploie, s'allonge, descend deux ou trois pouces plus bas que le bec qu'elle recouvre entièrement; toutes ses parties charnues se colorent d'un rouge vif; en même temps les pennes du cou et du dos se hérissent et la queue se relève en éventail, tandis que les ailes s'abaissent en se déployant jusqu'à traîner par terre. Dans cette attitude, tantôt il va piaffant autour de sa femelle, accompagnant son action d'un bruit sourd que produit l'air de la poitrine s'échappant par le bec, et qui est suivi d'un long bourdonnement; tantôt il la quitte pour menacer ceux qui viennent le troubler. Dans ces deux cas, sa démarche est grave et s'accélère seulement dans le moment où il fait entendre ce bruit sourd dont j'ai parlé; de temps en temps il interrompt cette manœuvre pour jeter un autre cri plus perçant, que tout le monde connaît, et qu'on peut lui faire répéter tant qu'on veut, soit en sifflant, soit en lui faisant entendre des sons aigus quelconques. »

(*Buffon.*)

CINQUIÈME GENRE.

LE FAISAN. (*Phasianus.*)

CARACT. DU G. — *Queue très-longue, étagée*; les deux rectrices du milieu dépassant considérablement les autres; joues *nues*; bec médiocre, épais, dix-huit rectrices étagées; quatrième et cinquième rémiges les plus longues. Le mâle seul a un éperon.

Espèce.

LE FAISAN. (*P. Cotchicus.*)

DESCRIPT. — Iris jaune, bec brun, sommet de la tête

d'un vert obscur; membrane calleuse, rouge autour des yeux; une petite touffe de plumes de chaque côté de la tête, formant deux petites cornes; parties supérieures d'un brun marron, nuancé de pourpre et de blanc; gorge et dessus du cou vert brillant; poitrine pourprée, relevée de vert; parties inférieures roussâtres; rectrices gris-olivâtre; bordées de brun et rayées de noir : longueur trois pieds.

Les femelles n'ont point d'espace nu autour des yeux; leur couleur est brun-gris, mélangé de roux noirâtre.

Les œufs sont gris-verdâtre, tachetés de brun roussâtre; la faisanne en pond de douze à dix-huit; les petits sont aussi difficiles à élever que les petits dindes.

Outre le faisan ordinaire, on élève encore le faisan argenté et le beau faisan doré de la Chine, un des plus beaux oiseaux.

« Il suffit, dit Buffon, de nommer cet oiseau, pour se rappeler le lieu de son origine; le faisan, c'est-à-dire, l'oiseau du Phase, était dit-on confiné dans la Colchide, avant l'expédition des Argonautes. Ce sont les Grecs qui, en remontant le Phase, pour arriver à Colchos, virent ces beaux oiseaux répandus sur les bords du fleuve, et qui, en les rapportant dans leur patrie, lui firent un présent plus riche que celui de la Toison-d'Or. »

SIXIÈME GENRE.

LA PINTADE. (*Numida.*)

CARACT. DU G. — *Tête nue*, garnie de quelques poils; queue *très-courte, inclinée* vers la terre; mandibule supérieure couverte à la base d'une membrane verruqueuse; sur le sommet de la tête une sorte de *casque osseux rouge, point* d'éperon; quatrième rémige la plus longue.

Espèce.

LA PINTADE ORDINAIRE. (*N. Meleagris.*)

DESCRIPT. — Fond du plumage ordinairement bleuâtre,

régulièrement tacheté de blanc : poitrine bleu cendré uniforme; membrane ou *margeote* rouge, pendante sous la mandibule inférieure; taillé vingt-deux pouces.

La pintade, ou poule de Numidie pond et couve à peu près comme la poule ordinaire. C'est un oiseau vif, inquiet, turbulent, qui n'aime point à se tenir en place, et qui sait se rendre maître de la basse-cour; la pintade est un oiseau très-criard; et ce n'est pas sans raison que Brown l'a appelé *gallus clamosus*; le nom de poule de Numidie a été donné à cet oiseau parce qu'il se trouve à l'état sauvage dans la province de ce nom en Afrique.

SEPTIÈME GENRE.

LA PERDRIX. (*Perdrix.*)

CARACT. DU G. — *Tête garnie* de plumes; oreilles *nues*; *vestiges* d'éperon; bec court, nu à sa base; queue courte, courbée vers la terre; quatrième et cinquième rémiges les plus longues.

Première espèce.

LA PERDRIX GRISE. (*P. Cinereus.*)

DESCRIPT. — Iris marron; bec brun olivâtre; face, sourcils et gorge roux clair; espace nu et rouge derrière les yeux; parties supérieures brun cendré, avec des taches noires en zig-zag, ainsi que la poitrine dont le fond est cendré bleuâtre, strié de noir; large cercle marron nommé *fer à cheval* sur la partie antérieure du ventre; flancs roux, ventre blanchâtre; rectrices latérales rousses; pieds gris; taille un pied.

Les femelles ont les teintes plus pâles et n'ont point le fer à cheval sous le ventre. Les jeunes, nommés perdreaux, ont les pieds jaunâtres, et n'ont point de rouge derrière les yeux; cette couleur ne paraît qu'à trois mois.

Habite constamment notre pays, niche à terre dans les

blés, les trèfles, pond dix-huit œufs cendré verdâtre, roussâtre terne. Vit d'abord en compagnie et ensuite par couples. La femelle seule couve les œufs.

Varie accidentellement de couleur : je possède un individu qui a un collier blanc à la poitrine ; je le dois à l'obligeance de MM. de Saon et de Sallen.

Il y a une variété de cette espèce nommée *perdrix de bois, de passage*, qui est beaucoup plus petite, et ne se trouve qu'accidentellement. Elle n'est effectivement que de passage dans nos contrées, où elle niche quelquefois. M. Victor Vautier m'en a procuré deux individus qu'il avait élevés.

« Le mâle, qui n'a point pris de part au soin de couver les œufs, partage avec la mère celui d'élever les petits. Ils les mènent en commun, les appellent sans cesse, leur montrent la nourriture qui leur convient et leur apprennent à se la procurer en grattant la terre avec leurs ongles ; il n'est pas rare de les trouver accroupis l'un auprès de l'autre, et couvrant de leurs ailes leurs poussins, dont les têtes sortent de tous côtés, avec des yeux fort vifs ; dans ce cas le père et la mère se déterminent difficilement à partir, et un chasseur qui aime la conservation du gibier se détermine encore plus difficilement à les troubler dans une fonction si intéressante ; mais enfin si un chien s'emporte et qu'il les approche de trop près, c'est toujours le mâle qui part le premier, en poussant des cris particuliers, réservés pour cette seule circonstance. Il ne manque guères de se poser à trente ou quarante pas ; et on en a vu plusieurs fois revenir sur le chien en battant des ailes, tant l'amour paternel inspire de courage aux animaux les plus timides ; mais quelquefois il inspire encore à ceux-ci une sorte de prudence et de moyens combinés pour sauver leur couvée. On a vu le mâle, après s'être présenté, prendre la fuite, mais fuir pesamment et en traînant l'aile comme pour attirer l'ennemi par une proie facile, et fuyant toujours assez pour n'être point pris, mais assez pour décourager le chasseur ; il l'écarte de plus en plus de la couvée. D'un autre côté, la femelle, qui part un instant après le mâle, s'éloigne beaucoup plus et toujours dans une autre direction; à peine s'est-elle abattue qu'elle revient sur-le-champ, en courant le long des sillons, et s'approche de ses petits, qui sont blottis chacun de leur côté, dans les herbes et dans les feuilles; elle les rassemble promptement, et avant que le chien qui s'est emporté, ait eu le temps de revenir, elle les a déjà emmenés fort loin, sans que le chasseur ait entendu le moindre bruit. » (*Buffon.*)

Deuxième espèce.

La Perdrix rouge. (*P. Rufa.*)

Descript. — Iris marron; tour des yeux rouge; front cendré bleuâtre, nuque gris rougeâtre, parties supérieures cendré roussâtre; large bande blanche au-dessus des yeux; joues et gorge d'un blanc pur, entourées d'un cercle noir qui se dilate sur la poitrine en raies et taches; parties supérieures de la poitrine cendré roussâtre, cendré simplement à la partie inférieure; ventre roux clair; plumes des flancs cendrées, avec des bandes blanches bordées de noir, et terminées par un large croissant roux; pieds rouges; taille treize pouces.

Les femelles ont les teintes plus faibles.

Cette espèce perche sur les arbres; niche à terre comme la précédente; pond dix-huit œufs jaune sale, tachetés de roux et de cendré. Habite plus spécialement le bocage; rare dans nos plaines.

Plusieurs chasseurs m'ont assuré avoir tué une espèce de perdrix rouge beaucoup plus forte que la perdrix rouge ordinaire; ce serait alors la *perdrix bartavelle ou grecque*, qui a le front *noir*, les parties supérieures *gris-bleuâtre*, les scapulaires et grande tectrices claires, *cendrées*, terminées de jaunâtre. Taille 15 pouces.

Troisième espèce.

La Caille. (*P. Coturnix.*)

Descript. — Iris noisette ; bec couleur de chair ; sommet de la tête varié de noir roussâtre, portant trois bandes longitudinales, parties supérieures cendré brun, avec des taches noires et des bandes jaunâtres, gorge rousse, entourée de deux bandes brun noirâtre ; parties inférieures roux clair, avec des taches longitudinales blanches ; queue rabattue composée de quatorze rectrices ; longueur sept pouces et demi.

La femelle a la gorge blanche sans tache brune ; la poitrine blanc-jaunâtre.

La caille ne vit pas par couples comme la perdrix ; la femelle seule a soin des petits.

On sait que les cailles émigrent vers l'automne et reviennent dans les beaux jours du printemps ; mais ce qui est vraiment étonnant, c'est que ces oiseaux, dont le vol sur la terre est pesant, puissent franchir la Méditerranée pour passer d'Europe en Afrique. Des observateurs ont remarqué qu'elles choisissent un vent favorable. « M. Le Commandeur Godeheu, dit Buffon, a reconnu que les cailles au printemps n'abordaient à Malte qu'avec le nord-ouest qui leur est contraire pour gagner la Provence, et qu'à leur retour, c'est le sud qui les amène dans cette île, parce qu'avec ce vent elles ne peuvent aborder en Barbarie. »

« Des marins, dit le même auteur, assurent que lorsque les cailles sont surprises par des vents contraires, elles s'abattent sur les vaisseaux.

« Vers le commencement de l'automne, on en prend une si grande quantité dans l'île de Caprée que le produit de cette chasse fait le principal revenu de l'évêque de l'île, appelé, par cette raison, *l'évêque des cailles.*

« On en prend aussi beaucoup dans les environs de Pesaro, sur le golfe Adriatique, vers la fin du printemps ; enfin, il en tombe une quantité si prodigieuse sur les côtes occidentales du royaume de Naples, aux environs de Nettuno, que, sur une étendue de côtes de quatre ou cinq milles, on en prend quelquefois jusqu'à cent milliers dans un jour, et qu'on les donne pour quinze jules le cent (un peu moins de huit francs de notre monnaie) à des espèces de courtiers qui les font passer à Rome, où elles sont beaucoup moins communes.

« Le râle de genêts émigre avec elles et marche ordinairement en tête; delà on l'a nommé le *roi des cailles.*

« Il est certain qu'il reste beaucoup de cailles sur le littoral de l'Italie et de l'Espagne. » (*Buffon.*)

Les cailles fond nid dans de petits trous, dans les grains, pondent de huit à quatorze œufs obtus, verdâtre clair, tachetés de petits points ou de grandes taches brunes et noirâtres.

Dans cet ordre des oiseaux nous remarquerons les alectors et les tétras, ou coqs de bruyère, les plus grands des gallinacés, l'argus, étrangers à la Normandie.

N.° 16 — ANALYSE DES FAMILLES DU CINQUIÈME ORDRE, OU LES ÉCHASSIERS.

1 { Ailes ne servant point au vol. . . . . BRÉVIPENNES. . . (Exotiques).
  { — propres au vol. 2

2 { Bec solide, dur, de substance cornée ou osseuse. 3
  { — mou, de substance cartilagineuse ; pouce faible. . . LONGIROSTRES. . . 4°. Famille.

3 { — court, de substance cornée. 4
  { Long, gros et fort, de substance osseuse. . . . . . . CULTRIROSTRES. . 3°. Famille.

4 { Sans pouce, ou presque nul ; corps arrondi. . . . . . PRESSIROSTRES . . 2°. Famille.
  { Pouce long, ... — aplati . . . . MACRODACTYLES. . 5°. Famille.

CHAPITRE XXVIII.

CINQUIÈME ORDRE.
LES ÉCHASSIERS.

CARACTÈRES DE L'ORDRE.

Tarses arrondis, très-longs, relativement à la taille; tibia dégarni de plumes en général à la partie inférieure (le genre glariole excepté); trois doigts antérieurs sans palmure entière; cou allongé; queue courte.

L'extrême longueur des jambes de ces oiseaux, qui ressemblent à des *échasses*, a fait donner aux espèces de cet ordre le nom d'ÉCHASSIERS.

Les échassiers sont obligés, lorsqu'ils volent, de reporter leurs pattes en arrière pour rétablir l'équilibre ou centre de gravité, parce que leur queue étant très-courte, ne peut leur aider à voler.

Les variations que l'âge, le sexe, la mue et les saisons occasionent dans la plupart des échassiers, rendent parfois très-difficile la détermination exacte des espèces. Quant aux genres, leurs caractères sont assez constans pour ne point laisser de doute.

Cet ordre se partage en cinq familles, renfermant vingt et un genres qui se trouvent en Normandie.

Nous n'avons aucune espèce de la première famille, ou brévipennes, dans laquelle se trouvent l'autruche et le casoar.

DEUXIÈME FAMILLE.

LES PRESSIROSTRES.

CARACT. DE LA FAMILLE. — Bec court, de substance cornée, (osseuse dans le genre huitrier) corps arrondi; tarses sans pouce, ou presque nul, tels sont les principaux caractères des pressirostres (du latin *pressum*, comprimé, et *rostrum* bec.)

Cette petite famille se partage en quatre genres.

1 { Bec arqué et voûté. . . . . OUTARDE. 1er. Genre.
   { — Droit. 2

2 { — comprimé, osseux, point de pouce. . . HUITRIER. 2e. Genre.
   { — renflé vers la moitié, de subst. cornée, 3

3 { — renflé en dessus et en dess, point de pouce. PLUVIER 3e. Genre.
   { — seulement en dessus, vestiges de pouce. VANNEAU. 4e. Genre.

PREMIER GENRE.

OUTARDE. (*Otis.*)

CARACT. DU G. — Mandibule supérieure *arquée et voûtée*, plus longue que l'inférieure; bec de la *longueur* de la tête au plus, comprimé; *point de pouce*; les trois doigts *réunis* à leur base et *bordés* d'une membrane; rémiges courtes; la troisième la plus longue.

Première espèce.

LA GRANDE OUTARDE. (*O. Tarda.*)

DESCRIPT. — Le bec gris-brun; iris orange. Touffe de

plumes à la mandibule inférieure; tête, cou, poitrine et bord des ailes cendré clair; une raie longitudinale noire, sur le milieu de la tête; parties supérieures roux jaunâtre, rayées de noir, les inférieures blanches; rectrices roussâtres, rayées de deux bandes noires. Taille trois pieds.

Les femelles sont moins fortes, n'ont point de touffe de plumes sous la mandibule et ont le cendré du cou plus prononcé.

Cette espèce se trouve ordinairement en Italie, en Piémont, ne vient que très-accidentellement en Normandie. Elle se nourrit d'insectes, de graines; niche à terre, dans les blés; pond deux ou trois œufs d'un roux sale et d'un brun foncé.

L'outarde vole mal; et, comme l'autruche, elle se dérobe par une course rapide au chasseur qui la poursuit.

Deuxième espèce.

La Cannepétière. (*O. Tetrax.*)

Descript. — Bec gris, iris orangé. *Point de touffe de plumes*, tête et parties supérieures variées de fauve blanchâtre et de zig-zags noirâtres; taches longitudinales fauve-roussâtre sur la tête, double collier blanc au bas de la gorge et de la poitrine, en partie noire; parties inférieures blanches; tectrices supérieures de la queue et bord des ailes d'un blanc pur; rectrices blanches, avec des bandes noires; les quatre rectrices intermédiaires fauves; taille dix-huit pouces.

La femelle et les jeunes mâles ont la gorge *blanche*; la partie supérieure de la poitrine jaune clair, coupée de raies jaunes; des raies transversales noires sur les parties blanches du reste du corps.

Mœurs de l'espèce précédente; pond trois œufs d'un vert lustré. Se trouve plus communément en Normandie que la grande outarde, mais rarement.

Ces oiseaux émigrent ordinairement par troupes de cinquante à soixante individus.

DEUXIÈME GENRE.

HUITRIER. (*Hœmatopus.*)

CARACT. DU G. — *Point de pouce* ; bec *de substance osseuse*, *comprimé* en forme de coin, droit, *plus long que la tête* ; narines placées dans une rainure, sans *membrane* ; doigt externe réuni par une membrane à l'intermédiaire jusqu'à la deuxième articulation ; l'intermédiaire à l'interne par un simple rudiment. Tous les doigts bordés d'une courte membrane ; première rémige la plus longue.

Espèce.

HUITRIER. (*H. Ostralegus.*) Pie de mer.

DESCRIPT. — Bec orange vif, ainsi que le cercle nu des yeux ; iris cramoisi ; tête, haut de la poitrine, dos, ailes, extrémité de la queue d'un beau noir ; croupion, origine des rémiges et rectrices d'un blanc pur ; bandes de cette couleur sur les ailes ; parties inférieures blanches ; pieds rouge pâle ; taille quinze pouces et demi.

Les jeunes mâles ont les plumes noires, nuancées et bordées de brun ; le blanc est sale, l'iris brun noirâtre ; les pieds gris.

Cette espèce ne se trouve que pendant l'hiver sur les côtes de la Normandie ; se trouve en été sur celles de la Hollande et de l'Angleterre. Elle se nourrit d'insectes aquatiques, de petits coquillages et de mollusques.

Niche dans le Nord, parmi les herbes, pond deux œufs olivâtre clair, tachetés de noir.

TROISIÈME GENRE.

LE PLUVIER. (*Charadrius.*)

CARACT. DU G. Point de pouce ; bec droit, comprimé,

de la longueur de la tête, *renflé en dessus et en dessous* vers le milieu; aux deux tiers de la mandibule supérieure est un *sillon nazal*, dans lequel sont les narines; doigt externe réuni à la base de l'intermédiaire par une courte membrane; troisième rémige la plus longue.

Première espèce.

L'Œdicnème. (*C. Œdicnemus.*) *Courlis ou Pluvier de terre.*

Descript. — Base du bec jaune clair, extrémité noire; iris *jaune, œil très-grand*; espace blanc pur entre le bec et l'œil; parties supérieures roux cendré avec une tache longitudinale brune sur le milieu des plumes; cou et poitrine roussâtres; bande longitudinale blanche sur l'œil; parties inférieures blanches; large tache blanche sur le milieu de la première rémige, une plus faible sur la seconde; rectrices externes blanches, rayées de noirâtre, les intermédiaires rayées de brun; toutes, excepté les deux du milieu, terminées de noir; taille seize pouces.

Les jeunes ont les couleurs moins vives et l'articulation du tarse et du tibia très-forte.

Cette espèce, ainsi que toutes celles du genre, est insectivore; elle habite ordinairement le midi de l'Europe et de la France; vient pendant l'hiver, mais rarement en Normandie; niche dans le midi; dans un trou sur terre ou dans le sable; pond deux œufs brun jaunâtre, nuancés d'olivâtre, et tachetés de noirâtre.

Observation. On fait un genre de cette espèce; mais j'ai cru pouvoir la laisser dans le genre pluvier.

Deuxième espèce.

Le Pluvier doré. (*C. Pluvialis.*)

Descript. — Bec noirâtre; iris brun; tête et parties supérieures noires tachetées de *jaune doré*; les côtés cendré jaunâtre; parties inférieures *blanches*. Taille dix pouces et demi.

En été, le front et l'espace au-dessus des yeux est d'un blanc pur; les plumes des parties supérieures sont d'un noir profond, tachetées et bordées d'un jaune très-vif; les parties inférieures sont d'un *noir profond*.

Les jeunes ont les parties supérieures noir cendré, tachetées de cendré jaunâtre; du reste les nuances de couleurs varient beaucoup avec l'âge et les saisons.

Cette espèce niche dans le nord de l'Europe, pond cinq œufs vert olivâtre, tachetés de noir, se nourrit d'insectes, de vers. Commune pendant l'hiver.

Troisième espèce.

Le Pluvier Guignard. (*C. Morinellus.*)

Descript. — Bec *noir*, iris brun; sourcils *blanc roussâtre*; face blanche, pointillée de noir; sommet de la tête *gris foncé, pointillé de noir*; parties supérieures *cendré noirâtre*, nuancées de *verdâtre*; poitrines et flancs roussâtres, avec un large ceinturon blanc; taille huit pouces. (Livrée d'hiver.)

Livrée d'été : sommet de la tête *noirâtre*; nuque et côtés du cou cendrés; plumes du manteau cendrées de roux; bande brune et large, ceinturon blanc sur la poitrine; parties et flancs d'un *roux vif*, *milieu* du ventre *noir*. Ainsi que dans les autres espèces, toutes ces couleurs se modifient suivant l'âge.

De passage vers le printemps en Normandie; niche dans le nord de la Russie; ponte inconnue.

Quatrième espèce.

Le Pluvier a collier. (*C. Hiaticula.*)

Descript. — Bec *orange* et *noir*; iris brun; *front blanc*;

un large bandeau noirâtre sur le sommet de la tête ; bandelette blanche du bec aux yeux et les dépassant ; parties supérieures brun cendré ; rémiges noires, à tiges blanches ; *gorge et collier blancs* ; *large plastron noir* sur la poitrine, dont les extrémités se rejoignent sur le *dos;* parties inférieures blanches ; rectrices gris-brun, les latérales presque blanches. Taille sept pouces,

Les femelles ont les teintes noires moins vives ; les jeunes, au lieu de noir, ont du cendré noirâtre ; le plastron est brun cendré ; le bec est *noirâtre*, et le blanc du front moins large.

Habite le littoral, de passage en Normandie, où je ne crois point qu'il niche ; très-commun en Hollande ; niche sur le bord de la mer ; pond cinq œufs olive jaunâtre, rayés de noir.

Cinquième espèce.

LE PETIT PLUVIER A COLLIER. (*C. Minor.*)

DESCRIPT. — Bec *entièrement noir* ; iris brun ; espace entre l'œil et le bec, front blancs ; bandeau noir sur le sommet de la tête ; occiput et parties supérieures brun cendré ; sur la poitrine un *plastron noir*, dont les extrémités se rejoignent sur *la nuque* ; gorge, poitrine et ventre blancs ; rectrices latérales blanches, avec une bande noire sur la barbe intérieure ; les autres terminées de blanc. Taille cinq pouces.

Les femelles ont la bande frontale moins large et la bande noire plus étroite ; dans les jeunes, les plumes supérieures sont brun cendré, bordées de roux ; la base du bec jaunâtre.

Habite le midi de l'Europe, sur le littoral ; de passage en Normandie ; niche sur le bord des fleuves ; pond cinq œufs oblongs, blanchâtres, rayés de noir et tachetés de brun.

Sixième espèce.

LE PLUVIER A COLLIER INTERROMPU. (*C. Cantianus.*)

DESCRIPT.—Bec, iris noirs; front, sourcils larges, et bandes blanches sur la tête; tête et nuque *roux clair*, parties supérieures brun cendré, espace angulaire noir sur la tête; *large tache noire de chaque côté* de la poitrine, ne *formant point* un collier. Gorge et parties inférieures blanches; toutes les rémiges à baguettes blanches; les rectrices latérales blanches; la troisième blanchâtre; les autres brunes.

Les femelles n'ont point la tache angulaire noire sur la tête; les taches des côtés de la poitrine sont brun cendré; le roux de la tête est nuancé de gris; les jeunes n'ont point de noir; toutes les plumes supérieures sont cendré clair.

Habite ordinairement le nord où il niche. La femelle fait son nid sur la grève et pond cinq œufs jaune olivâtre, tiquetés de brun noirâtre.

Les pluviers vivent au bord des eaux; on les voit le long de la mer, en suivre les marées; ils courent très-vite sur la grève, en interrompant leur course de temps en temps pour voler; et toujours en criant. On les confond ainsi que d'autres espèces sous le nom de *petites de mer*.

QUATRIÈME GENRE.

LE VANNEAU. (*Tringa.*)

CARACT. DU G. — *Vestiges d'un pouce très-court*; bec court, droit, grêle *renflé, à l'extrémité*; narines placées dans la membrane du sillon nazal. Doigt externe réuni à la base de l'intermédiaire; quatrième et cinquième rémiges les plus longues.

Première espèce.

Le Vanneau huppé. (*T. Vanellus.*) *Pivi.*

Descript. — Huppe formée des plumes occipitales, noires longues, effilées, qui se relèvent derrière la nuque; bec noirâtre, ainsi que l'iris; tête, nuque, gorge et poitrine noires à reflets; parties supérieures vert foncé, à reflets éclatans; côtés du cou, ventre et base de la queue blancs; rectrices terminées de noir, excepté les extrémités. Les tectrices inférieures de la queue sont roussâtres; taille treize pouces.

Les femelles ont les couleurs noires beaucoup plus ternes; les jeunes ont la gorge variée de blanc et de brun cendré, et en général, sont variés de *gris-noir*; le jaune est très-faible dans le printemps; la livrée d'été se reconnaît aux reflets brillans de toutes les couleurs qui, jointes au port élégant du pluvier, en font un de nos plus beaux oiseaux.

Le Vanneau habite les marais; niche dans ceux de la Normandie; fait son nid dans les herbes ou joncs; pond quatre œufs olivâtres, couverts de taches noires qui se fondent sur le gros bout.

Deuxième espèce.

Le Vanneau Pluvier. (*T. Melanogaster.*) *V. Suisse.*

Descript. — Se confondrait facilement avec les pluviers, sans le caractère du *vestige de pouce* qui n'existe point dans les véritables pluviers. *Point de huppe*; iris noirâtre; bec noir; front d'un *blanc pur*; sourcils blancs, tachetés de cendré, ainsi que les côtés de la poitrine et des flancs; parties supérieures brun-noirâtre, tachetées de jaune-verdâtre; extrémité des plumes terminée de cendré blanchâtre; gorge, ventre, cuisses et couvertures supérieures de la queue d'un *blanc pur*, les couvertures inférieures rayées sur les bords de bandes diagonales brunes; livrée d'hiver. Taille dix pouces et demi.

La livrée d'été ou de noces, semble faire une espèce différente : une large bande blanche est au-dessus des yeux; les joues, la gorge, les côtés et le devant du cou, le milieu de la poitrine, les flancs et le ventre sont *noirs*. Les parties supérieures sont noires, mais l'extrémité des plumes est blanche. Les pennes du milieu de la queue sont rayées de blanc et de noir.

Cette espèce se trouve rarement en Normandie: commune en Hollande, rare en Suisse, se trouve assez communément en France. Je ne l'ai cependant vue que deux fois et pendant l'hiver; niche dans la Hollande et dans le nord; pond quatre œufs olive clair, tachetés de noir.

« Le vanneau, dit Buffon, est un oiseau fort gai : il est sans cesse en mouvement, folâtre, et se joue de mille façons dans l'air; il s'y tient par instans dans toutes les situations, même le ventre en haut, ou sur le côté et les ailes dirigées perpendiculairement, et aucun oiseau ne caracole et ne voltige plus lestement.

« Les vanneaux se jettent dans les blés verts, et couvrent le matin les prairies marécageuses pour y chercher les vers qu'ils font sortir avec une adresse singulière. Le vanneau qui rencontre un de ces petits tas de terre en boulette, ou chapelets que le ver a rejetés en se vidant, le débarrasse d'abord légèrement; et, ayant mis le trou à découvert, frappe à côté la terre de son pied et reste l'œil attentif et le corps immobile. Cette légère commotion suffit pour en faire sortir le ver qui, dès qu'il se montre est enlevé d'un coup de bec. Le soir venu, ces oiseaux ont un autre manége : ils courent dans l'herbe et sentent sous leurs pieds les vers qui sortent à la fraîcheur; ils en font ainsi une ample pâture, et vont ensuite se laver le bec et les pieds dans de petites mares ou dans les ruisseaux.

« Ces oiseaux se laissent difficilement approcher et semblent sentir de très-loin le chasseur. »

On peut garder les vanneaux en domesticité; ils se nourrissent d'insectes, ou on leur donne du cœur de bœuf coupé par filets.

N° 18. — ANALYSE DES GENRES DE LA TROISIÈME FAMILLE, OU LES CULTRIROSTRES.

2 { Bec très-déprimé ou aplati, s'élargissant en disque à l'extrémité. . . . . SPATULE. . . 1er Genre.
— comprimé; fort, aigu 2

3 { — fendu jusque sous les yeux, fosse nasale et sillon le long du bec. . . . . . . HÉRON. . . . 2e Genre.
—— médiocrement, point de fosse nasale. . . . . CIGOGNE. . . 3e Genre.

CHAPITRE XXIX.

TROISIÈME FAMILLE.

LES CULTRIROSTRES.

CARACTÈRES DE LA FAMILLE.

Tarses très-élevés; bec fort, de substance osseuse, dur, long, comprimé et aigu, le genre spatule excepté, dans lequel il est *déprimé*; un pouce.

Cette famille, dont le nom vient de *cultrum* couteau, et *rostrum* bec, contient en Normandie trois genres indiqués dans le tableau ci-contre.

PREMIER GENRE.

SPATULE. *(Platalœa.)*

CARACT. DU G. — Bec très-long, entièrement *déprimé*, dilaté en forme de *spatule* à l'extrémité, mandibule supérieure sillonnée *transversalement* à la base; face et une partie des joues nues; trois doigts antérieurs réunis jusqu'à la seconde articulation par une membrane très-découpée; un pouce; deuxième rémige la plus longue.

Espèce.

SPATULE BLANCHE. (*P. Leucorodia.*)

DESCRIPT. — Bec noir, bleuâtre, avec une tache jaune

d'ocre à l'extrémité; iris rouge; huppe jaunâtre à l'occiput; espace nu de la face et des yeux de couleur jaune pâle; tout le plumage blanc, excepté la poitrine sur laquelle est un large plastron jaune roussâtre. Taille deux pieds et demi.

Les femelles sont moins fortes et ont la huppe beaucoup plus courte; les jeunes sont entièrement blanches sans huppe, ont l'iris cendré, et les *rémiges extérieures noires*.

De passage en Normandie où elle est assez rare; très-commune en Hollande, où elle habite le bord des fleuves, niche sur les arbres, les joncs des côtes maritimes; pond trois œufs blancs avec quelques taches pâles rousses.

Les spatules se nourrissent de petits reptiles, d'insectes aquatiques, de petits coquillages, mais surtout du frai de poisson dont elles sont très-friandes. A l'approche de la saison rigoureuse, elles se rassemblent en troupe, quittent le nord, et viennent dans les contrées méridionales chercher un climat plus doux.

DEUXIÈME GENRE.

LE HÉRON. (*Ardœa.*)

CARACT. DU G. — Bec fendu jusques sous les yeux, *conique, comprimé, aigu*, mandibule à bords tranchants; sur la supérieure, une fosse nasale et un sillon longitudinal; un espace *nu* de la base du bec jusqu'aux yeux qui sont très-rapprochés du bec; doigt *externe*, réuni à l'interne par une courte membrane; ongle du milieu *denticulé* intérieurement; deuxième et troisième rémiges les plus longues.

On peut partager les espèces en deux sections, hérons à aigrette et sans aigrettes.

§. Iᵉʳ.

HÉRONS A AIGRETTE.

Première espèce.

Le Héron ordinaire. (*A. Major.*)

Descript. — Bec jaune, ainsi que l'iris; peau nue des yeux *pourpre bleuâtre*, derrière la tête est une huppe pendante de longues plumes *noires*; front *blanc*; sommet de la tête noirâtre; parties supérieures *bleuâtre cendré*; les scapulaires sont allongées en filets et de couleur *cendré argentin*; face, cou, milieu du ventre blancs; sur le devant du cou sont de grandes taches *noir cendré*, plumes de la partie inférieure pendantes et d'un *blanc lustré*; côtés de la poitrine et flancs d'un *beau noir*. Taille trois pieds.

Les femelles diffèrent très-peu des mâles; les jeunes, jusqu'à trois ans *n'ont point* de plumes effilées derrière le cou, ni sur les ailes; le cendré clair est plus taché de foncé; la peau nue des yeux est *jaune verdâtre*.

Cette espèce habite les forêts, le voisinage des lacs, marais, très-commune en Hollande, niche sur les arbres, pond quatre œufs vert de mer.

La nourriture du héron consiste en poisson, jeunes reptiles, et jeunes animaux.

Se trouve rarement en Normandie pendant l'été, où l'on m'a assuré cependant qu'il niche; mais il est commun en hiver.

On connaît le portrait du héron par le bon La Fontaine :

Un jour sur ses longs pieds allait je ne sais où,
Le héron au long bec, emmanché d'un long cou....

« Le héron nous présente l'image d'une vie de souffrance, d'anxiété, d'indigence, n'ayant que l'embuscade pour tout moyen d'industrie, il passe des heures, des jours entiers à la même place, immobile, au point de laisser douter si c'est un être animé. Lorsqu'on l'observe avec une lunette (car il se laisse rarement approcher) il paraît comme endormi, posé sur une pierre, le corps presque droit et sur un seul pied, le cou replié le long de la poitrine et du ventre, la tête et le bec couchés entre les épaules qui se haussent et excèdent de beaucoup la poitrine; et s'il change d'attitude, c'est pour en prendre une encore plus contrainte en se mettant en mouvement; il entre dans l'eau jusqu'au dessus du genou, la tête entre les jambes pour guetter au passage une grenouille, un poisson; mais réduit à attendre que sa proie vienne s'offrir à lui, et n'ayant qu'un instant pour la saisir, il doit subir de longs jeûnes, et quelquefois périr d'inanition..... Lorsqu'on prend un héron, on peut le garder quinze jours, sans lui voir chercher ni prendre aucune nourriture (1); il rejette même celle qu'on tente de lui faire avaler; sa mélancolie naturelle augmentée sans doute par la captivité, l'emporte sur l'instinct de sa conservation, sentiment que la nature inspire le premier dans le cœur de tous les êtres animés; l'apathique héron semble se consumer sans languir, il périt sans se plaindre et sans apparence de regret. »

(*Buffon.*)

Troisième espèce.

Le Héron Pourpré. (*A. Purpurea.*)

Descript. — Bec jaune orange; peau nue des yeux *jaune*; huppe noir verdâtre, pendant derrière la tête; *front* et sommet de la tête noirs; parties supérieures cendré

---

(1) Cependant le héron pourpré que j'ai conservé vivant pendant quelque temps mangeait très-bien le poisson qu'on lui donnait.

roussâtre, à reflets verdâtres; scapulaires également allongées, effilées, d'un *roux pourpré*; gorge blanche, trois bandes latérales d'un *beau roux*; scapulaires, flancs et poitrine d'un *roux vif*; cuisses et ventre *roussâtres*; plumes du bas du cou effilées, pendantes, d'un *blanc pourpré*; taille deux pieds dix pouces.

Les femelles ressemblent aux mâles; les jeunes, avant l'âge de trois ans, n'ont point de huppe, ni de longues plumes effilées à la partie inférieure du cou, et sur le dos; toutes les couleurs sont plus pâles.

Mœurs de l'espèce précédente; beaucoup plus rare en Normandie; habite le midi de l'Europe; niche sur les arbres, dans les taillis, pond trois œufs cendré-verdâtre.

J'en possède un individu jeune, que je dois à M. Canivet, préparateur d'objets d'histoire naturelle à Paris; je l'ai conservé quelque temps vivant dans l'herbage du collége; il se nourrissait très-bien de poisson; il était habituellement perché au sommet d'un buis fort élevé, le bec dirigé du côté du vent.

Troisième espèce.

LE HÉRON PETITE AIGRETTE. (*A. Garzetta.*)

DESCRIPT. — Tout le plumage d'un *blanc pur*; iris d'un jaune vif; peau nue des yeux verdâtre; petite huppe derrière la tête, composée de plumes blanches; quelques tectrices du dos sont longues d'un pied et plus, à barbes très-longues, effilées, recouvrant toute la partie inférieure du dos et de la queue; les plumes du bas du cou sont allongées, effilées; taille deux pieds.

La grande aigrette se distingue très-aisément de l'espèce précédente par la taille qui atteint jusqu'à trois pieds.

Ces deux espèces habitent le midi de l'Europe; de passage seulement en Normandie, où elles sont très-rares.

Quatrième espèce.

LE HÉRON CRABIER. (*A. Ralloïdes.*) *Crabier de Mahon.*

DESCRIPT. — Bec bleu azur à la base, noir à la pointe ; iris jaune ; peau nue des yeux gris verdâtre ; sommet de la tête couvert de plumes *jaunâtres*, marquées de raies blanches ; derrière la tête une belle huppe pendante, formée de plumes *blanches*, *liserées de noir* ; cou, haut du dos et scapulaires d'un *roux clair* ; plumes du dos *marron clair*, longues et effilées comme dans l'aigrette ; tout le reste du plumage d'un blanc pur ; taille dix-huit pouces.

Les jeunes n'ont point de huppe derrière l'occiput, et les teintes sont plus faibles dans les parties colorées.

Cette belle espèce de héron se trouve ordinairement en Asie, en Turquie, en Italie ; de passage dans le midi de la France ; extrêmement rare en Normandie. J'en possède un très-bel individu, tué à Vaucelles, près de Bayeux, et que je dois à la bienveillance de M. Féron, docteur médecin qui me l'a procuré.

Cinquième espèce.

LE HÉRON BIHOREAU. (*A. Nycticorax.*).

DESCRIPT. — Bec *noir*, *jaunâtre* à la base ; iris rouge ; front *blanc* ; tête, occiput *noirs* ; aigrette composée de *trois plumes blanches*, longues, effilées ; parties supérieures *cendrées* ; scapulaires noires, à reflets bleuâtres ; gorge et parties inférieures d'un *blanc pur* ; rémiges et rectrices cendrées ; taille vingt pouces.

Les jeunes n'ont point de huppe ; les parties noires sont d'un brun terne, avec des taches longitudinales rousses ; les couvertures des ailes sont brun cendré, tachetées de jaunâtre ; les parties inférieures variées de brun et de blanc.

Mœurs des autres espèces; habite de préférence le midi de l'Europe où il niche; pond quatre œufs d'un vert terne; de passage et rare en Normandie.

§. II.

HÉRONS SANS AIGRETTE.

Sixième espèce.

Le Héron Blongios. (*A. Minuta.*)

Descript. — *Point d'aigrette ni de plumes effilées* sur le dos; bec brun à la base, jaune à l'extrémité; iris jaune ainsi que le tour des yeux; haut de la tête et parties supérieures noir verdâtre; côtés de la tête, cou, couvertures des ailes et parties inférieures *jaune roussâtre*; taille treize pouces et demi.

Les jeunes ont le bec brun; le devant du cou blanchâtre, tacheté de brun; le noir des parties supérieures remplacé par un brun roux.

Habite le midi de l'Europe, la Hollande; niche dans les joncs, dans les lieux marécageux; pond six œufs blancs; mœurs des hérons ordinaires.

De passage en Normandie, où il est rare. Je dois l'espèce que j'ai à un de mes élèves, M. Le Sueur, qui me l'a procurée.

Septième espèce.

Le Héron Butor. (*A. Stellaris.*) *Héron étoilé.*

Descript. — Mandibule supérieure du bec brune, à bords jaunâtres; l'inférieure verdâtre; iris, tour des yeux jaune verdâtre; sommet de la tête et *larges moustaches* noires; partie *postérieure* du cou dénuée de plumes; fond du plumage fauve jaunâtre, tacheté de roussâtre, brun noir en ziz-zag; les plumes du devant du cou sont larges; taille *deux pieds* et demi.

Habite toute l'Europe; commun dans l'hiver, niche dans les roseaux; pond cinq œufs verdâtre clair, sale.

TROISIÈME GENRE.

LA CIGOGNE. (*Ciconia.*)

CARACT. DU G. — *Point de fosse nasale*; bec *médiocrement* fendu, long, droit, conique, aigu, tranchant; mandibule supérieure à crête arrondie; espace nu autour de l'œil, mais ne s'étendant point, ainsi que dans le genre précédent, jusqu'au bec; trois doigts antérieurs réunis par une membrane jusqu'à la première articulation; *ongles sans denteture*; quatrième et cinquième rémiges les plus longues.

Espèce.

La Cigogne Blanche. (*C. Alba.*)

DESCRIPT. — Bec droit, rouge; iris brun; espace nu des joues *rouge*; tout le plumage est blanc, à l'exception des scapulaires et des rémiges qui sont *noires*; taille trois pieds et demi.

Habite pendant l'été en Espagne, en Allemagne, en Hollande; niche sur les maisons, les tours, les arbres morts; pond trois œufs blancs, avec une teinte d'ocre.

Pendant l'hiver, les cigognes, habitent l'Afrique où elles se retirent comme les autres oiseaux de passage. Elles se nourrissent de grenouilles, reptiles, insectes et jeunes animaux. Elles reviennent au printemps, et leur retour précède celui des hirondelles. Ce sont probablement des traînards que nous trouvons pendant l'hiver dans notre pays, où la cigogne ne se voit que très-rarement.

« Dans l'attitude du repos, la cigogne, se tient sur un

pied, le cou replié, la tête en arrière et le cou sur l'épaule ; elle guette les mouvemens de quelques reptiles, qu'elle fixe d'un œil perçant ; les grenouilles, les lézards, les couleuvres et les petits poissons sont la proie qu'elle va cherchant dans les marais, ou sur les bords des eaux, ou dans les vallées humides.

« La cigogne est d'un naturel assez doux ; elle n'est ni défiante ni sauvage et peut s'apprivoiser aisément et s'accoutumer à rester dans nos jardins qu'elle purge d'insectes et de reptiles. Il semble qu'elle ait l'idée de la propreté ; car elle recherche les endroits écartés pour rendre ses excrémens. Elle a presque toujours l'air triste et la contenance morne ; cependant elle ne laisse pas de se livrer à une certaine gaîté quand elle y est excitée par l'exemple ; car elle se prête au badinage des enfans en sautant et jouant avec eux. En domesticité, elle vit long-temps, et supporte la rigueur de nos hivers.

« L'on attribue à cet oiseau des vertus morales dont l'image est toujours respectable : la tempérance, la piété filiale et paternelle. Il est vrai que la cigogne nourrit très-long-temps ses petits et ne les quitte pas qu'elle ne leur voie assez de force pour se défendre et se pourvoir d'eux mêmes ; que quand ils commencent à voleter hors du nid, et à s'essayer dans les airs, elle les porte sur ses ailes ; qu'elle les défend dans les dangers, et qu'on l'a vue, ne pouvant les sauver, préférer périr avec eux plutôt que de les abandonner. On l'a de même vue donner des marques d'attachement et de reconnaissance pour les lieux et pour les hôtes qui l'ont reçue.... Mais ces qualités morales ne sont rien en comparaison de l'affection que marquent, et des tendres soins que donnent ces oiseaux à leurs parens trop faibles ou trop vieux. On a vu souvent des cigognes jeunes et vigoureuses apporter de la nourriture à d'autres qui, se tenant sur le bord du nid, paraissaient languissantes et affaiblies, soit par quelqu'accident passager, soit que réellement la cigogne, comme l'ont dit les anciens, ait le touchant instinct de soulager la vieillesse, et que la nature, en plaçant jusque dans des cœurs bruts ces pieux sentimens auxquels les cœurs humains sont trop souvent infidèles, ait voulu nous en donner l'exemple ; la loi de nourrir ses parens fut faite en leur honneur et nommée de leur nom chez les Grecs. » (*Buffon.*)

Chez les anciens, ce fut un crime de donner la mort à une cigogne ; chez les modernes, cet oiseau est respecté dans les lieux qu'il habite. En Hollande, on dispose la cheminée de manière à recevoir le nid de la cigogne, et chaque année le même couple revient aux mêmes lieux et à la même époque.

Les cigognes n'ont point de cri : le seul bruit qu'elles font consiste en un battement de leur deux mandibules l'une contre l'autre.

Outre l'espèce de cigogne blanche, on voit encore la *cigogne noire*, qui diffère de l'espèce précédente, non-seulement par le plumage, n'ayant que la partie inférieure de la poitrine et le ventre blancs, et tout le reste *noir violet*, mais encore par les habitudes, vivant solitaire, et ne fréquentant que les bois ou les lieux isolés. On la trouve plus fréquemment en Suisse, mais très-rarement dans notre pays. On pourrait peut-être y trouver une troisième espèce nommée CIGOGNE MAQUARI d'Amérique dont quelques individus ont été tués en Europe.

Cette espèce se distingue des précédentes par l'espace *nu des yeux au bec*; l'iris blanc, les plumes du bas du cou pendantes, comme dans les hérons; du reste assez semblable à la cigogne blanche.

Dans cette division des échassiers, se trouvent les grues, les jabirus, les ombrettes, les tantales, l'oiseau trompette, tous exotiques.

Les espèces des familles suivantes sont généralement beaucoup moins connues; car, comme l'a très-bien remarqué Buffon :

« De tous ces êtres légers sur lesquels la nature a répandu tant de vie et tant de grâces, et qu'elle paraît avoir jetés à travers la grande scène de ses ouvrages pour animer le vide de l'espace et y produire du mouvement, les oiseaux de marais sont ceux qui ont eu le moins de part à ses dons: leurs sens sont obtus, leur instinct est réduit aux sensations les plus grossières, et leur naturel se borne à chercher autour des marécages leur pâture sur la vase ou dans la terre fangeuse, comme si ces espèces, attachées au premier limon, n'avaient pu prendre part aux progrès plus heureux et plus grands qu'ont faits successivement toutes les autres productions de la nature, dont les développemens se sont étendus et embellis par les soins de l'homme, tandis que ces habitans des marais sont restés dans l'état imparfait de leur nature brute.

« En effet aucun d'eux n'a les grâces ni la gaîté de nos oiseaux des champs; ils ne savent point, comme ceux-ci, s'amuser, se réjouir ensemble, ni prendre de doux ébats entr'eux sur la terre ou dans l'air; leur vol n'est qu'une fuite, une traite rapide d'un froid marécage à un autre; retenus sur le sol humide, ils ne peuvent, comme les hôtes des bois, se jouer dans les rameaux ni même s'y poser; ils gissent à terre et se tiennent à l'ombre pendant le jour; une vue faible, un naturel timide, leur font préférer l'obscurité de la nuit ou la lueur du crépuscule à la clarté du jour, et c'est moins par les yeux que par le tact ou par l'odorat qu'ils cherchent leur nourriture. »

CINQUIÈME ORDRE. LES ÉCHASSIERS.

N°. 18 — ANALYSE DES GENRES DE LA 4°. FAMILLE, OU LES LONGIROSTRES.

1 { Doigts sans palmure entière.	2	
{ —— plus ou moins palmés.	9	
2 { Un pouce.	3	
{ Point de pouce.	8	
3 { Bec plus ou moins comprimé, mou.	4	
{ —— conique. . . dur, doigt extérieur réuni à l'intermédiaire.	Tourne-Pierre. 1er. Genre.
4 { Bec droit, ou légèrement arqué vers la pointe.	5	
{ —— courbé dans sa longueur.	7	
5 { Doigt externe uni par une membrane à la première phalange interne.	Chevalier. . . 2e. Genre.
{ Tous les doigts libres	6	
6 { Yeux placés en arrière.	Bécasse. . . 3e. Genre.
{ —— placés à l'ordinaire.	Maubèche. . . 4e. Genre.
7 { Bec recourbé en bas, doigt externe réuni.	Courlis. . . 5e. Genre.
{ —— en haut, . . libre.	Barge. . . 6e. Genre.
8 { Jambes très-hautes, doigt externe réuni.	Échasse. . . 7e. Genre.
{ —— ordinaires . . libre.	Sanderling. . 8e. Genre.
9 { Demi palmure en feston.	Phalarops. . . 9e. Genre.

CHAPITRE XXX.

QUATRIÈME FAMILLE.
LES LONGIROSTRES.

CARACTÈRES DE LA FAMILLE.

Ainsi que l'indique le mot longirostres (de *longum* long, et *rostrum* bec) les oiseaux échassiers de cette famille ont tous un bec long, plus ou moins droit ou arqué, de substance *molle*, *cartilagineuse*.

OBSERVATION. *C'est surtout dans cette famille que les variations de plumage, par suite de l'âge et de la double mue, rendent la détermination des espèces difficile et parfois très-embarrassante; il faut aussi bien observer la différence des deux livrées, d'été et d'hiver, et même le passage entre ces deux états.*

Dix genres la composent dans notre pays, ainsi que l'indique le tableau en regard.

PREMIER GENRE.

LE TOURNE-PIERRE. (*Strepsitas.*)

CARACT. DU G. — *Arète aplatie* sur la mandibule supérieure : bec entièrement *conique*, *dur à la pointe*, court, très-droit, mandibule supérieure à pointe *droite*, *tronquée*; narines *percées* de part en part; doigts antérieurs *réunis à la base* par une courte membrane; première rémige la plus longue.

Espèce.

Le Tourne-Pierre. (*S. Collaris.*) *Grain-d'Eau.*

Descript. — Bec et iris noirs; bande noire du front aux yeux, se divisant ensuite des deux côtés du cou pour revenir sur la gorge et former un large *plastron* sur la poitrine; sommet de la tête blanc roussâtre, strié de noir; front, joues et une partie du dos d'un blanc pur; parties supérieures d'un roux vif, irrégulièrement parsemées de grandes taches noires; une large *bande brune* sur le croupion qui est blanc; milieu de la poitrine et parties inférieures d'un blanc pur; deux bandes blanches sur les tectrices alaires; rectrices latérales blanches; taille huit pouces et demi.

Les femelles diffèrent par les nuances moins vives. Les jeunes varient beaucoup jusqu'à deux ans; d'abord ils n'ont *aucune trace* de noir ni de roux; ces couleurs sont remplacées par un brun foncé, avec le bord des plumes jaunâtre. Vers l'âge d'un an, les plumes du plastron sont noires, bordées de blanchâtre; les parties supérieures noires sont entourées de blanchâtre; on voit une grande *tache noire* sur chaque rectrice latérale, *point* de bande brune sur le croupion.

Le nom de cet oiseau vient de la singulière habitude de retourner les pierres avec son bec, afin de trouver les insectes ou animaux qui se cachent dessous.

De passage sur notre littoral vers le mois de septembre. Niche dans le nord; pond trois ou quatre œufs olivâtre, cendré verdâtre, dans les trous du sable, sur le bord de la rive.

DEUXIÈME GENRE.

LE CHEVALIER. (*Totanus.*)

Caract. du g. — Bec droit, long, *mou à la base, dur*

et *tranchant* à la pointe qui est *aiguë*; extrémité de la mandibule supérieure *recourbée* sur l'inférieure; les deux mandibules *sillonnées* à la base; doigt externe *réuni* à l'interne par une membrane jusqu'à la première articulation et quelquefois jusqu'à la deuxième; *première rémige* la plus longue.

Toutes les espèces de ce genre se nourrissent d'insectes, vermisseaux pris dans les lieux marécageux.

Première espèce.

Le Combattant. (*T. Pugnax.*) Paon de mer, Coq de marais.

Descript: Bec brunâtre, iris noisette; *plastron* formé de plumes fortes qui forment un bouclier sur la poitrine; deux petites touffes de plumes des deux côtés de la tête; queue arrondie; les deux rectrices du milieu rayées; les trois latérales toujours d'une seule couleur: taille onze pouces et demi.

Quant à la couleur du plumage, par exception à la règle générale, elle varie suivant les individus, au point qu'il est impossible d'en trouver deux parfaitement semblables. *En général*, le plumage est brun roussâtre, parsemé de taches noires.

Dans l'hiver, les combattans n'ont point de *plastron*, et se confondent aisément avec les chevaliers, et portent leur nom. La mue a lieu à deux époques, au printemps et à l'automne; le plastron ne paraît qu'à l'époque du printemps. Les femelles sont plus faibles; elles n'ont jamais de plastron; les jeunes leur ressemblent beaucoup.

Habite les prairies humides; arrive vers le printemps et repart vers la fin de l'automne; se trouve très-rarement pendant l'hiver; se nourrit d'insectes, de vers de marais; niche dans les herbes, dans les marais de Carantan; pond cinq œufs pointus, verdâtre clair, tachetés ou tiquetés de brun ou d'olivâtre.

Le nom de cet oiseau lui a été donné à cause des combats que les mâles se livrent au printemps lorsqu'ils doivent se coupler; *le plastron* leur sert de cuirasse.

On fait maintenant un genre de cette espèce sous le nom de *Machetes*. Temming le renferme dans son genre *bécasseau*.

Deuxième espèce.

Le Chevalier semi palmé. (*T. Semipalmatus.*)

Descript. — Bec cendré plombé; iris noirâtre, bec gros, très-fort; parties supérieures brun clair, uniforme, plus prononcé sur la baguette des plumes; croupion et couvertures de la queue d'un blanc pur; rémiges noires, avec un *miroir blanc* vers les trois quarts; gorge blanche; devant du cou et poitrine cendrés, striés de brun; taches d'un blanc pur; rectrices du milieu de la queue *brunes*, les autres blanchâtres, marquées de zigzags bruns; pieds *cendré plombé*; *doigts semi palmés*; taille quinze pouces.

Livrée d'hiver du mâle et de la femelle. Dans l'été, la tête, le cou et la poitrine sont rayés longitudinalement de brun et de blanchâtre; les taches brunes de la poitrine forment un angle transversal; le dos et les ailes sont rayés de larges bandes brunes, cendrées, avec quelques taches rousses. Les deux rectrices du milieu de la queue *rayées de noir*; du reste, semblable à la livrée d'hiver.

Les jeunes ont le sommet de la tête varié de brun foncé, les plumes brunes du dos liserées de roussâtre; toutes les rectrices brunes; les deux du milieu blanches jusqu'aux deux tiers; l'extrémité brune.

Se nourrit comme l'espèce précédente; très-rare en Normandie, où il ne se trouve qu'accidentellement. Habite ordinairement l'Amérique septentrionale; niche dans les marais; pond quatre œufs très-pointus d'un bout, de couleur olivâtre, tachetés de brun noirâtre.

Cette espèce, qui fait exception, semblerait devoir être dans le genre avocette, à cause de ses demi palmures ; cependant l'analogie générale de ses organes la place dans ce genre.

Troisième espèce.

LE CHEVALIER NOIR, ARLEQUIN. (*T. Fuscus.*)

Barge brune.

DESCIPT. — Base de la mandibule inférieure *rouge* ; le reste du bec *noir* ; iris marron ; bande *noirâtre* entre le bec et l'œil ; joues et parties antérieures du cou nuancées de blanc cendré ; sommet de la tête et parties supérieures gris cendré, avec des lignes noirâtres ; *croupion d'un blanc pur* ; couvertures supérieures de la queue rayées de blanc et de noirâtre ; flancs cendrés ; parties inférieures d'un blanc pur ; pieds *rouges* ; taille onze pouces et demi.

Cette espèce ne se trouve en Normandie que pendant l'hiver, en livrée d'hiver, ce qui rend inutile la description de la livrée d'été.

Les mâles et les femelles se ressemblent ; les jeunes en diffèrent par la teinte brun olivâtre des parties supérieures dont les plumes sont bordées de blanc ; les parties inférieures sont variées de zigzag cendré.

Se trouve le long des marais, mais rarement ; niche dans le nord.

Quatrième espèce.

LE CHEVALIER AUX PIEDS VERTS. (*T. Glottis.*)

Barge aboyeuse.

DESCRIPT. — Bec brun cendré ; fort, comprimé à sa base ; espace *blanc* entre le bec et l'œil ; tête brun cendré ; parties supérieures brun noirâtre ; toutes les plumes bordées de *blanc jaunâtre* ; milieu du dos d'un *blanc pur* ;

les couvertures des ailes rayées diagonalement de brun; joues, côtés du cou, et de la poitrine, brun cendré blanc; rectrices blanches, les deux du milieu rayées transversalement de brun; les deux latérales sur la longueur. Pieds *verts*; longueur douze pouces six lignes. (Livrée d'hiver.)

Cette espèce se trouve quelquefois en été, et alors elle a le sommet de la tête et nuque rayés de *noir et blanc*; les yeux sont bordés *de blanc*; les parties supérieures sont d'un *beau noir*; les scapulaires ont trois ou quatre taches d'un blanc roussâtre; les grandes couvertures des ailes cendré rougeâtre, à baguettes noires; les parties inférieures d'un blanc pur, sauf parfois quelques taches ovales.

Les femelles n'en diffèrent point; les jeunes se reconnaissent par leurs pieds cendrés.

Habite ordinairement le nord où il niche.

Cinquième espèce.

LE PETIT CHEVALIER AUX PIEDS VERTS. (*T. Stagnatilis.*)

DESCRIPT. — Bec d'un *noir cendré*, très-faible, subulé, iris brun; tête et parties supérieures cendré clair; plumes bordées de blanchâtre; mais la nuque rayée longitudinalement de brun et de blanc. Milieu du dos, sourcils face et parties inférieures d'un blanc pur; côtés du cou et de la poitrine tachetés de brun; rectrices blanches, rayées diagonalement de brun; les deux extérieures rayées longitudinalement et en zigzag. Pieds d'un *vert olivâtre*. Taille neuf pouces. (Livrée d'hiver.)

Les jeunes en diffèrent en ce que les plumes du haut de la tête et du dos sont d'un brun noirâtre, entourées de jaunâtre; les pieds *cendré verdâtre*.

Cette espèce habite pendant l'été le nord où elle niche. Dans la livrée d'été, le sommet de la tête et la nuque sont blanc cendré, rayés longitudinalement de noir; un espace blanc du bec à l'œil; le haut du dos et les scapulaires cendré rougeâtre, avec des bandes noires sur les épaules; les tempes, gorge, poitrine et parties inférieures d'un blanc pur; je ne pense pas qu'on trouve cette espèce dans la livrée d'été en Normandie.

Sixième espèce.

Le Chevalier Gambette. (*T. Calidris.*) *Petit Chevalier à pieds rouges.*

Descript. — Pointe du bec *noire*, la base *rouge*; iris brun; tête et parties supérieures brun cendré, *croupion blanc*; gorge, poitrine blanc grisâtre; parties inférieures d'un blanc pur; rectrices rayées transversalement de blanc et larges zigzags noirs; pieds d'un *rouge pâle*; taille dix pouces. (Livrée d'hiver.)

Lorsque cet oiseau est en livrée d'été, il a un *trait blanc* du bec à l'œil, les parties supérieures *brun olivâtre, variées de noir*; les côtés de la tête, gorge, poitrine et toutes les parties inférieures blanches, avec une tache longitudinale noirâtre sur chaque plume; rectrices rayées de noir et de blanc; les pieds d'un rouge vif; c'est alors le *petit chevalier aux pieds rouges.*

Habite en Hollande; se trouve au printemps dans les marais, et en automne le long des côtes maritimes; niche dans le nord.

Une autre espèce beaucoup plus forte, et originaire d'Amérique, se trouve dit-on quelquefois : c'est le *grand chevalier aux pieds rouges.*

Septième espèce.

Le Chevalier Perlé. (*T. Macularia.*) *Grive d'eau.*

Descript. — Bec brun à l'extrémité, couleur *de chair* à la base; iris brun; bande blanche du bec *au-dessus* de l'œil; *trait brun* entre le bec et l'œil, parties supérieures brun, cendré olivâtre, rayées de noirâtre; parties inférieures d'un blanc pur, mais sur l'extrémité des plumes une tache arrondie, noire; les quatre rectrices mitoyennes de la couleur du dos sont terminées de noir; les latérales blanches et brunes, également terminées de noir; pieds *couleur de chair*; ongles noirs; taille sept pouces.

Cette espèce, beaucoup plus commune en Amérique qu'en Europe, ne se trouve que très-rarement dans notre pays.

Huitième espèce.

LE CHEVALIER BRANLE-TÊTE. (*T. Nutans.*)

DESCRIPT. — Bec *noir*, iris brun; tête, cou et scapulaires variés de noir, de cendré et de rougeâtre; *dos et croupion* blancs; tectrices des ailes et rémiges cendrées; extrémités des dernières blanches; parties antérieures du cou et de la poitrine, brun ferrugineux, tachetées de noir; rectrices *barrées* de noir et de blanc; pieds d'un *vert foncé*; taille dix à onze pouces.

Cette espèce, originaire de l'Amérique septentrionale, ne se trouve que très-rarement en Normandie. Elle est remarquable par l'agitation continuelle de sa tête lorsqu'elle marche ou qu'elle est en repos sur le sable. On ne la trouve que vers la fin de l'automne sur le littoral.

Neuvième espèce.

LE CHEVALIER GUIGNETTE. (*T. Hypoleucos.*)

DESCRIPT. — Bec cendré; iris brun, une petite raie blanche au-dessus des yeux; tête et parties supérieures *brun olivâtre*; baguette noires sur les tiges des plumes; dos et couvertures des ailes rayés transversalement de bandes très-fines brun noirâtre en zigzag; parties inférieures d'un blanc pur; les latérales blanc brun, terminées de blanc; pieds cendré verdâtre; taille sept pouces.

Les jeunes ont les parties blanches parsemées de taches sur les côtés; les plumes du dos bordées de roux et de noirâtre; la bande blanche des yeux plus large.

Habite le bord des eaux; assez commun; niche dans les herbes, pond quatre ou cinq œufs jaune blanchâtre, tachetés de brun cendré.

Dixième espèce.

Le Chevalier Cul-Blanc. (*T. Ochropus.*)

Descript. — Base du bec noir verdâtre; iris brun foncé; *une bande blanche et une brune* du bec à l'œil; parties supérieures brun olivâtre à reflets verdâtres; *couvertures du dessus de la queue blanches;* cou blanc, strié de nombreuses raies brunes longitudinales; poitrine brun olivâtre; parties inférieures d'un blanc pur; base des rémiges blanche jusqu'aux deux tiers; sur celles du milieu, plusieurs larges bandes noires; une tache sur les extérieures; pieds cendré verdâtre; taille huit à neuf pouces.

Assez commun en Normandie; vit ordinairement solitaire; habite le bord des eaux; niche dans le sable ou dans les herbes au bord des eaux; pond cinq œufs vert blanchâtre, tachetés de brun.

« Les Français, dit Belon, voyant un oysillon haut encruché sur ses jambes, quasi comme étant à cheval, l'ont nommé chevalier. » Il serait difficile de trouver à ce nom d'autre étymologie; les oiseaux chevaliers sont en effet fort haut montés; sur les rivages, ils courent avec vitesse; « et cette petite corpulence, dit encore Belon, montée dessus si hautes échasses, chemine gaîment et moult légèrement. »

(Buffon.)

TROISIÈME GENRE.

BÉCASSE. (*Scolopax.*)

Caract. du g. — Yeux *placés très-en arrière*; bec *droit, très-long, mou,* grêle, comprimé; mandibule supérieure *renflée* à l'extrémité, formant *crochet,* et dépassant l'inférieure, qui est sillonnée; narines recouvertes par une membrane; doigts *libres*; *deuxième* rémige la plus longue.

Les espèces de ce genre se nourrissent d'insectes, de vermisseaux qu'elles trouvent dans la vase, le long des eaux, dans les marécages.

Première espèce.

La Grosse Bécasse. (*S. Rusticola.*)

Descript. — Bec couleur cendrée; iris marron noirâtre; tête et occiput rayés transversalement; toutes les parties supérieures variées de roussâtre, de jaunâtre et de cendré, avec des taches noires; parties inférieures roux ferrugineux, rayées en zigzags; rémiges rayées de roux et de noir sur les barbes extérieures; rectrices terminées de gris en dessus, et de blanc en dessous; *tibia emplumé* jusqu'au genou; pieds livides; taille treize pouces.

Varie assez souvent de couleurs; habite pendant l'été les montagnes boisées du centre de l'Europe; niche à terre; pond quatre œufs blanc jaunâtre, tachetés de brun pâle.

Nous arrive dans le mois d'octobre ou de novembre, et s'en retourne au printemps.

Deuxième espèce.

La Double Bécassine. (*S. Major.*)

Descript. — Bec *rougeâtre* à la base, brun à la pointe, iris brun; sommet de la tête noir, divisé par une bande jaunâtre; sourcils de la même couleur; parties supérieures variées de noir et roux-clair; les inférieures roux blanchâtre; ventre et flancs rayés de noir; tibia nu au-dessus du genou; *seize* rectrices; la *première rémige est blanchâtre*; pieds cendré verdâtre; taille dix pouces.

Habite ordinairement le nord; très-rare en France; niche dans les marais; pond quatre œufs brun verdâtre, tachetés de brun.

Troisième epèce.

La Bécassine. (*S. Gallinago*)

Descript. — Bec *cendré*, à la base, brun à la pointe; iris brun; sommet de la tête noirâtre également divisé par une bande jaunâtre; parties supérieures variées de noir et de roux clair; les inférieures rayées longitudinalement de noirâtre au cou et à la poitrine, transversalement sur les flancs; *milieu* du ventre et abdomen d'un *blanc pur*; *quatorze* rectrices; *toutes* les rémiges ont les tiges brunes. Pieds vert pâle; taille *dix* pouces.

Habite ordinairement le nord; cependant on en trouve en tout temps dans nos grands marais, où elle niche; pond à terre cinq œufs verdâtre clair, avec des taches cendrées et brunes.

Quatrième espèce.

La Petite Bécassine. (*S. Gallinula*.) Bécot.

Descript. — Bec *bleuâtre* à la base, noir à la pointe; iris brun; sommet de la tête noirâtre, partagé par une bande noire roussâtre, sourcils jaunâtres; parties supérieures noirâtres, à reflets pourprés, avec des bandes longitudinales roussâtres; devant du cou et de la poitrine d'un cendré blanchâtre: ventre d'un blanc sale; douze rectrices; pieds d'un vert livide; taille *sept* pouces; mœurs de l'espèce précédente, dont elle diffère par la taille.

« La bécasse, dit Buffon, est peut-être, de tous les oiseaux de passage, celui dont les chasseurs font le plus de cas, tant à cause de l'excellence de sa chair, que de la facilité qu'ils trouvent à se saisir de ce bon oiseau stupide, qui arrive dans nos bois vers le milieu d'octobre, en même temps que les grives. La bécasse vient donc dans cette saison de chasse abondante, augmenter la quantité du bon gibier; elle descend alors des hautes montagnes où elle habite pendant l'été, et d'où les premiers frimas déterminent son départ, et nous l'amènent; car ses voyages ne se font qu'en hauteur dans la région de l'air et non en longueur, comme se font les émigrations des oiseaux qui voyagent de contrée en contrée. C'est du sommet des Pyrénées et des Alpes où elle passe l'été, qu'elle descend, aux premières neiges qui tombent sur ces hauteurs, dès le commencement d'octobre, pour venir dans les bois des colines inférieures et jusque dans nos plaines.

« Les bécasses arrivent la nuit et quelquefois le jour, par un temps sombre, toujours une à une ou deux ensemble, et jamais en troupes. Elles s'abattent dans les grandes haies, les taillis, les futaies, et préfèrent les bois où il y a beaucoup de terreau et de feuilles tombées; elles s'y tiennent retirées et tapirées tout le jour, et tellement cachées qu'il faut des chiens pour les faire lever, et souvent elles partent des pieds du chasseur. Elles quittent ces endroits fourrés et le fort du bois à l'entrée de la nuit pour se répandre dans les clairières en suivant les sentiers; elles cherchent les terres molles, les pâquis humides à la rive du bois, et les petites mares où elles vont se laver le bec et les pieds qu'elles se sont remplis de terre en cherchant leur nourriture.

« La bécasse bat des ailes avec bruit en partant; elle file assez droit dans une futaie, mais dans les taillis elle est obligée de faire souvent le crochet. Elle plonge en volant derrière les buissons pour se dérober à l'œil du chasseur. Son vol, quoique rapide, n'est ni élevé ni long-temps soutenu ; elle s'abat avec tant de promptitude, qu'elle semble tomber comme une masse abandonnée à toute sa pesanteur. Peu d'instans après sa chute, elle court avec vitesse, mais bientôt elle s'arrête, élève la tête, regarde de tous côtés pour se rassurer avant d'enfermer son bec dans la terre.

« La Bécassine est très-bien nommée, puisqu'en ne la considérant que par la figure, on pourrait la prendre pour une petite espèce de bécasse ; mais les habitudes naturelles sont opposées : la bécassine ne fréquente pas les bois, elle se tient dans les endroits marécageux des prairies, dans les herbages et les osiers qui bordent les rivières ; elle s'élève si haut en volant qu'on l'entend encore lorsqu'on la perd de vue.

« En France, les bécassines paraissent en automne. On en voit quelquefois trois ou quatre ensemble. Elles partent de loin, d'un vol très-preste, et après trois crochets, elles filent deux ou trois cents pas en pointe en s'élevant à perte de vue. Il en reste tout l'hiver dans nos contrées autour des fontaines chaudes et des petits marais, voisins de ces fontaines. Au printemps, elles repassent en grand nombre, et il paraît que cette saison est celle de leur arrivée en plusieurs pays où elles nichent, comme en Allemagne, en Silésie, en Suisse ; mais en France, il n'en reste que quelques-unes pendant l'été, et elles nichent dans nos marais. »

QUATRIÈME GENRE.

LA MAUBÈCHE. (*Calidris.*)

CARACT. DU G. — Bec droit, *faiblement arqué à la pointe*, un peu plus long que la tête ; *flexible* dans toute sa longueur, dilaté et obtus à son extrémité ; doigts *libres* ; première rémige la plus longue.

Ce genre, dont les espèces ont souvent été confondues, a beaucoup varié d'après les divers auteurs ; Temming le confond sous le nom de bécasseau, (*tringa.*) M.

Cuvier en sépare les allouettes de mer, sous le nom de Pelidna. J'ai cru pouvoir laisser le peu d'espèces que nous avons dans le genre maubèche, sauf à leur conserver le nom générique de Cuvier.

Toutes les espèces qui le composent se nourrissent d'insectes, de petits coquillages.

Première espèce.

La Grande Maubèche. (*C. Grisea.*) *Le Canut.*

Cette espèce est une des plus difficiles à déterminer, en raison des variations de l'âge, de la mue et des deux livrées; comme nous ne la voyons que pendant l'hiver, la description de la couleur dans cette saison est suffisante.

Descript. — Bec noir, iris brun; front blanc, ainsi que les sourcils; plumes de la tête, du cou, du dos et des scapulaires cendré clair, à baguettes brunes; couvertures de la queue marquées de croissans en zigzags. Côtés et devant du cou, poitrine et flancs blancs, variés de traits bruns, longitudinaux et de bandes brun cendré transversales; rectrices cendrées; pieds d'un noir verdâtre; taille neuf pouces et demi.

En été, le sommet de la tête, le dos et les scapulaires sont *d'un beau noir*, bordés de roux vif, avec des tache de cette couleur sur les scapulaires; la nuque et les parties inférieures sont d'un roux ferrugineux, le ventre blanc, tacheté de noir et de roux.

Les jeunes, avant la première mue ont une *raie brune* entre l'œil et le bec; le cendré du dos très-prononcé; toutes les plumes sont terminées par une bordure noire et une blanche; de nombreuses *taches brunes* sur la tête et la nuque.

Au bout d'un an, leur tête et leur nuque sont d'un cendré jaunâtre, avec des lignes brunes; le haut du dos est roux, mêlé de noirâtre; les taches des scapulaires roux clair.

Habite le nord; très-rare en France; de passage.

Deuxième espèce.

Le Bécasseau variable. *(T. Variabilis.) Alouette à collier. Petite Maubèche, Brunette.*

Cette espèce offre autant de difficulté que la précédente en raison des variations de plumage.

Descript. — Bec presque droit, noir, faiblement incliné à la pointe, un peu plus long que la tête; iris brun noirâtre; raie brun cendré de la base du bec, et une blanche de la mandibule supérieure à l'œil; toutes les parties supérieures *brunes*, à baguettes plus prononcées; croupion *brun noirâtre*, ainsi que les *couvertures* des rémiges; poitrine cendré blanchâtre, le reste des parties inférieures blanc; rectrices du milieu *brunes, plus longues* que les latérales, et pointues; les autres *cendrées*, bordées de blanc; pieds brun noirâtre; taille sept pouces. (Livrée d'hiver.)

Livrée d'été : sommet de la tête *noir*, bordé de roux vif; dos, scapulaires et grandes couvertures des ailes d'un *noir vif*, bordés de roux et de cendré; gorge blanche; face, cou, poitrine blanc-roux; ventre noir; rectrices cendré noirâtre, liserées de blanc.

La livrée la plus commune est: parties supérieures *noires, bordées* de roussâtre et de gris; cou et poitrine *roussâtres*, tachetés de brun; gorge et abdomen d'un *blanc pur*; quelques taches brunes sur le ventre.

Habite les marais, le littoral; niche dans les herbes, pond quatre œufs vert blanchâtre, tachetés de brun.

Troisième espèce.

L'ALOUETTE DE MER. (*T. Subarcuata.*) *Petite-de-Mer. (1)*

DESCRIPT. — Bec arqué, beaucoup plus long que la tête; iris brun; raie brune entre le bec et l'œil; sommet de la tête, dos, scapulaires et couvertures des ailes *brun cendré*, plus prononcé au centre; nuque *brune*, bordée de blanchâtre; devant du cou et poitrine *cendré clair*, rayés de brun, rectrices extérieures cendrées, bordées de blanc; les deux du milieu *plus longues* que les autres; pieds *cendré noirâtre*; taille sept pouces et demi. (Livrée d'hiver.)

Livrée d'été : Face, sourcils et gorge blancs, pointillés de brun; sommet de la tête *noir*, à bordure rousse; parties supérieures noires, bordées de roux et de cendré clair; parties inférieures roux-marron, tachetées de brun; rectrices cendré noirâtre, liserées de brun.

Les jeunes ressemblent aux adultes en livrée d'hiver, sauf que le milieu des plumes du dos, des scapulaires et des couvertures des ailes est cendré noirâtre, liseré de blanc; point de taches distinctes sur la poitrine qui est légèrement nuancée de jaunâtre, de brun clair et de blanc.

Habite le littoral, où elle vit en troupes; niché dans le nord, pond cinq œufs jaunâtres, tachetés de brun.

Quatrième espèce.

LE BÉCASSEAU FALCINELLE, PLATYRINQUE. (*T. Pygmœus.*) *Le plus petit Courlis, Cocorli.*

DESCRIPT. — Bec *cendré rougeâtre* à la base, *noir* au bout; iris brun. Livrée d'été: tête brun noirâtre, *coupée* par deux bandes rousses longitudinales; sourcils blancs,

___
(1) Ce nom vulgaire est encore donné aux sanderlings et aux bécasseaux.

marqués de points bruns; raie noirâtre entre le bec et l'œil ; côtés de la tête *blanchâtres*, rayés de brun ; nuque cendrée, rayée de brun; plumes du dos et des scapulaires noires, liserées de roux, avec un *trait blanchâtre* sur les dernières; couvertures des ailes noirâtres vers le bout, et terminées de blanc roussâtre; devant et côté du cou blanc roussâtre, variés de petites raies longitudinales brunes, et terminées de blanc ; grandes taches *brunes* sur les flancs; ventre d'un blanc pur ; quelques taches lancéolées, brunes sur les couvertures latérales de la queue; rectrices du milieu *noirâtres*, bordées de roux, *plus longues* que les latérales, qui sont liserées de *cendré clair* ; pieds cendré verdâtre; taille six pouces et demi.

La livrée d'hiver est inconnue ; les jeunes ont les parties supérieures noires, bordées de roux, *sans* trait blanchâtre ; les parties inférieures blanches ; la poitrine, les flancs et les *rectrices inférieures* de la queue roussâtres, rayés de noir.

Je n'ai trouvé qu'un seul individu de cette espèce, qui habite ordinairement le nord de l'Europe et de l'Amérique.

Cinquième espèce.

Le Bécasseau violet. *(T. Maritima.)*

Descript. — Bec faiblement arqué, *jaune* à la base, noirâtre du reste; iris noirâtre; sommet de la tête, joues noirâtres ; gorge et tour des yeux gris blanchâtre ; plumes des parties supérieures *violettes*, à reflets pourprés, terminées de cendré; côtés et devant du cou *noirâtres*; poitrine grise, terminée de *croissants blancs*; grandes taches *cendrées* sur les flancs; rectrices intermédiaires *noires*, mais ne *dépassant* point les autres qui sont cendrées, liserées de *blanc* ; pieds *jaunes* ; taille sept pouces huit lignes. (Livrée d'hiver.)

En été, toutes les plumes du dos sont *noir violet*, bordées de *blanc et de roux*; le devant du cou, poitrine et ventre cendré, avec des taches noirâtres, lancéolées, ovales sur les flancs, longitudinales vers la queue.

Les jeunes ont les plumes supérieures d'un *noir mat*, bordées de roux clair, les tectrices des rémiges bordées de blanc ; les côtés et le devant du cou rayés longitudinalement et bordés de cendré, avec de larges taches sur les flancs et le ventre.

Habite le littoral ; rare, je pense, en Normandie ; très-commun en Hollande.

Sixième espèce.

Le Bécasseau de Temming. (*T. Temminkii.*)

Descript. — Bec *plus court* que la tête, faiblement arqué à la pointe, *brun* ; iris brun ; parties supérieures d'un *brun foncé*, à baguettes noirâtres ; devant du cou et poitrine roussâtres ; ventre blanc ; les *quatre rectrices* du milieu *brun cendré* ; les suivantes, qui *sont étagées*, blanchâtres ; les latérales blanches ; pieds bruns ; longueur cinq pouces et demi. (Livrée d'hiver.)

En été, toutes les parties supérieures *noires*, avec une bordure rousse ; front, devant du cou, poitrine *roux cendré*, strié de noir ; les *deux* rectrices du milieu *brun noirâtre*, bordées de roux.

Les jeunes ont les parties supérieures cendré noirâtre, bordées de jaunâtre, la poitrine et les côtés du cou cendré roussâtre.

Habite le nord ; de passage en France.

CINQUIÈME GENRE.

Le Courlis. (*Numenius.*)

Caract. du g. — Bec *arqué* dans toute sa longueur, très-long, grêle, presque rond ; mandibule supérieure légèrement obtuse à son extrémité, dépassant l'inférieure, crénelée aux trois quarts de sa longueur ; narines *nues*, *linéaires* près de la base du bec ; doigts antérieurs réunis par une membrane jusqu'à la première articulation ; pouce touchant à terre ; première rémige la plus longue.

QUATRIÈME FAMILLE. LES LONGIROSTRES.

Première espèce.

Le Courlis. (*N. Arcuata.*)

Descript. — Bec long de six pouces, arqué, à mandibule supérieure brun noirâtre, *l'inférieure couleur de chair*; iris brun; parties supérieures cendré clair, plumes du dos et couvertures des ailes *noires*, bordées de roux; cou et poitrine nuancés de *roux*, avec des taches longitudinales, brunes; ventre blanc, avec des taches longitudinales; rectrices cendré blanchâtre, rayées transversalement de brun; pieds couleur de plomb; taille, jusqu'à vingt-six pouces.

Le roux des plumes du dos est moins pur et les teintes plus cendrées dans les femelles; les jeunes ont le bec presque droit et de quatre pouces au plus.

Cette espèce, abondante dans plusieurs contrées de l'Europe, est de passage en France pendant l'hiver; niche dans le nord, pond cinq œufs olivâtres, tachetés et ondés de noir et de brun.

Deuxième espèce.

Le Corlieu. (*N. Phœopus.*)

Descript. — Bec *rougeâtre* à la base, noir du reste; iris brun; sommet de la tête *brun, rayé* de blanc au milieu; joues blanchâtres, finement rayées de noirâtre; une raie obscure de l'angle du bec au-delà de l'œil; parties supérieures *brunes*, dont les plumes sont bordées de *brunâtre*; grandes rémiges noirâtres, à tige blanchâtre; taches et traits bruns sur le cou et la poitrine; ventre blanc; rectrices cendrées, rayées de brun; joues cendrées; taille *seize pouces*.

Les jeunes ont le bec presque droit, ayant à peine un pouce et demi de longueur.

De passage en hiver dans notre pays; niche dans le nord.

L'Ibis vert. (*Ibis falcinellus.*) *Courlis vert.*

A côté du genre Courlis, se place naturellement celui des ibis, dont une seule espèce se trouve quelquefois en Normandie; M. Cyrus Pophillat, à Isigny, possède un bel ibis vert, tué dans les environs de cette ville.

DESCRIPT. — Bec long, grêle, arqué, noir verdâtre à la base, brun vers la pointe; iris brun; peau des paupières verte, encadrée de grisâtre; tête marron noirâtre; cou, poitrine, parties supérieures du dos *marron roux* vif; parties du dos, croupion, couvertures des ailes, rémiges et rectrices *vert noirâtre* à reflets pourprés et bronzés; parties inférieures roux marron vif; pieds brun verdâtre; taille vingt pouces.

Les femelles sont moins fortes, les jeunes ont le dos et le manteau brun cendré; le cou et la gorge brune, rayés de noirâtre.

Habite l'Egypte; de passage en Europe, très-rare en Normandie; niche en Asie.

Une autre espèce; l'ibis sacré, était célèbre par le culte et la vénération des anciens Egyptiens.

SIXIÈME GENRE.

LA BARGE. (*Limosa.*) *Livergin.* (1)

CARACT. DU G. — Bec recourbé *en haut*, long, grêle, mou, flexible, *déprimé* vers la pointe; mandibule supérieure *plus longue* que l'inférieure, et terminée par un *bourrelet* interne; doigt externe réuni à l'interne par une membrane jusqu'à la première articulation; première rémige la plus longue.

---

(1) Nom que l'on donne aussi aux chevaliers.

Première espèce.

La Barge rousse. (*L. Rufa.*) *Barge aboyeuse, ou à queue rayée, ou grande barge grise.*

Descript. — Base du bec pourprée, livide; extrémité noire; iris brun; sommet de la tête; espace entre l'œil et le bec, joues et cou cendré noir, strié longitudinalement de brun foncé; sourcils blancs; manteau, scapulaires et rémiges secondaires brun cendré, à baguettes noires; dos, croupion et couvertures de la queue blancs, tachetés de noirâtre; ailes brun cendré, liserées de blanc; gorge, poitrine et parties inférieures, d'un blanc pur; rémiges *rayées* de huit ou neuf *bandes noirâtres*; pieds noirs; taille treize pouces et demi; les femelles ont jusqu'à quinze pouces. (Livrée d'hiver.)

Livrée d'été: Sommet de la tête, *roux clair*, rayé de brun; sourcils et gorge *marron vif*, dos, scapulaires et couvertures des rémiges *noir profond*, avec des taches ovales roux vif sur les barbes; croupion *blanc*, tacheté de brun; parties inférieures roux rougeâtre vif, avec des traits longitudinaux noirs.

Les jeunes ont la tête, le dos et les scapulaires brun foncé, bordé d'*Isabelle*; croupion blanc, avec des taches lancéolées, *noirâtres*; rémiges, rayées de brun en zigzags, sur un fond blanc roussâtre.

Les femelles n'ont jamais les couleurs aussi vives que les mâles.

De passage en hiver et au printemps; habite le nord où elle niche.

Les différentes modifications de plumage avaient fait faire plusieurs espèces, sous le nom de barge aboyeuse, à queue rayée, grande barge grise, etc.

Deuxième espèce.

BARGE A QUEUE NOIRE. (*L. Melanura.*) *Barge commune.*

DESCRIPT. — Bec presque droit, *orange* à la base, pointe noire, iris brun; tête et parties supérieures *brun cendré* uniforme, croupion *noirâtre*; parties supérieures des rémiges blanches, extrémité *noire*, excepté dans les deux intermédiaires; gorge, cou et poitrine *gris clair*, ventre blanc; pieds bruns; longueur *quinze* pouces. (Livrée d'hiver.

En été, un espace brun entre l'œil et le bec; bande *roux* blanchâtre de la mandibule supérieure à l'œil; plumes de la tête *noires*, *bordées* de roux vif; manteau noir, bordé de roux, terminé par une bande roux vif; croupion *noir*; poitrine et flancs roux vif, avec des lignes *noires* en zigzags; ventre d'un blanc pur; rémiges *blanches* à l'origine, *noires* à l'extrémité.

Les jeunes ont les plumes de la tête brunes, bordées de roux clair; plumes des parties supérieures noirâtres, bordées de roux; cou et poitrine roux cendré clair; *extrémité* des rémiges noire, bordée de *blanc*.

Habite spécialement la Hollande; niche dans les herbes, pond quatre œufs vert olivâtre foncé, tachetés de brun pâle; de passage seulement en Normandie, comme l'espèce précédente.

Le nom de barge était encore donné à des espèces qui sont maintenant classées dans d'autres genres; ainsi la petite barge variée, n'est autre chose que le chevalier aboyeur; la barge brune est le chevalier noir ou arlequin; la barge grise est le petit chevalier aux pieds verts, etc.

« La voix des barges, dit Buffon, est assez extraordinaire: car Belon la compare au bêlement étouffé d'une chèvre. Ces oiseaux sont inquiets, partent de loin, et jettent un cri de frayeur en partant. Ils sont rares dans les contrées éloignées de la mer, et ils se plaisent dans les marais salés; ils ont, sur nos côtes, et particulier en

Picardie, un passage régulier dans le mois de septembre ; on les voit en troupes, et on les entend passer très-haut le soir au clair de la lune ; la plupart s'abattent dans les marais ; la fatigue les rend alors moins fuyards ; ils ne reprennent leur vol qu'avec peine ; mais ils courent comme des perdrix, et le chasseur en les tournant, les rassemble assez pour en tuer plusieurs d'un coup. Ils ne séjournent qu'un jour ou deux dans le même lieu, et souvent le lendemain, on n'en trouve plus un seul dans les marais où ils étaient la veille en si grand nombre ; ils ne nichent pas sur nos côtes ; leur chair est délicate et très-bonne à manger.

SEPTIÈME GENRE.

L'ÉCHASSE. (*Himantopus.*)

CARACT. DU G. — *Point de pouce*; tarses grêles, *remarquables par leur extrême longueur* (d'où *Himantopus*, pieds de courroie.) Bec cylindrique, long, effilé; narines linéaires, occupant une grande partie du sillon nasal; doigt externe réuni à l'intermédiaire par une membrane large; celui-ci à l'interne, par une membrane moins large; ongles très-petits; première rémige la plus longue.

L'échasse mérite bien, par l'extrême élévation de ses jambes, qui atteignent jusqu'à huit pouces de hauteur, d'être le type des échassiers.

Espèce.

L'ÉCHASSE. (*H. Mélanopterus.*) *l'échasse à ailes noires.*

DESCRIPT. — Bec noir; iris cramoisi occiput et nuque noirs, avec des taches blanches; dos et ailes noirs, à reflets verdâtres, face, cou, poitrine blanc rosé, rémiges cendrées, pieds d'un beau rouge ; taille quatorze pouces du bec à l'extrémité de la queue, et vingt du bec à l'extrémité des ongles.

Les vieux mâles ont quelquefois le sommet de la tête d'un blanc parfait, les femelles sont moins grandes; le noir du dos est sans reflet verdâtre, et à teinte plus brune; les jeunes ont les parties supérieures brunes, avec des bords blanchâtres; le sommet de la tête cendré noirâtre, et les pieds couleur orange.

Habite la Hongrie, la Russie où elle niche; de passage en Normandie, où elle est assez rare.

« L'échasse est dans les oiseaux ce que la gerboise est dans les quadrupèdes; ses jambes trois fois longues comme le corps, nous présentent une disproportion monstrueuse, et lui permettent à peine de porter son bec à terre pour prendre la nourriture, et de plus, ses jambes, si disproportionnées, sont comme des échasses, grêles, faibles, fléchissantes, supportant mal le petit corps de l'oiseau, et retardent sa course plus qu'elles ne l'accélèrent; enfin, trois doigts, beaucoup trop courts pour les jambes, asseyent mal sur ses pieds ce corps chancelant, trop loin du point d'appui. Aussi les noms que les anciens et les modernes ont donnés dans toutes les langues à cet oiseau, marquent la faiblesse de ses jambes molles et ployantes, ou leur excessive longueur; l'échasse paraît néanmoins se dédommager par le vol de la lenteur de sa marche pénible. Il est vraisemblable qu'elle se nourrit d'insectes et de vermisseaux au bord des eaux et des marais.

HUITIÈME GENRE.

LE SANDERLING. (*Calidris.*)

CARACT. DU G. — *Point* de pouce; *trois doigts libres;* bec médiocre, *droit*, grêle, flexible, *comprimé* vers la base, *déprimé* à la pointe, qui est plus large que la partie intermédiaire; sillon nasal très-prononcé; première rémige la plus longue.

Espèce.

Le Sanderling variable. (*C. Arenaria.*) *Orbette.*

Descript. — Bec et iris noirs ; face d'un *blanc pur* ; tête, cou et parties supérieures *cendré blanchâtre*, et un trait prononcé au centre des plumes ; bord des ailes et rémiges noirs ; gorge, devant du cou et parties *inférieures d'un blanc pur* ; origine et baguette des rémiges d'un blanc pur ; rectrices cendrées, bordées de blanc ; pieds noirs ; taille sept pouces et quelques lignes. (Livrée d'hiver.)

En été, sur la face et le sommet de la tête sont de grandes taches *noires*, bordées de roux, et liserées de blanc ; le dos et les scapulaires sont d'un *roux foncé*, taché de noir ; cou, poitrine et flancs *roux cendré*, avec des taches noires, bordées de blanchâtre ; les deux rectrices mitoyennes noires, *bordées* de roux cendré.

Les jeunes ont le sommet de la tête, le dos et couvertures des ailes *noirs*, bordés et tachetés de jaunâtre ; nuque, côtés du cou et de la poitrine *gris clair* ; front, gorge et parties antérieures du cou, de la poitrine et ventre blanc pur.

Habite le nord ; de passage sur notre littoral en hiver ; se trouve rarement au printemps.

NEUVIÈME GENRE.

LE PHALAROPS. (*Phalaropus.*)

Descript. du g. Doigts antérieurs *palmés* jusqu'à la *première* articulation, et *garnis* ensuite d'une *membrane festonnée* et *dentelée* sur les bords ; pouce *sans* membrane ; bec long, grêle, faible, déprimé à la base ; extrémité de la mandibule supérieure *obtuse*, courbée sur l'inférieure qui est *aiguë*, narines *proéminentes*, *garnies* d'une membrane ; première et deuxième rémiges les plus longues.

Espèce.

LE PHALAROPS GRIS. (*P. Lobata.*)

DESCRIPT. — Bec roux jaunâtre à la base, brun vers la pointe; iris jaune rougeâtre; tête *cendré pur*; tache *noir cendré* aux oreilles; deux bandes de cette couleur des yeux à l'occiput; parties supérieures *cendré bleuâtre*, ainsi que sur les côtés de la poitrine; le centre des plumes noirâtre; les grandes scapulaires terminées de blanc; bande transversale de cette couleur sur les ailes; front, milieu du cou et de la poitrine et parties inférieures d'un *blanc pur*; rectrices longues et arrondies, brunes, bordées de cendré; pieds cendré verdâtre; taille huit pouces et demi. (Livrée d'hiver.)

En été, la bande au-dessus des yeux est *jaunâtre*; les parties supérieures sont *brun noirâtre*, bordées de *roux orange*; les couvertures des ailes noirâtres, terminées de blanc; le *croupion blanc*, tacheté de noir; les parties inférieures *rouge brique*.

Les jeunes ont sur l'occiput un *fer à cheval* noirâtre; les parties supérieures *brun cendré*, bordées de jaunâtre; le croupion blanc, *varié* de brun; pieds jaune verdâtre.

Cette espèce niche dans les parties orientales de l'Europe; se nourrit d'insectes aquatiques qu'elle poursuit à la nage; se pose rarement à terre; rare en Normandie.

Le Phalarops hyperboréen peut se trouver aussi en Normandie; il se distingue du précédent par le *noir profond* du dos et des parties supérieures, ainsi que des deux rectrices mitoyennes; les larges bandes rousses des scapulaires, et le *liseré blanc* des couvertures des ailes; le roux vif du cou, et le cendré des flancs qui portent de grandes *taches cendrées*.

La demi-palmure des pieds rapprocherait, il semble, de ce genre la foulque ou morelle, qui se trouve dans la famille suivante, et le petit grèbe, qui est dans les palmipèdes.

DIXIÈME GENRE.

L'AVOCETTE. (*Recurvirostra.*)

CARACT. DU G. — Pouce libre; trois doigts antérieurs *totalement palmés*; bec *recourbé en haut* dans toute sa longueur, à pointe *flexible*, mandibule supérieure sillonnée latéralement; première rémige la plus longue.

Espèce.

AVOCETTE A NUQUE NOIRE. (*R. Avocetta.*)

DESCRIPT. — Bec noir; iris cendré rougeâtre; sommet de la tête, parties postérieures du cou, les plus grandes et les plus petites scapulaires, couvertures alaires et rémiges *noires*; tout le reste du plumage *blanc*; pieds cendré bleuâtre; taille dix-sept pouces et demi.

Dans les jeunes, le noir est nuancé de *brun*; les scapulaires sont bordées de *roux cendré*; les pieds sont cendrés.

Habite le nord de la Hollande, où elle niche; rare et de passage sur nos côtes.

Il est difficile d'imaginer comment cet oiseau se nourrit à l'aide d'un bec avec lequel il ne peut ni béqueter, ni saisir, mais tout au plus sonder le limon le plus mou; aussi se borne-t-il à chercher dans l'écume des flots le frai des poissons qui paraît être le principal fond de sa nourriture. Il se peut aussi qu'il mange des vers: car l'on ne trouve ordinairement dans ses viscères qu'une matière glutineuse, grasse au toucher, d'une couleur tirant sur le jaune orange, dans laquelle on reconnaît encore le frai du poisson, et les débris d'insectes aquatiques. (*Buffon.*)

CINQUIÈME ORDRE. LES ÉCHASSIERS.

N°. 19 — ANALYSE DES GENRES DE LA 5°. FAMILLE, OU LES MACRODACTYLES.

1 { Bec arqué, rémiges très-longues, queue fourchue . . . . GLARIOLE. . 1ᵉʳ. Genre.
    —— courtes. —— étagée. 2

2 { Plaque sur le front, doigts garnis d'une membrane. 3
    Point de plaque ni de membrane. . . . . RALE. . . . 2°. Genre.

3 { Membrane large, festonnée. . . . . FOULQUE. . 4°. Genre.
    —— presque nulle. . . . . POULE-D'EAU. 5°. Genre.

CHAPITRE XXXI.

CINQUIÈME FAMILLE.
LES MACRODACTYLES.

CARACTÈRES DE LA FAMILLE.

Aux caractères généraux des échassiers, les espèces de cette famille joignent ceux d'un corps *aplati*, résultat de la conformation du sternum ; un pouce *long*, et les doigts antérieurs *entièrement* divisés ; leur vol est faible. Cette famille ferait bien le passage des gallinacés aux échassiers; et, en terminant ce dernier ordre par l'avocette, on arriverait bien naturellement aux palmipèdes; mais le respect pour la classification de Cuvier, et la crainte de tomber dans le défaut des auteurs qui, en adoptant chacun un système particulier, font de la science, une véritable *tour de Babel*, et rendent l'étude des mots plus difficile que celle des choses, m'ont empêché de déranger l'ordre de la cinquième famille, d'après ce principe : *qui meliora petit, caveat peccare novando* ; à côté d'améliorer est le danger d'innover.

Les Macrodactyles (du grec, *macros*, petit, et *dactu'os*, doigt) se partagent en quatre genres pour notre pays.

PREMIER GENRE.

GLARÉOLE. *(Glariola.)*

CARACT. DU G. — Queue *fourchue*; rémiges *très-longues*; bec plus court que la tête, comprimé vers la pointe; tibia *emplumé* jusqu'aux genoux; doigt externe réuni à l'interne par une membrane très-courte; première rémige la plus longue.

Espèce.

LA GLARÉOLE D'EUROPE. *(G. Austriaca.) Perdrix de mer.*

DESCRIPT. — Bec rouge à la base, noir à l'extrémité; iris brun rougeâtre; tour des yeux nu et rouge; sommet de la tête, nuque, dos, scapulaires et couvertures des rectrices gris-brun; joues brun noirâtre; gorge et menton blanc fauve, entourés d'un double cercle blanc et noir; poitrine brunâtre; flancs noirâtres; parties inférieures blanchâtres; rectrices fourchues, d'un blanc pur à leur origine, noires du reste; pieds rougeâtre cendré; taille neuf pouces et demi.

Cette espèce varie du reste beaucoup dans le ton des couleurs; ce qui distingue surtout les jeunes, c'est la couleur *gris foncé* du ventre et de la poitrine.

Les glaréoles vivent par troupes, et saisissent les moucherons ou insectes en volant à la manière des hirondelles, ou en courant avec beaucoup de rapidité sur le sable. Elles habitent ordinairement les pays méridionaux de l'Europe où elles nichent. De passage et très-rares en Normandie. Je n'en connais qu'un seul individu, tué à Isigny, et que possède M. Durand, ancien receveur.

DEUXIÈME GENRE.

LE RALE. *(Rallus.)*

Caract. du g. — Queue *étagée, courte*; rémiges *courtes*; *point* de plaque sur le front; bec médiocrement arqué, plus long que la tête; narines *percées* de part en part; doigts antérieurs *libres, sans* bordures; troisième ou quatrième rémige la plus longue.

« Dans les prairies humides, dès que l'herbe est haute, et jusqu'au temps de la récolte; il sort des endroits les plus touffus de l'herbage une voix rauque, ou plutôt un cri bref, aigre et sec, *creck, creck, creck,* assez semblable au bruit que l'on exciterait en passant et appuyant fortement le doigt sur les dents d'un gros peigne; et lorsqu'on s'avance vers cette voix, elle s'éloigne, et on l'entend venir de cinquante pas plus loin; c'est le râle de terre qui jette ce cri, et qu'on prendrait pour le croassement d'un reptile. Cet oiseau fuit rarement au vol; mais presque toujours en marchant avec vitesse, et passant à travers le plus touffu des herbes; il y laisse une trace remarquable. On commence à l'entendre vers le dix ou le douze de mai, dans le même temps que les cailles qu'il semble accompagner en tout temps: car il arrive et repart avec elles. Cette circonstance, jointe à ce que le râle et les cailles habitent également les prairies; qu'il vit seul, et qu'il est beaucoup moins commun et un peu plus gros que la caille, a fait imaginer qu'il se mettait à la tête de leurs bandes, comme chef ou conducteur de leur voyage, et c'est ce qui lui a fait donner le nom de roi des cailles. (*Buffon.*) (1)

Du reste, il est certain que le râle de genêt émigre comme les cailles, et dans le même temps, pour aller dans les mêmes lieux. Sa chair est très-délicate.

(1) Voyez cependant Buffon lui-même, page 271 de cet ouvrage.

Première espèce.

LE RALE DE TERRE. (*R. Crex.*) Râle de genêt.

DESCRIPT.— Mandibule supérieure du bec *brune*, l'inférieure *blanchâtre*; iris *brun* clair, paupières couleur de chair; large sourcil cendré; tête et parties supérieures *brun noirâtre*, au milieu des plumes bordées latéralement de *cendré*, et terminées de *roux*; couvertures des ailes *roux de rouille*; rémiges rousses en dehors; gorge blanchâtre; poitrine cendré olivâtre; flancs *roux*, *rayés* de blanc; ventre blanc; pieds brun rougeâtre; longueur neuf pouces et demi.

Les jeunes ont les teintes beaucoup moins vives. Habite pendant l'été nos champs; se nourrit d'insectes et de petites graines; niche à terre, pond neuf ou douze œufs brun jaunâtre, tachetés et tiquetés de roux vif.

Deuxième espèce.

LE RALE D'EAU. (*R. Aquaticus.*)

DESCRIPT. — Bec long, rouge à la base, nuancé de *brun* à l'extrémité; iris *orange*; partie supérieure de la tête et tout le dessus du corps *roux brun*: milieu des plumes rayé de noir profond; gorge blanchâtre; côtés de la tête, cou, poitrine et ventre *cendré*, couleur de plomb; flancs *noirs*, rayés de blanc; couverture inférieure des rémiges *blanche*; pieds brunâtre clair; taille neuf pouces et quelques lignes.

Se nourrit d'insectes, vermisseaux, limaçons; habite toujours notre pays; vit solitaire le long des eaux; niche dans les joncs; pond jusqu'à dix œufs jaunâtres, tachetés de rouge brun.

Les râles et les poules d'eau laissent ordinairement pendre leurs pattes lorsqu'ils volent.

Troisième espèce.

LA MAROUETTE. (*R. Porzana.*)

DESCRIPT. — Bec rouge à la base, du reste *jaune verdâtre*; iris *brun*; front et sourcils *gris de plomb*; tête et parties supérieures *brun olivâtre*; plumes noires sur le centre, et variées de points et de traits d'un *blanc pur*; côtés de la tête *cendrés* marqués de noir; gorge gris de plomb; poitrine et parties inférieures olivâtre cendré, *tachetées de blanc*; bandes transversales blanches sur les flancs; rectrices mitoyennes, bordées de blanc; pieds jaune verdâtre; taille sept pouces et quelquefois huit.

Mœurs et habitudes de l'espèce précédente; niche dans les joncs, les roseaux; le nid flotte quelquefois sur les eaux; pond jusqu'à douze œufs, rouge jaunâtre, tachetés et tiquetés de brun cendré.

On pourrait peut-être encore trouver en Normandie deux autres espèces, le râle poussin, (*R. pusillus*) qui n'a pas plus de sept pouces, et a sur le *haut* du dos un *grand espace noir*, varié de quelques traits blancs, et les couvertures inférieures de la queue *noires, rayées de blanc*, et le râle baillon, (*R. Bailloni.*) qui n'a que six pouces et demi, et dont les plumes du dos et des ailes sont *blanches, bordées d'un beau noir.*

Ce genre a été démembré par plusieurs naturalistes et les espèces, râle de genêt, poussin et baillon réparties dans le genre suivant.

TROISIÈME GENRE.

LA POULE D'EAU. (*Gallinula.*)

CARACT. DU G. — *Légère plaque* à la base du bec du mâle; queue étagée; rémiges courtes, concaves; narines percées de part en part; doigts *très-larges*, libres, bordés d'une légère membrane *très-étroite* ; troisième ou quatrième rémige la plus longue.

Espèce.

La Poule d'eau. (*G. Chloropus.*)

Descript. — *Large plaque* frontale, *rouge vif* dans le mâle, ainsi que la base du bec, dont l'extrémité est jaune ; iris rouge, tête et parties inférieures brun olivâtre foncé, gorge, cou et toutes les parties inférieures bleu ardoise ; bord des ailes blanc ; couvertures supérieures des rémiges blanches, avec quelques taches noires sur trois ou quatre plumes ; cercle nu d'un beau rouge au tibia ; pieds vert jaunâtre ; taille quatorze pouces.

Les femelles ont les couleurs moins vives, et la plaque presque nulle ; les jeunes sont brun olivâtre ; la gorge, devant du cou et une tache au-dessous de l'œil blanchâtres ; le cercle du tibia est jaunâtre.

« Les habitudes de la poule d'eau répondent à sa conformation : elle va à l'eau plus que le râle, sans cependant y nager beaucoup, si ce n'est pour traverser d'un bord à l'autre ; cachée la plus grande partie du jour dans les roseaux, ou sous les racines des aunes, des saules et des osiers, ce n'est que sur le soir qu'on la voit se promener sur l'eau ; elle fréquente moins les marécages et les marais que les rivières et les étangs. Son nid, posé tout au bord de l'eau, est construit d'un assez gros amas de débris de roseaux et de joncs entrelacés ; la mère quitte son nid tous les soirs, et couvre ses œufs auparavant avec des brins de jonc et d'herbe. Dès que les petits sont éclos, ils courent comme ceux du râle, et suivent de même leur mère qui les mène à l'eau : c'est à cette faculté naturelle que se rapporte sans doute le soin de prévoyance que le père et la mère montrent en plaçant leur nid très-près des eaux ; au reste, la mère conduit et cache si bien sa petite famille qu'il est très-difficile de la lui enlever pendant le peu de temps qu'elle la soigne : car, bientôt ces jeunes oiseaux, devenus assez forts pour se pourvoir d'eux-mêmes, laissent à leur mère féconde le temps d'élever et de produire une famille cadette, et même l'on a assuré qu'il y a souvent trois pontes dans un an. (*Buffon.*)

Les femelles pondent huit œufs blanc cendré, tiquetés de rougeâtre; lorsque les petits éclosent, ils sont couverts d'un duvet noir.

La poule d'eau reste constamment dans notre pays.

QUATRIÈME GENRE.

LA FOULQUE. (*Fulica.*)

CARACT. DU G. — Trois doigts antérieurs *réunis* à la base, et *garnis* d'une membrane *découpée en feston*; queue étagée; rémiges courtes; plaque *nue*, *blanche* à la base du bec; bec conique, comprimé, plus élevé que large, légèrement incliné vers le bout; deuxième et troisième rémiges les plus longues.

Espèce.

LA FOULQUE. (*F. Atra.*) *Macroule, Morelle.*

DESCRIPT. — Bec *blanc rosé*; iris rouge cramoisi; tête et cou d'un noir profond; parties supérieures *gris ardoise*; les inférieures cendré bleuâtre; pieds cendré verdâtre, rouge verdâtre au-dessus du tarse. Taille quinze ou seize pouces. Les femelles et les jeunes ont la plaque frontale plus petite.

Cette espèce se nourrit comme les espèces précédentes; habite les grands marais, le bord de la mer; niche dans les roseaux, les joncs; pond quatorze œufs blanc-brun, tiquetés de brun rougeâtre.

Le busard de marais et autres oiseaux de proie, détruisent beaucoup de foulques qui, sans cet obstacle, propageraient beaucoup, vu la fécondité des femelles.

N.° 20. — ANALYSE DES FAMILLES DU SIXIÈME ORDRE, OU LES PALMIPÈDES.

1 { Tous les doigts réunis par une membrane . . . . TOTIPALMES. 5e. Fam.
   { Le pouce plus ou moins libre. 2

2 { Bec comprimé verticalement, jambes très-en arrière, rentrées dans l'abdomen, rémiges très-courtes. BRACHYPTÈRES. 1re. F.
   { ——— horizontalement, jambes plus en avant 3

3 { Rémiges très-longues, bec plus ou moins comprimé, ... LONGIPENNES. 2e. Fam.
   { ——— courtes, ——— aplati horizontalement. . . . . LAMELLIROSTRES. 4e. F.

CHAPITRE XXXII.

SIXIÈME ORDRE.

LES PALMIPÈDES.

CARACTÈRES DE L'ORDRE.

Tibia emplumé *jusqu'au tarse* (sauf trois genres qui ne peuvent cependant se confondre avec les échassiers, à cause de la palmure *entière*) ; tarses comprimés dans le sens de la natation ; doigts, et quelquefois même le pouce, palmés jusqu'à la dernière phalange ; cou ordinaire ; queue nulle ou courte.

La simple inspection de la membrane qui réunit les doigts des espèces qui composent l'ordre des palmipèdes, (de *palma* paume, et *pedes* pied (1), empêche de les confondre avec aucune de celles des ordres précédens (*voy.* pag. 323) dans lesquels les doigts sont *plus ou moins* libres, mais jamais *totalement* palmés.

Presque toutes les espèces du sixième ordre sont exotiques, et ne nous viennent que pendant les grands hivers ; plusieurs même n'arrivent que dans les froids rigoureux, qui les chassent du nord, leur séjour habituel.

Cet ordre se partage en quatre familles.

Outre le plumage ordinaire qui est plus spécialement imprégné d'une substance huileuse propre à les rendre imperméables, les palmipèdes sont, en général, recouverts

---

(1) Le mot *palma* se traduit aussi par palmure, mot admis en zoologie.

SIXIÈME ORDRE. LES PALMIPÈDES.

N° 21. — ANALYSE DES GENRES DE LA Ire. FAMILLE, OU LES BRACHYPTÈRES.

1 {	Un pouce.	2	
	Point de pouce.	3	
2 {	Demi palmure.	Grèbe. . .	1er. Genre.
	Palmure entière.	Plongeon. .	2e. Genre.
3 {	Bec effilé, droit.	Guillemot. .	3e. Genre.
	Comprimé verticalement.	4	
4 {	Bec plus court que la tête.	Macareux. .	4e. Genre.
	——— long.	Pingouin. .	5e. Genre.

d'un duvet court, compact, qui conserve la chaleur nécessaire. Destinés plus ordinairement à nager pour chercher leur nourriture, ces oiseaux marchent difficilement, et ne sortent ordinairement des eaux, leur élément favori, que pour déposer leurs œufs à terre et y couver. Quelques-uns ont la double faculté de nager et de voler ; d'autres enfin, mais en petit nombre, perchent sur les arbres. Au moyen de la troisième paupière, qui s'étend sur la surface de l'œil, tous peuvent plonger la tête dans l'eau.

PREMIÈRE FAMILLE.

LES BRACHYPTÈRES.

CARACTÈRES DE LA FAMILLE.

Ailes *courtes* peu propres au vol ; queue *nulle* ou *très-courte* ; pattes très-courtes ; le fémur et le tibia *rentrés* dans la peau de l'abdomen, et reportés très-en arrière, *peu propres* à la marche, et forçant l'oiseau de se tenir sur terre dans une position presque *verticale*. Le nom de brachyptères vient du grec *brachu* court, et *pteron*, aile.

Cette famille se partage en cinq genres.

DEUXIÈME GENRE.

LE GRÈBE. (*Podiceps.*)

CARACT. DU G. — Queue *nulle*, remplacée par un *faisceau* de poils ; doigts garnis d'une membrane festonnée sans être *entièrement* réunis, ne l'étant que par les premières phalanges ; bec droit, cylindrique, comprimé ; mandibule supérieure subulée ; narines placées vers le milieu du bec, concaves ; ailes presque *nulles*.

La chair des grèbes est un mauvais manger. Toutes les espèces se nourrissent de coquillage, frai de poisson, petits poissons, et même de plantes aquatiques.

Sixième espèce.

Le Petit Grèbe. (*P. minor.*) *Castagneux, Gai de vigne.*

Descript. — Bec *très-court*; noirâtre; iris brun rougeâtre; sommet de la tête, nuque et gorge d'un noir profond; parties supérieures noir olive; rémiges brun cendré; parties antérieures du cou marron vif; poitrine et flancs noirâtres, ventre et cuisses *cendré noirâtre*; longueur neuf ou dix pouces.

Les jeunes ont d'abord la gorge *blanche*, et les parties supérieures brun roussâtre; en général, plus de blanc, et au lieu de marron vif, une teinte roussâtre, nuancée de noirâtre; le milieu du ventre est d'un *blanc pur*.

Cette espèce, commune dans toutes nos rivières, y séjourne constamment. Elle fait son nid avec des herbes sèches, de manière à flotter sur l'eau, attaché à des joncs ou roseaux; pond quatre œufs blanc verdâtre, sali de brun.

Le petit grèbe est difficile à tuer: à peine aperçoit-il les chasseurs qu'il plonge et se dérobe, nageant très-bien entre deux eaux.

Deuxième espèce.

Le Grèbe huppé. (*P. Cristatus.*) *Demoiselle, Catelinette.*

Descript. — Bec *plus long* que la tête, rougeâtre, à points blancs; distance du bord antérieur des narines à l'extrémité du bec *dix-huit lignes*; iris *rouge cramoisi*; espace nu, rouge du bec à l'œil; huppe plate à l'occiput, noire, ainsi que le sommet de la tête; collerette, ou fraise *rousse, bordée de noir*; duvet du cou roussâtre; parties supérieures *brun noirâtre*; rémiges secondaires d'un blanc pur; gorge et parties inférieures d'un blanc lustré et argenté; un peu de roussâtre sur les côtés des ailes; pieds noirâtres; taille dix-huit pouces, ou même dix-neuf.

Les plumes de la huppe et de la fraise, autour du cou sont plus courtes chez les femelles, et la taille plus faible, les couleurs moins vives.

Les jeunes, jusqu'à deux ans, n'ont ni huppe ni fraise; l'iris est *jaune clair*; le bec rougeâtre livide; sur le front et la face qui sont *blancs*, et sur le haut du cou, sont des *bandes* brun noirâtre en zigzags. Au-dessus de deux ans, époque de la livrée spéciale, la huppe de l'occiput, ainsi que la fraise, sont très-courtes, *bordées* de plumes blanches; ils ont de plus une *bande noirâtre* du bec au-dessous des yeux, qui se prolonge jusqu'à l'occiput.

Se trouve pendant l'hiver sur nos rivières, dans la mer-Niche comme le précédent; pond quatre œufs vert blanchâtre, ondés de brun; fait son nid dans le nord.

Troisième epèce.

Le Grèbe a joues grises. (*P. Rubricollis.*)

Descript. — Bec un peu plus long que la tête, à base jaune, noir à l'extrémité; *onze lignes* de distance des narines au bout du bec; iris *brun rougeâtre*; collerette ou fraise *noire*; devant du cou roux de rouille; tête et parties supérieures *noir lustré*; bande noire sur la nuque; rémiges secondaires blanches; joues et gorge *gris de souris*; côtés et parties supérieures de la poitrine *roux de rouille vif*; le reste des parties inférieures blanc, *excepté* les flancs et les cuisses qui sont tachetés de *brun noirâtre*; pieds noirs extérieurement, vert jaunâtre à l'intérieur; taille quinze à seize pouces et quelques lignes.

Les jeunes, jusqu'à l'âge de deux ans ont l'iris *jaune rougeâtre*, la gorge et les joues blanches; le sommet de la tête noir, mais sans huppe allongée; la partie supérieure du cou blanc jaunâtre ; *l'inférieure roux terne*, variée de brun ; quelques plumes de la poitrine et du ventre terminées de cendré.

Cette espèce habite ordinairement l'orient de l'Europe ; très-rare en Normandie, où elle n'est que de passage.

Quatrième espèce.

LE GRÈBE CORNU. (*P. Cornutus.*)

DESCRIPT. — Bec plus court que la tête, noir à la base, rouge à la pointe ; *sept lignes* de distance des narines à la pointe du bec ; cercle nu et rouge du bec aux yeux ; iris *double*, le premier cercle *jaune*, le second rouge vif ; sommet de la tête, et collerette très-large, d'un *noir profond, lustré ; deux cornes* formées par deux grandes touffes de plumes *rousses* placées derrière les yeux ; espace entre la mandibule supérieure et l'œil d'un roux vif ; parties supérieures noirâtres ; rémiges secondaires blanches ; cou et poitrine d'un *roux vif* ; le reste des parties inférieures d'un blanc pur ; flancs nuancés de roussâtre ; pieds *noirs* à l'extérieur, *gris* à l'intérieur ; taille douze ou treize pouces.

Les jeunes n'ont ni cornes, ni collerette ; toutes les parties supérieures sont d'un cendré noirâtre ; le blanc de la gorge s'étend jusqu'à l'occiput.

Le milieu du cou est d'un blanc cendré ; les côtés de la poitrine et des flancs *cendré noirâtre* ; le *premier* cercle de l'iris *blanc pur* ; le second rouge clair.

De passage, et accidentellement en Normandie ; habite ordinairement le nord de l'Europe, où il niche.

Cinquième espèce.

LE GRÈBE OREILLARD. (*P. Auritus.*) *Gièvre.*

DESCRIPT. — Bec plus court que la tête, à base rougeâtre ;

ix ou sept lignes de distance des narines au bec; cercle
 u des yeux et iris *simple* d'un *rouge vermillon*; huppe
 t collerette *courtes* et d'un *noir profond*; derrière les
eux un *pinceau* de plumes effilées, *jaune clair* et *roux
 oncé;* face, sommet de la tête d'un noir lustré; parties
 upérieures *noires*; gorge, cou, et les côtés de la poi-
 rine *d'un noir* ordinaire; flancs et cuisses *rouge-marron*,
 uancé de noirâtre; les autres parties inférieures d'un
 lanc pur; pieds *cendré* noirâtre à l'extérieur, cendré
 erdâtre à l'intérieur. Taille de onze à douze pouces.

Les jeunes ressemblent assez à ceux de l'espèce précédente,
 ont ils se distinguent par *l'iris simple*, le blanc des joues
 lus étendu, et qui ne *forme point* de ligne sur l'occiput.

Habite les rivières, les lacs, se trouve en Normandie,
 iche dans les roseaux comme les espèces précédentes;
 ond trois ou quatre œufs vert blanchâtre, sali de brun.

DEUXIÈME GENRE.

LE PLONGEON. (*Colymbus.*)

Caract. du g. — Pouce libre, *portant* une petite mem-
 rane; doigts antérieurs *entièrement* réunis jusqu'à la
 roisième phalange par une membrane propre à la nata-
 ion; yeux placés *très-près du bec*; bec droit, comprimé,
 ointe à l'extrémité; narines concaves, à demi fermées
 ar une membrane placée *à la base* du bec; queue
 ourte, arrondie; *ailes propres* au vol; première rémige
 a plus longue.

La nourriture et les mœurs du plongeon sont à peu
 près les mêmes que ceux des grèbes; leur chair ne
 aut pas mieux.

« Les plongeons, comme les grèbes, sont obligés sur
 erre, de se tenir de bout dans une situation droite, per-
 endiculaire, sans pouvoir maintenir l'équilibre dans leurs
 mouvemens, au lieu qu'ils se meuvent dans l'eau d'une
 manière si preste et si prompte qu'ils évitent la balle en

plongeant à l'éclair du feu, au même instant que le coup part ; il plonge à de très-grandes profondeurs, et nage entre deux eaux à cent pas de distance sans reparaître pour respirer. Une portion d'air, renfermée dans la trachée-artère dilatée, fournit pendant ce temps à la respiration de cet amphibie ailé qui semble moins appartenir à l'élément de l'air qu'à celui des eaux. Il en est de même des plongeons et des grèbes ; mais l'homme, plus puissant encore par l'adresse que par la force, sait leur faire rencontrer des embûches jusqu'au fond de cet asile : un filet, une ligne dormante, amorcée d'un petit poisson sont des pièges auxquels l'oiseau se prend en avalant sa proie ; il meurt ainsi en voulant se nourrir, et dans l'élément même sur lequel il est né : car on trouve son nid posé sur l'eau, au milieu des grands joncs, dont le pied est baigné. » *(Buffon.)*

Première espèce.

Le Plongeon Cat Marin. *(C. Septentrionalis.)*

Descript. — Bec droit, noir ; iris brun orangé ; sommet de la tête gris, tacheté de noir ; côtés de la tête, du cou et gorge gris cendré ; occiput strié de noir et blanc ; parties supérieures brun noirâtre pur dans les vieux individus, *tiquetés de blanc* jusqu'à quatre ans ; parties postérieure et inférieure du cou, rayées de noir et de blanc ; *devant du cou roux marron vif* ; parties inférieures blanches ; pieds noir verdâtre à l'extérieur, membranes d'un blanc livide ; taille de vingt et un à vingt-quatre pouces.

Les jeunes de la première année, ont le sommet de la tête et la nuque cendré noirâtre, liseré de blanc ; le dos brun noirâtre, *tacheté de blanc* ; au bout d'un an les taches blanches des parties supérieures sont moins distinctes ; des plumes roux-marron paraissent sur le devant du cou ; les taches blanches des parties supérieures disparaissent totalement avec l'âge.

Habite le nord de l'Europe; se trouve en hiver sur nos côtes; les vieux y sont cependant rares.

Deuxième espèce.

Le Plongeon Imbrim. (*C. Glacialis.*)

Descript.—Bec noir; iris brun *rougeâtre*; tête, gorge et cou *noir verdâtre* à reflets bleuâtres; *large collier* rayé de noir et de blanc longitudinalement; parties supérieures d'un *beau noir, toutes* régulièrement *tachetées de blanc*; parties latérales de la poitrine striées de noir et blanc; parties inférieures d'un beau blanc; pieds brun verdâtre, à membranes blanchâtres. Taille vingt-six ou vingt-neuf pouces.

Je dois cette superbe espèce, très-rare en normandie, à la bienveillance de M. l'abbé de Granval, qui me l'envoya de Sainte-Mère-Église. Le mâle et la femelle avaient été pris sur le littoral, après une tempête.

Les jeunes diffèrent des adultes, au point d'avoir été longtemps considérés comme faisant une espèce différente; jusqu'à l'âge d'un an, la tête, l'occiput, et les parties postérieures du cou sont *brun cendré*; joues piquetées de blanc cendré; parties supérieures *brun foncé*, bordées de *cendré bleuâtre*.

Au bout d'un an, on voit sur le milieu du cou une *bande transversale*, brun noirâtre; les parties supérieures sont noirâtres, et les petites taches blanches commencent à paraître.

Cette epèce habite le nord; les jeunes nous viennent en hiver, mais les vieux très-rarement.

Troisième espèce.

Le Plongeon Lumne. (*C. Arcticus.*) *Guerbe de vigne.*

Descript. — Bec noirâtre; iris brun; tête *cendré brun*; et devant du cou noir violet; bande *étroite*, longitudinale, rayée de blanc et de noir au-dessous de la gorge. Parties supérieures d'un noir profond, sans *taches*, excepté sur les parties latérales du dos où se trouve une bande longitudinale dont les plumes sont terminées de blanc ; sur *les côtés* du cou, depuis les oreilles, s'étend une *large bande*, rayée longitudinalement de noir et de blanc ; parties inférieures du cou rayées de noir ; les *scapulaires* sont rayées transversalement de douze ou treize bandes d'un blanc pur. Les *couvertures alaires* noires, parsemées de taches blanches; parties inférieures blanches ; pieds *bruns* à l'extérieur, membranes blanchâtres.

Les jeunes ressemblent aux jeunes imbrim, dont ils diffèrent cependant par la taille, qui n'excède jamais vingt-quatre pouces chez les jeunes lumne ; sur les côtés du cou, ils ont de plus une *bande noirâtre* ; à un an la tête est d'un cendré clair, la gorge et le devant du cou blancs, mais souvent on voit des plumes noir violet, à l'âge de deux ans, le cendré de la tête devient *noirâtre*, le noir du cou paraît ; les *couvertures alaires* prennent les *bandes blanches*.

Cette espèce habite le nord ; se trouve en hiver sur nos côtes, où elle n'est que de passage.

TROISIÈME GENRE.

LE GUILLEMOT. (*Uria.*)

CARACT. DU G. — *Point* de pouce; narines en partie couvertes par une *membrane emplumée* ; bec *effilé*, lisse, droit, *pointu* ; mandibule supérieure légèrement courbée vers la pointe ; l'inférieure formant un angle ; ailes moyennes ; première rémige la plus longue ; queue courte.

Espèce.

LE GUILLEMOT. (*V. Troïle.*) *Marney.*

DESCRIPT. — Bec noir cendré ; iris brun ; sommet de la

tête, espace entre l'œil et le bec, bande longitudinale derrière les yeux, et toutes les parties supérieures d'un *noir cendré*; extrémité des rémiges secondaires blanche; parties blanches entre la bande derrière les yeux et le noir de la nuque; collier cendré clair noirâtre vers le milieu de la poitrine; parties inférieures d'un blanc pur; pieds et doigts brun jaunâtre. Taille quinze ou seize pouces.

Les jeunes ont le noir des parties supérieures nuancé de brun cendré, ainsi que la partie inférieure du cou. Le blanc des parties n'est pas pur.

Habite le nord; vient sur nos côtes vers la fin de l'automne; mœurs des genres précédens.

Outre cette espèce, on pourrait peut être encore trouver sur nos côtes, le *guillemot à miroir blanc*, ainsi nommé de *l'espace blanc*, que forment sur les couvertures des ailes, les grandes et moyennes couvertures des ailes, et qui le différencient suffisamment. Sa taille ne dépasse point douze pouces.

QUATRIÈME GENRE.

LES MACAREUX. *(Fratercula.)*

CARACT. DU G. — Point de pouce: bec *aplati verticalement* ou extrêmement comprimé, *moins long* que la tête et encore plus élevé que long; les deux mandibules *nues* à leur base, arquées, *sillonnées transversalement*, échancrées vers la pointe; arrête tranchante sur la mandibule supérieure, surpassant le frontal; narines linéaires, formées par une membrane nue; ongles *très-crochus*; ailes et queues courtes; première et deuxième rémiges les plus longues.

Espèce.

LE MACAREUX. (*F. Arctica.*)

DESCRIPT. — Bec cendré bleuâtre à la base, jaunâtre vers

le milieu, d'un rouge vif à l'extrémité; mandibule supérieure marquée de trois sillons; deux à l'inférieure; iris blanchâtre; bord des yeux *nu et rouge*; sommet de la tête et toutes les parties supérieures d'un beau noir; collier de la même couleur au cou; joues, bandeau, dessus des yeux et gorge gris clair; poitrine et parties inférieures d'un blanc pur; pieds rouge orange. Taille douze pouces et demi.

Ayant eu un individu vivant pendant quelque temps, j'observai la manière dont il prenait sa nourriture. Je lui donnais de petits poissons qu'il prenait très-volontiers à ma main; il les lançait en l'air, et les recevait avec adresse dans le sens de la longueur, de manière à les avaler facilement; il ne manquait jamais son coup. Il marchait très-difficilement et ne vécut que huit jours.

Cette espèce habite le nord où elle niche; de passage sur nos côtes en hiver et au printemps; peu commune.

CINQUIÈME GENRE.

LE PINGOUIN. (*Alca.*)

Caract. du G. — Point de pouce: bec *plus long* que la tête; mais *moins* élevé, *très*-comprimé, courbé vers la pointe; les deux mandibules *couvertes* dès leur base jusque vers la moitié, de petites plumes. Mandibule supérieure crochue; l'inférieure formant un angle saillant; narines linéaires couvertes par une membrane *emplumée*; ailes *aboutissant au croupion;* queue courte; première et deuxième rémiges les plus longues.

Les mœurs et habitudes des pingouins sont semblables à celles du guillemot: il paraît constant que ces oiseaux ne pondent qu'un seul œuf. Leur nom vient de *pinquis* gras: car ils sont couverts de graisse; leur chair est bonne à manger.

Espèce.

Le Pingouin. (*A. Torda.*)

Caract. du g. — Bec noir, marqué de trois ou quatre sillons, dont celui du milieu *blanc pur*; iris brun vif; sommet de la tête, côtés du cou et parties supérieures d'un beau noir; du bec aux yeux, une bande blanche, tachetée de brun; gorge et parties inférieures d'un *blanc pur*; rémiges secondaires liserées de blanc; pieds cendré noirâtre; taille quatorze pouces et demi.

De passage en hiver, ce qui rend inutile la description de la livrée d'été, qui diffère spécialement en ce que la gorge et le devant du cou sont d'un *noir profond*.

Les jeunes diffèrent surtout des vieux en ce qu'ils n'ont point de sillon blanchâtre au bec qui est beaucoup moins large; le sommet de la tête est *noir cendré*.

Cette espèce habite le nord où elle niche; de passage en hiver.

Dans cette famille se trouvent les manchots, ainsi nommés, parce qu'ils n'ont pas de plumes aux ailes, qui sont très-petites, le gorfou sauteur, le sphénisque.

CHAPITRE XXXIII.

DEUXIÈME FAMILLE.

LES LONGIPENNES.

CARACTÈRES DE LA FAMILLE.

Ailes *très-longues*; jambes longues, placées au centre du corps; queue longue, bec plus ou moins comprimé.

Cette famille, aisée à reconnaître, par la longueur des ailes des oiseaux qui la composent, d'où vient le mot *longipennes* (de *tonga* longue, et *penna*, penne) se partage en quatre genres :

1 { Bec recourbé à l'extrémité, narines
    en tube saillant. . . . . . PÉTREL. . . . . 1ᵉʳ. Genre.
    — arqué vers le bout, narines ordin. 2

2 { Rectrices égales. . . . . . GOELAND. . . . . 2ᵉ. Genre.
    ——— deux pennes dépassant. STERCORAIRE. . . 3ᵉ. Genre.
    ——— fourchues. . . . . . HIRONDELLE DE MER. . 4ᵉ. Genre.

On donne quelquefois aux oiseaux de cette famille, le nom d'*aériens*, parce qu'effectivement, ils se tiennent plus souvent dans l'air que dans l'eau.

PREMIER. GENRE.

LE PÉTREL. (*Procellaria.*)

CARACT. DU G. — Narines *proéminentes* couvertes par une membrane *formant un tube* courbé sur la longueur de la mandibule supérieure; mandibules subitement courbées à leur extrémité; tarses longs, grêles, comprimés; au lieu d'un véritable pouce, un *ongle aigu* en arrière; *point d'ongles* véritables aux doigts antérieurs; ailes longues; première rémige la plus longue.

Première espèce.

Le Pétrel Puffin. (*P. Puffinus.*) *Vier.*

Descript. — Bec court de *deux* pouces, jaunâtre, avec des taches brunes; iris brun; tête, joues, nuque et dos cendré clair; les plumes du dos terminées de clair; scapulaires, rémiges et rectrices cendré ardoise; sur les côtés du cou et de la poitrine des ondes cendré clair; parties inférieures blanches; pieds d'un jaune livide; taille dix-huit pouces.

Les jeunes ont les couleurs plus prononcées; les narines ne sont pas réunies sous la membrane.

Se trouve au large; mœurs inconnues; ne vient pas sur le littoral, se tenant toujours au large.

Deuxième espèce.

Le Pétrel de Léach. (*P. Leachii.*) *Satanite.*

Descript. — Bec noir; iris brun; tout le corps d'un noir mat; couverture des ailes brun noirâtre; rémiges et rectrices noires; couvertures de la queue *blanches*; pieds noirs; queue *fourchue*. Taille sept pouces et quelques lignes.

Cet oiseau, ainsi que l'espèce suivante, dont il se distingue par la taille et la queue fourchue, ne se trouve qu'au large et très-rarement; cependant, l'individu que je possède et que je dois à un de mes élèves, M. Delamotte, fut trouvé mort dans la plaine de St-Vigor, près de Bayeux, à deux lieues de la mer, après une forte tempête qui causa beaucoup de désastres sur la mer;

plusieurs individus furent trouvés à des distances encore plus éloignées du littoral à cette époque. L'espèce suivante, plus rare encore, fut trouvée à la même époque dans le bois de Sommervieu, à deux lieues de la mer, par M. Porrée, marchand de bois, qui me l'a donnée en échange d'un second pétrel leach, trouvé à Monceaux, commune distante de trois lieues de la mer.

Les marins regardent ces oiseaux comme de mauvais augure et présageant la tempête : aussi leur ont-ils donné le nom de *Satanites*, ou oiseaux de Satan, *chivent*, parce qu'ils ne les voient dans nos parages sur la mer que dans les temps réellement diaboliques. Le mot latin *procellaria* signifie *tempête*.

Le nom de *petrel* ou *petit Pierre*, leur a été donné parce qu'on dit qu'au lieu de nager, ils marchent sur la surface des eaux, comme Saint-Pierre y marcha.

Troisième espèce.

L'OISEAU DE TEMPÊTE. (*P. Pelasgica.*) *Chivent.*

Semblable à l'espèce précédente, sauf que la taille n'est que de cinq pouces et demi.

Ces espèces habitent ordinairement en grand nombre les côtes du nord de l'Europe, dans les Orcades et les Hébrides ; nichent dans les rochers, pondent un œuf blanc, assez semblable à celui des chouettes. Elles se nourrissent d'insectes ou de vers qu'elles trouvent sur les corps morts flottant à la surface des eaux.

DEUXIÈME GENRE.

LE GOELAND. (*Larus.*)

CARACT. DU G. —Narines ordinaires, percées de part en part ; mandibule supérieure *courbée* vers la pointe, l'inférieure *renflée*, formant en dessous un *angle* saillant ;

tarses longs, peu *comprimés* ; *un pouce* ; rectrices *d'égale* longueur ; deuxième *rémige un peu plus* longue que les autres.

« Ces oiseaux sont également voraces et criards : on peut dire que ce sont les vautours de la mer ; ils la nettoient des cadavres de toute espèce qui flottent à la surface, ou qui sont rejetés sur le rivage : aussi lâches que *gourmands*, ils n'attaquent que les oiseaux faibles, et ne s'acharnent que sur les corps morts. Leur port ignoble, leurs cris importuns, leur bec tranchant et crochu présentent les images désagréables d'oiseaux sanguinaires et bassement cruels. Aussi les voit-on se battre avec acharnement entr'eux pour la curée, et même, lorsqu'ils sont renfermés, et que la captivité aigrit encore leur humeur féroce, ils se blessent sans motif apparent, et le premier dont le sang coule devient la victime des autres : car alors leur fureur s'accroît, et ils mettent en pièce le malheureux qu'ils avaient blessé sans raison. Cet excès de cruauté ne se manifeste guères que dans les grandes espèces ; mais toutes, grandes et petites étant en liberté, s'épient, se guettent sans cesse pour se piller et se dérober réciproquement la nourriture ou la proie ; tout convient à leur voracité ; le poisson frais ou gâté, la chair sanglante, récente ou corrompue, les écailles, les os même, tout se digère ou se consume dans leur estomac ; ils avalent l'amorce ou l'hameçon. (*Buffon.*)

Première espèce.

Le Goeland a manteau noir. (*L. Marinus.*)

Descript. — Bec *jaune blanchâtre* ; ongle de la mandibule supérieure rouge vif ; *bord* nu des yeux *rouge* ; iris *jaune, marbré de brun* ; tête blanche, avec des raies longitudinales brun clair ; front blanc ; partie supérieure du dos, scapulaires et ailes d'un *noir nuancé de bleuâtre* ; extrémité des rémiges noire, terminée de *blanc*, formant de grandes taches entourées de noir ; partie inférieure du dos et rectrices d'un blanc pur; gorge, cou et parties inférieures d'un blanc parfait. Pieds d'*un blanc mat*. Taille de vingt-six à vingt-sept pouces; les femelles sont un peu moins fortes. (Livrée d'hiver.)

Cette espèce, selon la description du dictionnaire classique d'histoire naturelle, aurait la tête *noire* en livrée d'été; selon celle de Temming, au contraire, elle l'aurait *blanche*; ne l'ayant jamais vue dans cette saison, pendant laquelle je pense qu'on la trouve rarement, je n'ai pu vérifier de quel côté est l'erreur.

Les jeunes varient beaucoup de plumage jusqu'à trois ans; ils ont le bec *noirâtre*, l'iris *gris*, la tête et le devant du cou *blanc grisâtre*, rayé de brun, les parties supérieures variées de *gris-brun*, formant des taches bordées de blanc roussâtre; les rémiges noirâtres, à tige blanche à l'origine, et plusieurs liserées de blanc à l'extrémité; les parties inférieures variées de gris roussâtre et de blanc sale; les rectrices barrées de gris en dessus, noires à l'extrémité, liserées de blanc sale; les pieds couleur de chair; taille vingt et un à vingt-trois pouces.

Cette espèce est connue sous le nom de *grisard* (*L. Nævius.*) Quelques ornithologistes prétendent que c'est réellement une espèce nommée *goëland varié*, ou *à manteau gris.* Effectivement, des individus élevés en domesticité pendant quatre ou cinq ans, n'ont pas changé de plumage; dans cet âge, le grisard est assez commun sur nos côtes.

Deuxième espèce.

Le Goeland a manteau bleu. (*L. Argentatus.*)

Descript. — Bec *jaune d'ocre*; angle de la mandibule inférieure d'un rouge vif; iris *jaune clair*; sommet de la tête, occiput et côtés du cou blancs, rayés de brun; bord des yeux *jaune*; parties supérieures du dos et ailes *cendré bleuâtre* pur; rémiges noires vers le bout, et *ter-*

minées de blanc; parties inférieures du dos, front, gorge, parties inférieures et les rectrices d'un blanc pur; pieds *couleur de chair*; taille vingt-deux à vingt-trois pouces. Les femelles sont un peu moins fortes.

En livrée d'été, la tête est d'un blanc pur.

Cette espèce se trouve le long de nos côtes; on m'a assuré qu'elle niche dans les grandes falaises de Jobourg. Elle pond dans un petit creux sur les sommités des rocs, deux ou trois œufs obtus, olivâtres, tachetés de cendré.

Les jeunes varient beaucoup de plumage jusqu'à l'âge de trois ans, et ressemblent beaucoup à ceux de l'espèce précédente; ceux-ci se distinguent, dit Temming, par la hauteur du *tarse* qui est de *trente-quatre ou trente-six* lignes, tandis que celle des jeunes goëlands à manteau bleu n'est que de *trente lignes* au plus; ceux-ci ont le bec *brun noirâtre*, et les jeunes à manteau noir l'ont d'un *noir profond*.

Troisième espèce.

Le Goéland a pieds jaunes. (*L. Fuscus.*)

Descript. — Bec *jaune citron*, moins gros et plus court que celui des espèces précédentes; bord nu des yeux *rouge*; iris *jaune clair*; tête et côtés du cou blancs, *rayés de brun clair*; haut du dos, scapulaires et toute l'aile d'un *noir foncé*, nuancé de cendré; vers le bout des *deux* rémiges extérieures une *tache blanche*, ovale, terminée de noir : un peu de blanc à l'extrémité des autres rémiges; front, gorge, parties inférieures et rectrices d'un blanc pur; pieds *d'un jaune vif*; taille vingt pouces au plus. Les femelles sont moins fortes.

En été, la tête et les côtés du cou sont d'un *blanc pur*.

Les jeunes, connus sous le nom de *gris*, *gourmats*, se trouvent très-communément sur notre littoral; ils ont le bec *noir* à base brune; l'iris brun; toutes les parties supérieures brun noirâtre, bordées de jaunâtre; les rectrices variées de gris à la base, noires du reste, et terminées de blanc; les rémiges noires, et les parties inférieures couvertes de taches brunes. Leur taille empêche de les confondre avec les jeunes des espèces précédentes.

Quatrième espèce.

LE GOELAND BOURGUEMEISTER. (*L. Glaucus.*)

On m'a assuré qu'on trouve quelquefois cette espèce qui se distingue des précédentes par le manteau *bleuâtre plus clair* que dans le goëland à manteau bleu; toutes les autres parties d'un *blanc pur*, et l'extrémité des rémiges qui a deux pouces au moins d'un blanc pur, à baguette *entièrement* blanches. Très-rare sur nos côtes. Habite le nord.

Cinquième espèce.

MOUETTRE A PIEDS BLEUS. (*L. Cyanorhinchus.*) Mauve.

DESCRIPT. — Bec petit, verdâtre à la base, jaune obscur à la pointe; iris brun; cercle des yeux brun rougeâtre; tête et côtés du cou blancs, fortement tachetés de brun; parties supérieures cendré bleuâtre; les deux rectrices extérieures à baguette noire, et ayant un grand espace blanc; extrémité des autres noire; croupion et parties inférieures d'un blanc pur; ailes dépassant la queue; tarses longs de deux pouces; pieds *cendré bleuâtre*. Teille seize pouces. (Livrée d'hiver.)

En été, le blanc de la tête et du cou est pur, le bec jaune, le tour des yeux rouge.

Les jeunes ont le bec noir, un *croissamt noir* en avant des yeux; les parties supérieures gris-brun, terminées de roussâtre; les parties inférieures blanchâtres, tachetées de gris clair; gorge et milieu du ventre d'un blanc pur.

Se trouve en hiver sur nos côtes; niche dans le nord.

Sixième espèce.

La Moette Rieuse. (*L. Ridibundus.*) *Moëtte aux pieds rouges.*

Descript. — Bec rouge; iris brun; tête blanche, sauf une *tache noire* en devant de l'œil, et *une* sur les oreilles. Parties supérieures *cendré bleuâtre très-clair*; barbes extérieures des rémiges *blanches*; extrémités noires; *l'extérieure* liserée de noir; parties inférieures blanc, *légèrement* rosé; rectrices blanches; pieds *rouges*; taille quatorze pouces.

En été, la tête et le cou sont d'un *brun foncé*, les paupières entourées de plumes blanches.

Les jeunes ont *l'extrémité* des rémiges et des rectrices *noire*, la tête blanche tachetée de brun, une grande *tache brune derrière* les yeux.

Septième espèce.

La Moette tridactyle. (*L. Tridactylus.*) *Mauve cendrée.*

Descript. — *Point de pouce véritable*; un simple rudiment *sans ongle*; bec jaune verdâtre; iris *brun*; cercle des yeux *brun rougeâtre*; sommet de la tête, nuque, partie du cou et partie supérieure du dos cendré bleuâtre; joues finement striées de noir; rémige extérieure *bordée* de noir, les quatre suivantes noires à l'extrémité, avec une *très-petite* tache blanche au bout; *croupion blanc*; région des yeux, gorge et parties inférieures blanches; rectrices d'un blanc pur; pieds *olivâtres*; taille quinze pouces.

En été, le blanc est parfait sur la tête; le cou sans raies noirâtres en avant des yeux.

Les jeunes ont un *croissant noir* en avant des yeux: le bec, l'iris et le cercle des yeux noirs; une *large plaque* en croissant noirâtre sur l'occiput ; le pli et le bord supérieur des ailes noirs ; les grandes rémiges noires ; les rectrices blanches, terminées de noir ; l'extérieure blanche.

Très-commune ; pond l'hiver ; rare en plumage d'été ; niche dans le nord.

Huitième espèce.

LA MOETTE SÉNATEUR. (*L. Eburneus.*)

Cette espèce est entièrement blanche, ce qui la distingue sans peine des autres ; on m'a assuré qu'elle se trouve sur nos côtes ; elle habite le nord.

TROISIÈME GENRE.

LE STERCORAIRE. (*Labbe.*)

Caractères du genre précédent, dont il est distingué par les rectrices *légèrement étagées*, et dont les deux du milieu *dépassent* les autres ; *première* rémige la plus grande.

Première espèce.

LE STERCORAIRE PARASITE. (*L. Parasiticus.*)
Labbe à longue queue.

DESCRIPT. — Base du bec bleuâtre, pointe noire, iris *brun* ; front blanchâtre ; calotte brun noirâtre sur le sommet de la tête et sur l'occiput ; parties supérieures *brun foncé*, *nuancé* de noirâtre à l'extrémité des rectrices et des rémiges ; parties inférieures d'un *blanc pur* ; pieds très-noirs ; taille quinze pouces ; rare sur nos côtes.

Les jeunes que nous voyons plus souvent ont le sommet de la tête *gris foncé*, les parties supérieures du cou gris clair, tachetées longitudinalement de brun ; les parties supérieures brun terre d'ombre, bordées de jaunâtre ;

les parties inférieures variées de brun jaunâtre; rémiges et rectrices blanches à l'origine et sur les barbes intérieures; les extérieures noires, terminées de blanc; la queue est arrondie sans *qu'aucune* rémige dépasse les autres; tarses cendré bleuâtre.

Il existe encore des modifications entre la livrée des jeunes et celle des adultes; les parties supérieures sont brun cendré, et les inférieures plus claires, sans taches.

Habite le nord, de passage et rare sur nos côtes, où les vieux sont extraordinairement rares.

Deuxième espèce.

Le Labbe Pomarin. (*L. Pomarinus.*) *Labbe à courte queue.*

Descript. — Bec olivâtre, noir à la pointe; iris *jaunâtre*; plumes de la nuque effilées, d'un beau jaune; parties supérieures d'un brun *uniforme*; parties inférieures *blanches*, sauf des taches brunes sur la poitrine et les flancs; pieds noirs; taille seize pouces; les deux pennes du milieu dépassent les autres de trois pouces au plus.

Les jeunes que nous ne trouvons que rarement, sont *entièrement* brun jaunâtre, variant au brun foncé avec l'âge jusqu'à l'époque de la livrée parfaite; les rectrices du milieu dépassant *fort peu* les autres; on ne voit guères les vieux labbes sur nos côtes; l'individu que je possède est jeune : je le dois à M. Thouin, lieutenant de douanes à Port en Bessin, qui me l'a donné.

On avait cru long-temps que le stercoraire avalait les excréments des mouettes; mais on a reconnu que c'est une erreur.

« Le vol du labbe est très-vif et balancé comme celui de l'autour; le vent le plus fort ne l'empêche pas de se diriger assez juste pour saisir en l'air les petits poissons que les pêcheurs lui jettent... Cet oiseau est presque toujours sur la mer; on n'en voit ordinairement que deux ou trois ensemble, et très-rarement cinq ou six. Lorsqu'il ne trouve pas de pâture à la mer, il vient sur le rivage attaquer les mouettes qui crient lorsqu'il paraît; mais il fond sur elles, les atteint, se pose sur leur dos et leur donne deux ou trois coups, les force à rendre par le bec le poisson qu'elles ont dans l'estomac, qu'il avale à l'instant. » (*Buffon.*)

QUATRIÈME GENRE.

L'HIRONDELLE DE MER. (*Sterna.*)

CARACT. DU G. — Queue *très-fourchue*; bec effilé, tranchant, pointu; mandibule supérieure légèrement courbée à l'extrémité; *tarses très-courts*; tibia dégarni de plumes à la partie inférieure; doigts antérieurs réunis par une membrane *échancrée*; première rémige la plus longue.

Première espèce.

L'HIRONDELLE PIERRE GARIN (*S. Irundo.*) *Grand Etélèy.*)

DESCRIPT. — Bec rouge cramoisi, noirâtre vers la pointe; iris brun rougeâtre; front, sommet de la tête et les *longues* plumes de l'occiput *noires*; parties supérieures cendré bleuâtre, les inférieures blanc cendré; rémiges noires, terminées de brun cendré; rectrices blanches, excepté les deux latérales, dont les barbes extérieures sont brun noirâtre; pieds rouges; taille quatorze pouces.

Les jeunes ont la partie supérieure de la tête *blanc sale*; des taches noirâtres sur l'occiput; parties supérieures cendré bleuâtre terne, bordées de blanc sur chaque plume, et tachetées de brun roussâtre.

Habite notre littoral; commune à l'île Sainte-Marie; se nourrit de poissons, d'insectes; niche sur la grève, dans les prairies basses, pond deux ou trois œufs blanchâtres, tachetés de noirâtre ou marbrés de brun.

Deuxième espèce.

L'Hirondelle Épouvantail. (*S. Nigra.*)

Descript. — Bec *noir*; iris *brun*; tête et occiput noirs; parties supérieures cendré bleuâtre; gorge blanche; poitrine et parties inférieures noirâtre cendré; couvertures inférieures de la queue blanches; les deux premières rémiges liserées de blanc à la barbe intérieure; pieds brun ou noir pourpré; taille neuf pouces quatre lignes.

En été, le front, la gorge et le devant du cou noirâtre cendré comme le reste des parties inférieures.

Les jeunes ont un croissant noirâtre en avant des yeux; une grande tache cendré noirâtre sur les côtés de la poitrine; les plumes du haut du dos et les scapulaires terminées de roussâtre; le croupion et la queue cendrés.

Mœurs de l'espèce précédente, sauf qu'elle ne nage point comme les autres espèces du genre.

Troisième espèce.

Petite Hirondelle de Mer. (*S. Minuta.*) Petit Etéley.

Descript. — Bec *jaune orange* à la base, noir à l'extrémité; iris *noir*; *front blanc*, et un trait de cette couleur au-dessus des yeux; tête et occiput noirs; parties supérieures du dos et ailes cendré bleuâtre; croupion blanc ainsi que les rectrices; baguette des rémiges *noires*; taille huit pouces et quelques lignes.

Les jeunes ont la tête, l'occiput et la nuque brun rayé de noirâtre; une *tache noire* en *avant* et *derrière* les yeux; les plumes du dos et des ailes brun jaunâtre; baguettes et bord des plumes cendré noirâtre; rémiges et rectrices terminées de blanc jaunâtre.

Mœurs des précédentes; se trouve plus souvent sur les rivières dans l'intérieur des terres.

Deux autres espèces d'hirondelles peuvent encore se trouver, peut-être, sur nos côtes : l'une le *S. Tschegrava*, qui a vingt et un pouces de long, et le *S. Cantiaca*, qui en a seize, assez semblables du reste aux espèces décrites ici, mais avec lesquelles la taille empêche de les confondre.

« Dans le grand nombre de noms transportés, pour la plupart sans raison, des animaux de terre à ceux de mer, il s'en trouve quelques-uns d'assez heureusement appliqués, comme celui d'hirondelle qu'on a donné à une petite famille d'oiseaux pêcheurs, qui ressemblent à nos hirondelles par leurs longues ailes et leur queue fourchue, et qui, par leur vol constant à la suface des eaux, représentent assez bien sur la plaine liquide les allures des hirondelles de terre dans nos campagnes et autour de nos habitations; non moins agiles et aussi vagabondes, les hirondelles de mer rasent les eaux d'une aile rapide, et enlèvent en volant les petits poissons qui sont à la surface de l'eau, comme nos hirondelles y saisissent les insectes. Ces rapports de forme et d'habitude naturelles leur ont fait donner, avec quelque fondement, le nom d'hirondelles, malgré les différences essentielles de la forme du bec, et de la conformation des pieds, qui, dans les hirondelles de mer, sont garnis de petites membranes retirées entre les doigts, et ne leur servent pas pour nager : car il semble que la nature n'ait confié ces oiseaux qu'à la puissance de leurs ailes, qui sont extrêmement longues et échancrées comme celles de nos hirondelles. »

(Buffon.)

Dans cette famille, se trouvent le damier, l'albatrosse, le nodi, le coupeur d'eau, ou bec en ciseaux.

CHAPITRE XXXIV.

TROISIÈME FAMILLE.
LES TOTIPALMES.

CARACTÈRES DE LA FAMILLE.

Les totipalmes (de *tota* entière, et *palma* palmure) sont les plus parfaits des palmipèdes, puisque *leur pouce* et leurs trois doigts sont *réunis par la même membrane*, tandis que dans les autres familles, il n'y a que les *doigts antérieurs de palmés*; leurs cuisses et leurs pattes sont plus rentrées dans l'abdomen que dans la famille précédente et la suivante, et moins cependant que dans les brachyptères, et sont propres à la marche; l'*ongle du doigt du milieu est denteté*.

Cette famille ne contient que deux genres propres à notre pays :

{ Bec recourbé à l'extrémité. . . . . CORMORAN. 1er. Genre.
{ — droit, aigu. . . . . Fou.

LE CORMORAN.
PREMIER GENRE.

CARACT. DU G. — Mandibule supérieure *obtuse*, *courbée* en crochet sur l'inférieure; bec *droit*, comprimé et arrondi *face et parties supérieures* de la gorge *nues*; queue étagée, pointue; ailes médiocres; deuxième rémige la plus longue.

Première espèce.

Le Grand Cormoran. (*C. Cormoranus.*)

Descript. — Bec cendré noirâtre, iris *vert*, région nue des yeux *jaune verdâtre*; sommet de la tête et cou verdâtre à reflets; de petits traits blanchâtres sur le cou; les plumes de la partie supérieure du dos et des ailes brun cendré, ou bronzé, bordées de *noir verdâtre*; croupion noir verdâtre, à reflets; rémiges noires; sous la gorge un *large collier* blanchâtre se prolongeant jusqu'aux yeux; poitrine et parties inférieures noir verdâtre; rémiges au nombre de *quatorze* noires. Pieds noirs; taille de vingt-neuf à trente pouces.

En livrée d'été, huppe vert foncé, à reflets pendant sur l'occiput; le collier est *d'un blanc pur*; sur la tête, le cou et les cuisses, on voit des plumes *longues, effilées*, soyeuses, blanches.

Les jeunes ont *l'iris brun*, le dos *brun foncé*; le collier *gris blanchâtre*, les parties supérieures gris cendré, bordées de brun; les parties inférieures variées de *gris* et de *blanchâtre*.

Je n'ai vu qu'un individu de cette belle espèce en livrée d'été, dans le cabinet de M. Victor Vautier, à Bayeux; elle paraît assez rare sur notre littoral, où la suivante se trouve plus fréquemment.

Elle se nourrit de poissons, d'anguilles; niche dans les rochers et même dans les arbres où elle se perche, pond quatre œufs blanc verdâtre, habite ordinairement les contrées septentrionales de l'Europe ; abondante en Hollande.

Deuxième espèce.

Le Petit Cormoran. (*C. Graculus.*) *Le Nigaud.*

Descript. — Bec *cendré rougeâtre* en dessous, noir en

dessus; région nue des yeux *jaune rougeâtre*; iris ***brun rougeâtre***; tête et cou noir verdâtre; parties supérieures du dos et ailes *cendré foncé*, bordé de *noir*; gorge, croupion et parties inférieures noir verdâtre; rectrices très-longues, noires, au *nombre de douze*. Pieds noirs; taille vingt-quatre pouces.

En livrée d'été, les plumes de la huppe de l'occiput sont d'un vert foncé; la gorge *noire*; les parties supérieures verdâtres, liserées de noir; sur les parties inférieures, on voit de petites plumes blanches, *très-courtes*.

Les jeunes ont l'iris brun; un peu de *cendré clair* sous la gorge, la tête brun foncé; les plumes des parties supérieures cendré brun, bordées de brun foncé; rémiges et rectrices brun noirâtre; les parties inférieures *brun foncé*.

Mœurs du précédent; se trouve jeune plus communément.

« Le cormoran est d'une telle adresse à pêcher, et d'une si grande voracité que, quand il se jette sur un étang, il y fait seul plus de dégâts qu'une troupe entière d'oiseaux pêcheurs. Heureusement, il se tient presque toujours au bord de la mer, et il est rare de le trouver dans les contrées qui en sont éloignées; comme il peut rester long-temps plongé, et qu'il nage sous l'eau avec la rapidité d'un trait, sa proie ne lui échappe guères, et il revient presque toujours sur l'eau avec un poisson en travers de son bec; pour l'avaler, il fait un singulier manège : il jette en l'air son poisson, et il a l'adresse de le recevoir la tête la première (1) de manière que les nageoires se touchent au passage du gosier, tandis que la peau membraneuse qui garnit le dessous du bec, prête et s'étend autant qu'il est nécessaire pour admettre et laisser passer le corps entier du poisson qui souvent est fort gros en comparaison du cou de l'oiseau. »

« Dans quelques pays, comme à la Chine, et autrefois en Angleterre, on a su mettre à profit le talent du cor-

---

(1) *Voyez* Macareux, page 344.

moran pour la pêche, et en faire, pour ainsi dire, un pêcheur domestique, en lui bouclant d'un anneau le bas du cou pour l'empêcher d'avaler sa proie, et en l'accoutumant à revenir à son maître en rapportant le poisson qu'il tient à son bec. » (*Buffon.*)

DEUXIÈME GENRE.

LE FOU. (*Sula.*)

CARACT. DU G. — Mandibule supérieure aiguë, *sans crochet* à l'extrémité, sillonnée ; bord des deux mandibules *denteté*; bec allongé, conique, fort, faiblement *courbé* vers la pointe, fendu jusqu'en *arrière* des yeux, queue étagée; première rémige la plus longue ou égalant la seconde.

Espèce.

LE FOU BLANC DE BASSAN. (*S. Alba.*) *Margast.*

DESCRIPT. — Bec bleu cendré à la base, blanc à la pointe; peau nue des yeux *bleuâtre clair* ; milieu de la gorge bleu noirâtre; sommet de la tête et occiput jaune d'ocre clair; tout le corps d'un blanc pur; grandes rémiges et rémiges bâtardes *noires*. Pieds vert clair ; membranes noirâtres ; ongles *blancs*; taille deux pieds dix pouces.

Les jeunes, jusqu'à l'âge de trois ans, ont le plumage brun, plus ou moins tacheté de blanc.

Habite ordinairement le nord où il niche; rare dans son état parfait; se nourrit de poisson.

La différence extrême qui existe entre les vieux et les jeunes fous, avait fait établir plusieurs espèces qui dans notre pays n'en forment réellement qu'une.

« Dans tous les êtres organisés, dit Buffon, l'instinct se marque par des habitudes suivies, qui toutes tendent à leur conservation : ce sentiment les avertit et leur apprend à fuir ce qui peut nuire, comme à chercher ce qui peut contribuer au maintien de leur existence, et même aux aisances de la vie. Les fous (1) semblent n'avoir reçu de la nature que la moitié de cet instinct : grands, forts, armés d'un bec robuste, pourvus de longues ailes et de pieds entièrement et largement palmés, ils ont tous les attributs nécessaires à l'exercice de leurs facultés, soit dans l'air ou dans l'eau. Ils ont donc tout ce qu'il faut pour agir et pour vivre; et cependant ils semblent ignorer ce qu'il faut faire ou ne pas faire pour éviter de mourir. Répandus d'un bout du monde à l'autre, et des mers du nord à celles du midi, nulle part, ils n'ont appris à connaître leur plus dangereux ennemi. L'aspect de l'homme ne les effraie ni ne les intimide; ils se laissent prendre, non-seulement sur les vergues des navires, en mer, mais à terre, sur les îlots et les côtes où on les tue à coups de bâton, et en grand nombre, sans que la troupe stupide sache fuir ni prendre son essor, ni même se détourner des chasseurs qui les assomment l'un après l'autre et jusqu'au dernier. »

Dans cette famille de palmipèdes se trouve le pélican, les frégates, les anhingas, les paille-en-queue.

---

(1) Cet oiseau se nomme aussi boubie, *booby*, fou, stupide.

SIXIÈME ORDRE. LES PALMIPÈDES,

N° 24. — ANALYSE DES GENRES DE LA 4ᵉ. FAMILLE, OU LES LAMELLIROSTRES.

1 { Bec au moins aussi large à l'extrémité qu'à la base. . . . 2
— Plus étroit à l'extrémité. 3

2 { Taille très-forte. . . . . Cygne. . . . 1ᵉʳ. Genre.
— plus faible. . . . . Canard. . . 2ᵉ. Genre.

3 { Bec droit. 4
— formant un crochet à l'extrémité supérieure . . . . . Hars. . . . 5ᵉ. Genre.

4 { Bec droit, remontant sur le front et échancré par un angle couvert de plumes. . Fider. . . 3ᵉ. Genre.
— point d'angle de plumes à la base du front. . . . . . Oie. . . . 4ᵉ. Genre.

CHAPITRE XXXV.

QUATRIÈME FAMILLE.

LES LAMELLIROSTRES.

CARACTÈRES DE LA FAMILLE.

La quatrième et dernière famille des palmipèdes est celle des Lamellirostres, (*de lamella*, petite lame, et *rostrum*, bec, bec à lame), dont les principaux caractères sont d'avoir un *bec épais*, revêtu d'une substance plus molle que cornée, à bords garnis de *lames* ou petites dents; la langue *large* et charnue, *dentelée* sur les bords. Dans le plus grand nombre des espèces, la trachée-artère du mâle est renflée près de sa bifurcation, en capsules de diverses formes.

Les espèces de Normandie sont partagées en cinq genres. C'est surtout dans les espèces de cette famille que l'on remarque, outre les plumes, le *duvet* (*pag.* 137), et sur les rémiges secondaires, *l'espace colorié* nommé *miroir* (*pag.* 136.)

PREMIER GENRE.

LE CYGNE. (*Cycnus.*)

Caract. du G. — Taille *très-forte*; ailes *arrondies*; cou très-long; *protubérance* à la base du bec; narines percées vers le milieu du bec, dont la base est garnie d'une peau nue qui s'étend jusque vers le tour des yeux ; mandibules dentelées sur les bords.

Première espèce.

Le Cygne domestique. (*C. Olor.*) *Cygne à bec rouge.*

Descript. — Bec rouge, mais avec une tache noire nommée *onglet* à l'extrémité. Bord du bec, tour des yeux et protubérance d'un *beau noir* ; iris brun. Tout le corps d'un beau blanc ; pieds noir rougeâtre ; taille quatre pieds demi.

Les femelles sont plus petites, ont la protubérance moins forte.

Les jeunes sont d'un brun cendré, couleur qui passe à la troisième année en blanc pur.

Cette espèce, qui s'élève en domesticité, et fait l'ornement des pièces d'eau, se trouve à l'état sauvage, surtout vers les contrées orientales de l'Europe ; niche au bord des eaux, pond six ou huit œufs verdâtre clair.

Le cygne se nourrit de plantes aquatiques et de grain.

Deuxième espèce.

Le Cygne sauvage. (*C. Anas.*) *Le Cygne chanteur.*

Descript. — Bec noir ; base du bec, tour des yeux et protubérance d'un *beau jaune* ; iris brun, tout le corps d'un blanc pur, à l'exception du sommet de la tête, qui est légèrement nuancé de jaunâtre ; pieds noirs ; taille quatre pieds et demi.

Les jeunes, jusqu'à l'âge de deux ou trois ans, sont d'un gris clair ; les pieds gris rougeâtre.

Une particularité fort remarquable dans le cygne sauvage, c'est que le tube de la trachée-artère, au lieu de pénétrer dans la poitrine entre l'espace qu'offrent les clavicules, se recourbe, et pénètre en grande partie dans une cavité de *la quille*, ou arrête du sternum (*pag.* 155), particularité qu'on ne remarque point dans le cygne domestique.

Le cygne sauvage se trouve dans les régions du cercle arctique, d'où il nous vient pendant l'hiver.

Cette espèce se nourrit comme la précédente ; niche dans les herbes, au bord des eaux ; pond cinq ou six œufs verdâtre.

Le chant du cygne doit être mis au nombre des fables.

L'expression *blanc comme un cygne* ne conviendrait pas à une espèce découverte à la Nouvelle-Hollande, et qui est entièrement *noire*.

Le cygne, toujours beau, soit qu'il vienne au rivage,
Certain de ses attraits, s'offrir à notre hommage ;
Soit que, de nos vaisseaux le modèle achevé,
Se rabaissant en proue, en poupe relevé,
L'estomac pour carène, et de sa queue agile
Mouvant le gouvernail en timonier habile,
Les pieds pour avirons, pour flotte ces oiseaux
Qui se pressent en foule autour du roi des eaux,
Pour voile enfin son aile au gré des vents enflée,
Fier, il vole au milieu de son escadre ailée.
. . . .
. . . .
La fable de sa voix a vanté la merveille ;
L'œil enchanté sans doute avait séduit l'oreille.
Et qu'avait-il besoin de ce titre emprunté ?
Lui seul réunit tout, force, grâces, fierté ;
Il habite, à son choix, les airs, l'onde et la terre ;
Modéré dans la paix, valeureux dans la guerre,
Terrible, impétueux ; il fond sur ses rivaux ;
Leur choc trouble les airs, il agite les eaux :
Tel Antoine jadis, sur les plaines de l'onde,
Disputait Cléopâtre et l'empire du monde.

DELILLE.

DEUXIÈME GENRE.

LE CANARD. (*Anas.*)

Caract. du g. — Taille ordinaire ; bec *plus long* que la tête; *plus ou aussi large* à l'extrémité qu'à la base, qui est *garnie* de plumes ainsi que le tour des yeux; jambes courtes, et placées plus en arrière que dans le genre précédent, ce qui rend la démarche de ces oiseaux lourde et pénible ; mandibules dentelées; ailes aiguës.

Le mâle se nomme *malart*, la femelle *cane*, *boure*, et les petits *bourots*, *canetons*. Les femelles couvent pendant trente jours; le mâle ne prend point de soin des petits qui se jettent à l'eau dès qu'ils sont éclos.

Toutes les espèces de canards sont étrangères, et nous viennent pendant leur émigration en hiver. Elles habitent le nord de l'Europe ; leur nourriture ordinaire consiste en petits coquillages, frai, petits poissons, insectes, plantes maritimes ; en domesticité, ils s'habituent à manger du pain, du grain ; leur chair est très-bonne à manger, quoiqu'ayant un goût de *sauvagin* très-prononcé.

« L'homme a fait une double conquête lorsqu'il s'est assujéti des animaux habitans à la fois et des airs et de l'eau. Libres sur ces deux vastes élémens, également prompts à prendre les routes de l'atmosphère, à sillonner celles de la mer, ou plonger sous les flots, les oiseaux d'eau semblaient devoir lui échapper à jamais, ne pouvoir contracter de société ni d'habitude avec nous, rester enfin éternellement éloignés de nos habitations, et même du séjour de la terre... Partout on a cherché à apprivoiser, à s'approprier une espèce aussi utile que l'est celle de notre canard ; et nonseulement cette espèce est devenue commune, mais quelques autres espèces étrangères, et dans l'origine, également sauvages, se sont multipliées en domesticité, et ont donné de nouvelles races privées; par exemple, celle du canard musqué, par le double profit de sa plume et de sa chair, et par la facilité de son éducation, est devenue une des volailles les plus utiles, et une des plus répandues du Nouveau-Monde » (*Buffon.*)

Le genre canard se subdivise en deux sections : la première comprend les espèces dont le *pouce est libre*; la seconde, toutes celles dont *le pouce est garni d'une membrane tâche.*

Ire. Section. — *Pouce libre.*

Première espèce.

Le Canard sauvage. (*A. Boschas.*)

Descript. — *Bec jaunâtre*; iris brun rougeâtre; tête et cou d'un vert très-foncé, avec un *collier blanc*; parties supérieures rayées de zigzags très-fins, brun cendré et gris blanchâtre; poitrine marron foncé; parties inférieures gris blanc, rayées très-finement de zigzags brun cendré; *miroir vert violet*, bordé en dessus et en dessous de *blanc; quatre rectrices* mitoyennes *recourbées*, formant un *anneau* sur la queue; pieds *orange*; taille un pied dix pouces.

La femelle, plus petite, a le plumage varié de brun sur un fond grisâtre, une tache blanchâtre tachetée de brun à la région des yeux, et une seconde en dessous; la gorge blanche, le miroir nuancé de violet, *toutes les rectrices droites.*

Cette espèce est le type de nos canards domestiques qui varient singulièrement de couleur dans nos basses-cours; en effet, les canards, comme tous les oiseaux privés, ont subi l'influence de la domesticité : les couleurs du plumage se sont affaiblies ou changées; on en voit de plus ou moins blancs, bruns, noirs ou mélangés; d'autres ont pris des ornemens étrangers à l'espèce sauvage : telle est la race qui porte une huppe.

On élève aussi en domesticité, le *canard musqué*, vulgairement le *canard d'Inde, de Barbarie*, originaire d'Amérique, dont il existe également beaucoup de variétés; les petits qui proviennent du canard musqué et du canard domestique, se nomment *mularts*.

Le canard sauvage habite ordinairement le nord, d'où il nous vient pendant l'hiver : il niche dans les roseaux, sur les bords des eaux; pond six ou huit œufs d'un blanc sale; couve pendant trente jours, ainsi que les autres espèces du genre.

Deuxième espèce.

Le C. Tadorne. (*A. Tadorna.*) *Béliane.*

Descript. — *Protubérance* sur le bec, et bec relevé, *rouge vif*; iris brun; tête et cou d'un vert sombre; base du cou blanche; sur la partie supérieure du dos, une large *bande* d'un *roux vif*, qui se réunit à celle de la poitrine; dos, tectrices alaires et croupion *blancs*; scapulaires et extrémité des rectrices *noires*; miroir vert *irrisé*; large bande *roux vif* sur la poitrine, laquelle se joint à celle de la partie supérieure du dos, et forme une ceinture; large bande noire sur le ventre; flancs *blancs*; abdomen *noir*; couvertures caudales inférieures *rousses*; pieds rougeâtres; taille vingt-deux pouces.

Observation. La protubérance ne se remarque que pendant l'été. Les femelles sont plus petites, ont les teintes moins vives, et une tache blanchâtre sur le front, au lieu de protubérance.

Les Egyptiens avaient mis cet oiseau au nombre des oiseaux sacrés, et le figuraient dans les hiéroglyphes pour signifier la tendresse généreuse d'une mère en raison de son attachement pour ses petits.

La femelle pond sur le sable ou sur le bord de la mer, le plus souvent dans les trous abandonnés des lapins, dix ou douze œufs d'un blanc pur. Si un chasseur approche de la couvée, le père et la mère s'envolent et imitent le manège de la perdrix. (p. 268.)

Troisième espèce.

Le C. Chipeau. (*A. Strepera.*) *Ridenne.*

Descript. — Bec droit, *noir*; iris brun clair; tête et cou *gris*, tachetés de brun; parties inférieures du cou, dos marqués de croissans noirs; scapulaires rayés de zig-zags noirâtres et blancs; grandes couvertures des ailes et croupion *noir profond*; moyennes couvertures *roux-marron*; miroir *blanc pur*; poitrine marquée de croissants; parties inférieures blanches, couvertures caudales inférieures noires; toutes les rectrices droites et à peu près d'égale longueur; tarses et doigts *orange*, palmure noirâtre; taille dix-neuf pouces.

Les femelles ont les plumes du dos *brun noirâtre*, bordées de roux clair; la poitrine brun rougeâtre, *tachetée* de noir, le croupion et les couvertures inférieures des rectrices grisâtres. Habite le nord de l'Europe; niche dans les prairies, pond huit œufs cendré verdâtre.

Quatrième espèce.

Le C. a longue queue. (*A. Acuta.*) *Le Pilet, l'Étiquenard.*

Descript. — Bec *bleu noirâtre*; iris brun clair; sommet de la tête *brun noirâtre*; joues, gorge et haut du cou brun nuancé de violet pourpré; *bande noire* sur la nuque, *bordée* de deux bandes *blanches* qui descendent le long du cou; dos rayé de zigzags, cendré noir; scapulaires *longues* effilées, avec de longues baguettes noires; miroir *vert pourpré*, avec une bordure *rousse* en dessus, *blanche* en dessous; devant du cou et parties inférieures d'un blanc pur; *deux rectrices* mitoyennes noir verdâtre, *dépassant* de plus de deux pouces les autres; pieds *cendré rougeâtre*; taille deux pieds.

Les femelles, plus petites, ont la tête et le cou *roussâtre clair*, tiquetés de noir; les parties supérieures brun noirâtre, marquées de croissans irréguliers *jaune rous-*

sâtre; miroir *brun roussâtre*, bordé de jaunâtre en dessus et de blanchâtre en dessous; parties inférieures jaune roussâtre, tachetées de brun clair; point de rectrices dépassant les autres.

Habite le nord; pond huit œufs bleu verdâtre.

Ayant nourri pendant trois ans un canard pilet mâle, j'ai observé que, constamment pendant l'été, sa livrée *changeait totalement*; tout le corps était *gris-brun*, avec des écailles ou croissans semblables à ceux du canard chipeau; la bande blanche de la partie postérieure du cou *disparaissait*, et les deux rectrices mitoyennes ne *dépassaient* point les autres. Ce changement de plumage, qu'aucun auteur n'a décrit, je pense, arrivait vers le mois de mai, et le plumage d'hiver revenait à l'époque ordinaire de la mue vers le mois de septembre. Ce canard s'était couplé, mais sans résultat, avec une *boure* domestique, qu'il affectionnait beaucoup.

Cinquième espèce.

LE C. SIFFLEUR. (*A. Penelope.*) *Le Vignon.*

DESCRIPT. — Bec *bleu* à la base, *noir* à l'extrémité; iris brun; *front* blanc jaunâtre; *face* pointillée de noir; tête et cou *roux-marron*; parties supérieures rayées de zigzags noirs et blancs; scapulaires *noires*, *liserées* de blanc; couvertures des ailes *blanches*; miroir *vert*, *entouré* de noir; *gorge noire*; poitrine couleur *lie de vin*; flancs rayés de zigzags noirs et blancs; ventre blanc; couvertures inférieures caudales noires; pieds cendrés; taille dix huit pouces.

Les femelles, moins fortes, ont la tête et le cou *roux* tacheté de noir; les plumes du dos brun noirâtre, bordées de roux; les couvertures des ailes *brunes* bordées de blanchâtre; le miroir *cendré blanchâtre*; poitrine et flancs *roux*, bordés de cendré.

Niche quelquefois en Hollande; pond huit œufs cendré verdâtre.

Sixième espèce.

Le C. Souchet. (*A. Clypeata.* Le C. à bec de spatule.

Descript. — Bec *élargi* au bout en forme de *spatule*, noir en dessus, jaune en dessous ; iris d'un beau jaune ; tête et cou verdâtres, à reflets foncés ; dos brun noirâtre ; couverture des ailes *bleu clair* ; scapulaires *blanches*, tiquetées et tachetées de noir ; miroir vert foncé ; poitrine blanc pur ; ventre et flancs *roux-marron* ; pieds orange pâle. Taille dix-huit pouces.

Les femelles ont le bec brun noirâtre ; l'iris jaune pâle ; tête *roux clair*, tiquetée de noir ; les parties supérieures *brun noirâtre*, bordées de roux blanchâtre ; les petites couvertures des ailes *bleu sale* ; le miroir vert noirâtre ; les parties inférieures roux blanchâtre, tachetées de brun.

Niche dans le nord, sur les bords des lacs ; pond jusqu'à quatorze œufs jaune verdâtre.

Septième espèce.

La Sarcelle d'été. (*A. Querquedula.*)

Descript. — Bec noirâtre ; iris brun clair ; *sommet* de la tête *noirâtre* ; de chaque côté une *bande blanche* passe du bec au-delà des yeux jusque vers la nuque ; tête et cou brun rougeâtre, tiquetés de blanc ; parties supérieures blanchâtres, rayées transversalement de cendré ; tectrices alaires *cendré bleuâtre* ; bande blanche sur les scapulaires ; miroir *vert*, bordé de blanc ; gorge *noire* ; poitrine écaillée de *croissants noirs* ; flancs striés de noir en zigzag ; ventre blanc ; pieds cendrés ; taille quinze pouces.

Les femelles plus petites, ont la gorge *blanche*, le plumage des parties supérieures brun noirâtre, bordé de clair, le miroir *vert terne*.

La couleur des jeunes varie entre le plumage des vieux mâles et des femelles.

Cette espèce, plus répandue dans les grandes rivières du midi de l'Europe que les espèces précédentes dont elle a les mœurs, niche dans nos climats tempérés, le long des prairies marécageuses; pond douze œufs fauve verdâtre.

Huitième espèce.

LE C. SARCELLE D'HIVER. (*A. Crecca.*)

DESCRIPT. — Bec noirâtre; iris brun; sommet de la tête et joues *roux-marron;* de chaque côté, une large bande *verte*, à reflets; parties supérieures du cou roux-marron; le dos, les scapulaires rayés de zigzags blancs et noirs; couvertures des ailes *brunes;* miroir *vert et noir*, bordé de *deux* bandes blanches; gorge noire; poitrine blanc roussâtre variée de taches rondes; parties inférieures et flancs rayés de zigzags blancs et noirs; ventre d'un blanc jaunâtre; pieds cendrés; taille quatorze pouces.

Les femelles, plus petites, ont le bec marbré de brun, une *bande blanc roussâtre*, tachetée de brun dans la région des yeux; les plumes des parties supérieures brun noirâtre, bordées de brun clair; la gorge *blanche*, les parties inférieures blanchâtres.

On les confondrait facilement avec les femelles de l'espèce précédente.

Habite plus spécialement le nord où elle niche, et pond douze œufs blanc roussâtre, tachetés de brun.

La chair des sarcelles est très-estimée.

IIe. SECTION. — *Pouce garni d'une membrane lâche.*

Neuvième espèce.

LA MACREUSE. (*A. Nigra.*) *Bizette.*

DESCRIPT. — Bec noir, avec une bande jaune longitudinale; narines jaunes; une protubérance sphérique à la base du bec ; iris brun ; cercle des yeux jaune ; tout le plumage d'un *beau noir* velouté; *point de miroir* ; tarses et doigts *cendré brun* ; palmure noire ; queue très-conique; taille dix-huit pouces.

Les femelles n'ont point de protubérance ; elles ont la tête brun noirâtre ; les joues et la gorge cendré clair, tachetées de brun ; le reste du corps brun foncé ou cendré.

Les jeunes mâles leur ressemblent beaucoup ; cependant ils ont en général le plumage du corps *couleur de suie* ; ils portent surtout le nom de Bizettes.

La macreuse habite le nord de l'Europe, d'où elle nous vient en troupe très-nombreuse en hiver; cette espèce *niche* comme les autres oiseaux, *pond* cinq ou six œufs blancs.

Il existe un préjugé sur les macreuses : elles naissent, dit-on, d'un coquillage nommé *Anatife* (de *anas* canard et *ferre* produire) ou *bernicle*, que l'on trouve adhérent à la quille des navires, ou à des morceaux de bois flottans. L'animal que ce coquillage renferme devient, assure-t-on, oiseau, soit macreuse, soit bernache, etc. ; aussi regarde-t-on la chair des macreuses ou bizettes comme un *mets maigre* dont l'usage est admis pendant les jours d'abstinence; mais le fait est que les macreuses ou bernaches *pondent réellement* et se reproduisent *comme les autres oiseaux*; qu'elles ont le *sang chaud* ainsi que le canard et les autres oiseaux ayant un cœur à deux oreillettes et deux ventricules (pag. 46); que conséquemment leur chair est un mets *aussi* gras que celle de toute autre volaille, ou même des mammifères, et que le coquillage d'où l'on prétend qu'elles tirent leur origine, ne contient qu'un animal bien connu sous le nom de *patelle*, *bernicle*, et qui ne change ni de forme ni de nature. On a trouvé des *œufs* dans le corps des macreuses prises au printemps ; on a aussi découvert assez souvent *leur nid* pour qu'il ne doive rester aucun doute à cet égard. (1)

(1) Nos pêcheurs prétendent aussi qu'un animal parasite, connu maintenant sous le nom de *bopyre*, et que l'on trouve incrusté le long du corps des *crevettes*, est une *jeune sole !*... cette erreur, très-accréditée, n'est pas encore déracinée, quoiqu'on en ait démontré la fausseté.

Douzième espèce.

LA DOUBLE MACREUSE. (*A. Fusca.*)

DESCRIPT. — Bec jaune orange, l'extrémité rouge jaunâtre, les bords noirs; point de protubérance, seulement la base du bec un peu *renflée;* iris *rouge; croissant blanc* en dessous des yeux; tout le plumage d'un *noir profond* et velouté; un *faible miroir blanc;* tarse et doigts *rouges;* palmure noire; taille vingt et un pouces.

Les femelles ont une *tache blanche* sur les oreilles, le bec cendré noirâtre; l'iris brun, les parties supérieures couleur de suie, les inférieures gris blanchâtre; les tarses et doigts *rouge sale.*

Les jeunes se distinguent des femelles par de petites *taches* blanches en avant et en arrière des yeux, et par le *rouge rose* des pieds.

Cette espèce, ainsi que la précédente, habite le nord, où elle *niche* dans les herbes ou arbustes, et *pond huit ou dix œufs blancs.*

Les pêcheurs prennent les macreuses dans les filets lorsqu'elles plongent pour chercher des coquillages dans la mer.

Onzième espèce.

LE C. DE MICLON. (*A. Glacialis.*)

DESCRIPT. — Bec noir, avec une *bande* transversale rouge, iris orange; *sommet* de la tête, nuque, longues scapulaires et rectrices latérales d'un *blanc pur;* joue et *gorgerette* cendrées; dos, ailes, et les deux plumes du milieu de la queue *brun de suie; point* de miroir; parties antérieure du cou et ventre blancs; poitrine *couleur de suie;* flancs *cendrés;* taille vingt et un pouces.

Les femelles n'ont point de rectrices dépassant les autres ; toutes les pennes sont bordées de blanc ; le front et gorgerette sont cendrés ; les plumes des parties supérieures sont noires, bordées de roux.

Cette espèce du nord des deux continents peut se trouver, mais très-rarement en Normandie pendant les grands hivers. La description de la livrée d'été m'a paru inutile.

Je pense que le canard siffleur huppé, remarquable par sa tête ornée d'une *belle huppe* de plumes soyeuses, et son bec rouge à extrémité blanche, ne s'y trouve point.

Douzième espèce.

Le C. Milouinan. (*A. Marila.*)

Descript. — Bec large, *bleu clair*; extrémité noire ; narines blanchâtres ; iris *jaune* ; tête et parties supérieures du cou *noires*, à reflets verdâtres ; parties supérieures du dos et scapulaires blanchâtres, rayées de zigzags *noirs* ; couvertures des ailes *marbrées* de blanc et de noir ; croupion *noir* ; *bande* blanche sur les ailes ; poitrine *noire* ; flancs et ventre *blancs* ; abdomen rayé de brun en zigzag ; tarses et doigts cendrés ; palmure noire ; taille dix-huit pouces.

La femelle, longtemps regardée comme une espèce, nommée *canard bridé* (*A. frænata*), a une *large bande blanche* autour de la base du bec ; tête et cou noirâtres ; dos et scapulaires rayés de blanc et de noir en zigzag ; croupion et poitrine brun foncé ; *flancs*, tachetés et rayés de brun.

Les jeunes mâles ont quelques plumes blanches à la base du bec ; le blanc du dos varié de taches brunes ; le ventre d'un blanc terne, *maculé de gris*, et les flancs tachetés de brun noirâtre.

Habite le nord où il niche.

Treizième espèce.

Le C. Millouin. (*A. Ferina.*)

Descript. — Bec noir à la base et à la pointe ; bande transversale bleu foncé au centre ; iris *orange* ; tête et cou *rougeâtres*; parties supérieures du dos *noir mat* ; milieu du dos, scapulaires et couvertures des ailes cendrées blanchâtre, rayées de zigzags; *cendré bleuâtre ;* croupion *noir mat;* poitrine *noir mat;* ventre blanchâtre, rayé en zigzag très finement; flancs, cuisses et abdomen cendré blanchâtre, rayés comme les ailes ; rémiges et rectrices cendrées; tarses et doigts bleuâtres, à membranes noires; taille seize à dix-sept pouces.

Les femelles sont plus petites : elles ont le sommet de la tête, les parties postérieures et latérales du cou et le haut du dos *brun roussâtre ;* l'espace entre le bec et l'œil, le tour des yeux, la gorge et la partie antérieure du cou blancs, tachetés de roussâtre; milieu du dos *moins* marqué de zigzags que dans le mâle ; la poitrine brun roussâtre, *bordée* de blanc roussâtre; le milieu du ventre blanchâtre.

Dans les jeunes mâles, qui ressemblent assez aux femelles, les couleurs sont moins vives que dans les vieux.

Cette espèce habite le nord; de passage en hiver en Normandie.

Quatorzième espèce.

Le Canard Garrot. *A.* (*Clangula.*)

Descript. — Bec noir, *très-court*, à pointe moins large que la base; iris d'un *beau jaune*; un *large* espace *blanc* à la racine du bec; tête et partie supérieure du cou vert pourpré; partie inférieure du cou *blanche*; dos, croupion et une partie des grandes scapulaires d'un *blanc pur;* poitrine et parties inférieures d'un *blanc* pur; cuisses et queue noir cendré ; tarses et doigts d'un beau jaune; palmure noire; taille dix-huit pouces.

La femelle a la pointe du bec jaunâtre, ainsi que l'iris; la tête et la partie supérieure du cou *brun foncé*; les plumes des parties supérieures *noirâtres*, bordées de cendré; poitrine cendré foncé; les parties inférieures d'un blanc pur.

Les jeunes mâles diffèrent peu des femelles; l'espace *blanc* ne paraît qu'au bout d'un an.

Habite le nord où il niche; de passage en hiver dans notre pays.

Quinzième espèce.

Le C. Morillon. (*A. Fuligula.*)

Descript. — Bec *bleu clair*, à pointe ou *onglet* noir; iris d'un jaune brillant; *huppe* de plumes effilées, longues sur la tête, *noires*, ainsi que la tête et le cou; parties supérieures *brun noirâtre*, à reflets bronzés, parsemés de points bruns; *miroir blanc*; poitrine *noire* à reflets violets; parties inférieures blanc pur, excepté l'abdomen qui est brun noirâtre; tarses et doigts bleuâtres à palmure noire; taille seize pouces.

Les femelles ont la huppe très-courte; le noir du cou et des parties supérieures est *mat*, nuancé de brun foncé; de grandes taches brun roussâtre sur la poitrine et les flancs; le miroir *très-petit*.

Les jeunes mâles ont *du blanc* sur le front et même derrière les yeux; *point de huppe*; ressemblent du reste assez aux vieilles femelles.

Habite le nord où il niche; de passage et commun en Normandie.

Seizième espèce.

Le C. Nyroca. (*A. Leucophtalmos.*)

Descript. — Bec allongé, bleu noirâtre, à onglet noir;

iris *blanc*; une *tache blanche* sous le bec; tête et cou *roux rougeâtre*, avec un *petit collier* brun foncé; parties supérieures brun noirâtre, à reflets pourprés, tiquetés de roux, miroir *blanc*, terminé de noir; poitrine et flancs *roux rougeâtre*; parties inférieures d'un blanc pur; tarses et doigts cendré bleuâtre, à palmure noire; taille quinze pouces.

Au lieu de roux rougeâtre, les femelles ont *du brun* terminé de roussâtre clair; *point* de collier.

Habite le nord; de passage et rare en Normandie.

TROISIÈME GENRE.

EIDER. (*Occa.*)

CARACT. DU G. — Bec de la longueur de la tête; *base* du bec formant *un angle* qui remonte sur le front, et *l'intervalle* de la pointe de l'angle formé par le prolongement de la partie supérieure de la mandibule et de ses bords *est garni* de petites plumes qui partent du front et recouvrent cette partie.

Espèce.

L'EIDER. (*O. Mollissima.*)

DESCRIPT. — Les jeunes mâles jusqu'à deux ans: bec vert noirâtre, droit, arrondi, beaucoup plus large à la base qu'à l'extrémité; iris brun; large bande blanchâtre du bec au-dessus des yeux; tête et parties supérieures brun cendré, tachetées de brun foncé; parties inférieures du cou et poitrine rayées de bandes blanches et mêlées de roux cendré; pieds cendré mat; taille vingt-deux pouces.

Les femelles ont tout le plumage roux, rayé transversalement de noir; les plumes des couvertures des ailes bordées de roux foncé.

Nos marins confondent cette espèce avec la macreuse,

dont elle se distingue cependant par la forme du bec, *l'angle* à la base du front, et la teinte générale du plumage.

Cette espèce vient très-rarement sur nos côtes; je n'en ai vu que pendant l'hiver de 1830; on n'y trouve jamais les vieux mâles dont le plumage est entièrement différent de celui des jeunes: le sommet de la tête est blanc verdâtre, avec une bande noire et violette au-dessus des yeux; joues blanches; parties supérieures d'un blanc pur; croupion noir, poitrine couleur de chair; ventre noir profond.

Au bout de deux ans, les jeunes mâles ont de grands *espaces* blancs sur la tête et les parties supérieures; j'en ai vu un individu pris sur nos côtes, et que possède M. Victor Vautier.

L'eider habite les mers glaciales, est très-commun en Islande, en Laponie, au Groënland; il niche sur des caps, construit son nid de plantes marines, et le recouvre de *son duvet*. Ce duvet, nommé *édredon*, et vulgairement, mais improprement *aigledon*, est très-recherché pour faire la garniture des couvre-pieds. Telle est son élasticité, que deux ou trois livres, que l'on peut comprimer et tenir dans la main, se dilatent assez pour remplir et renfler le couvre-pied d'un grand lit. Ce précieux duvet se ramasse dans les nids des eiders que l'on se garde bien de tuer. Lorsqu'on a déniché le premier nid, la femelle en fait un second, et alors, le mâle s'arrache le duvet qu'il a sous le ventre pour garnir le nouveau nid; si on le déniche, ils en font un troisième qu'on leur laisse, sans quoi ce couple quitterait la contrée pour aller dans une autre.

QUATRIÈME GENRE.

OIE. (*Anser.*)

CARACT. DU G. — Bec *plus court* que la tête, conique; plus étroit à l'extrémité qu'à la base, légèrement courbé à l'extrémité; *point d'angle* de plumes à la base du front; taille forte.

Première espèce.

Oie cendrée. (*A. Ferus.*)

Descript. — Bec orange, à onglet blanchâtre; iris brun foncé; le fond du plumage est cendré clair, sauf le haut du dos et le manteau cendré brun; ailes *moins longues* que la queue, liserées de blanchâtre; abdomen blanc pur; pieds couleur de chair; taille deux pieds dix pouces.

Cette espèce, type de nos nombreuses variétés domestiques, est très-différente de l'espèce suivante, nommée oie sauvage : elle habite les contrées orientales de l'Europe; elle niche dans les bruyères, les marais, pond huit œufs verdâtre sale. Le temps de l'incubation est de trente jours.

« Dans chaque genre, les espèces premières ont emporté tous nos éloges, et n'ont laissé aux espèces secondes que le mépris tiré de leur comparaison; l'oie, par rapport au cygne, est dans le même cas que l'âne vis-à-vis du cheval : tous deux ne sont pas pris à leur juste valeur. Éloignons, pour un moment la trop noble image du cygne, nous trouverons que l'oie est encore, dans le peuple de la basse-cour, un habitant de distinction. Sa corpulence, son corps droit, sa démarche grave, son plumage net et lustré, et son naturel social, qui le rend susceptible d'un fort attachement et d'une longue reconnaissance, enfin, sa vigilance, très-anciennement célébrée, tout concourt à nous présenter l'oie comme l'un des plus intéressants, et même des plus utiles de nos oiseaux domestiques : car, indépendamment de la bonne qualité de sa chair et de sa graisse, dont aucun autre oiseau n'est plus abondamment pourvu, l'oie nous fournit cette plume délicate sur laquelle la molesse aime à se reposer, et cette autre plume, instrument de nos pensées, et avec laquelle nous écrivons ici son éloge.

« Le vol des oies sauvages est toujours très-élevé, le mouvement est doux et ne s'annonce par aucun bruit ni sifflement. Ce vol se fait dans un ordre qui suppose des combinaisons et une espèce d'intelligence supérieure à celle des autres oiseaux dont les troupes partent confusément et sans ordre. Celui qu'observent les oies semble avoir été tracé par un instinct géométrique ; c'est à la fois l'arrangement le plus commode pour que chacun suive et garde son rang, en jouissant également d'un vol libre et ouvert devant soi, et la disposition la plus favorable pour fendre l'air avec plus d'avantage et moins de fatigue pour la troupe entière : car elles se rangent sur deux lignes obliques formant un angle à peu près comme un V ; ou si la bande est petite, elle ne forme qu'une seule ligne, mais ordinairement chaque troupe est de quarante ou cinquante ; chacun y garde sa place avec un ordre admirable. Le chef qui est à la pointe de l'angle et fend l'air le premier va se reposer au dernier rang lorsqu'il est fatigué, et tour à tour les autres prennent la première place. »

(*Buffon.*)

Deuxième espèce.

L'Oie des Moissons. (*A. Segetum.*)

Descript. — Bec noir à la base, orange au milieu, noir à l'onglet ; iris brun foncé ; tête et haut du cou cendré brun ; parties supérieures cendré brun, liseré de blanchâtre, croupion brun noirâtre ; ailes *plus longues* que la queue ; parties inférieures cendré clair ; abdomen blanc pur ; pieds rouge orange, membrane gris noirâtre ; taille deux pieds et demi.

Habite le nord ; de passage en Normandie, où elle est, je pense, très-rare.

Troisième espèce.

L'OIE RIEUSE. (*A. Albifrons.*) *Ouette.*

DESCRIPT. — Bec jaune orange ; onglet blanchâtre ; iris brun ; un *grand espace blanc* pur, sur le front ; gorgerette blanche ; tête et cou brun cendré ; parties supérieures brun cendré ; rémiges noires ; pennes secondaires terminées de blanc ; parties inférieures blanchâtres, avec de grandes taches irrégulières noirâtres ; pieds jaune orange ; taille deux pieds deux pouces.

Cette espèce habite le nord ; se trouve communément sur notre littoral pendant l'hiver, s'élève très-bien en domesticité.

Les femelles sont moins fortes et n'ont qu'un *petit* espace blanc au front.

Quatrième espèce.

L'OIE BERNACHE. (*A. Leucopsis.*)

DESCRIPT. — Bec noir, iris brun noirâtre ; front, *côtés* de la tête blanc pur ; un petit trait du bec à l'œil ; occiput et cou noir profond ; parties supérieures gris cendré, avec des bandes noires ; l'extrémité des plumes gris blanchâtre ; rémiges et rectrices noires ; parties supérieures de la poitrine d'un *beau noir* ; parties inférieures blanc pur ; flancs cendrés ; pieds noirs ; taille deux pieds et demi.

Les femelles sont plus petites que les mâles ; les jeunes mâles ont des points noirâtres sur le front, et le noir des autres parties remplacé par *du roux clair*.

De passage sur nos côtes ; habite le nord, célèbre par la fable qui la faisait naître sur les arbres, ou de l'écume de la mer. (*voy.* macreuse, page 375.)

Cinquième espèce.

L'OIE CRAVANT. (*A. Bernicla.*)

DESCRIPT. — Bec noir; tête, cou d'un noir terne, *collier blanc* sur les côtés du cou; parties supérieures gris foncé, terminées légèrement de brun clair; flancs cendré foncé, terminés par une large bande blanchâtre; ventre cendré brun; rémiges, pennes secondaires et rectrices d'un beau noir; abdomen et couvertures de la queue d'un blanc pur; pieds noirs; taille deux pieds.

Les femelles sont plus petites; les jeunes mâles n'ont *point de collier*; la couleur noire est remplacée par un brun roussâtre.

Habite également le nord; de passage et commune pendant l'hiver.

On le faisait autrefois naître d'un coquillage (*pag.* 375.)

CINQUIÈME GENRE.

LE HARLE. (*Mergus.*) *Vierd.*

CARACT. DU G. — Bec *plus long* que la tête, *étroit, effilé*, la pointe de la mandibule supérieure *recourbée* à l'extrémité sur l'inférieure; *denteture* des deux mandibules *recourbée en arrière.*

Première espèce.

LE GRAND HARLE. (*M. Merganser.*) *Vignon Anglais, Bec de scie.*

DESCRIPT. — Bec rouge, iris brun rougeâtre; *huppe* courte, épaisse, noire, à reflets verdâtres derrière la tête; tête et cou noirs, à reflets, parties supérieures d'un beau noir, grandes couvertures blanches, liserées de noir; parties inférieures du cou, poitrine et parties inférieures blanc rosé et jaunâtre (1); rémiges et rectrices cendrées; miroir *blanc*; pieds rouge vif; taille deux pieds quatre pouces.

Les femelles ont la huppe *longue*, effilée, brun roussâtre, ainsi que la tête et la partie supérieure du cou; toutes les parties supérieures cendré foncé; parties inférieures du cou, poitrine, flancs cendré blanchâtre; ventre et abdomen blanc jaunâtre.

Les jeunes mâles ressemblent beaucoup aux femelles, dont ils se distinguent par des *points noirs* sur le blanc de la gorge.

Habite le nord; de passage dans les grands hivers sur nos côtes.

Deuxième espèce.

Le Harle huppé. (*M. Serrator.*) *Viard.*

Descript. — Bec rouge, ainsi que l'iris; huppe *longue*, effilée, noire; tête et partie supérieure du cou noires, à reflets verdâtres; *collier blanc* au cou; haut du dos et scapulaires *noir profond*; cinq ou six *taches blanches*, bordées de noir aux plumes du manteau à *l'insertion* des ailes; miroir de l'aile blanc, *coupé de deux bandes noires*; croupion rayé de zigzags cendrés; poitrine brun roussâtre, tacheté de noir; ventre blanc; cuisses rayées de zigzags cendrés; pieds orange; taille vingt-deux pouces.

Les femelles ont la tête, la huppe et le bec brun roussâtre; les parties supérieures cendré foncé; le miroir blanc, *coupé* par une *bande cendrée*; la gorge blanche; la poitrine variée de cendré et de blanc; les parties inférieures blanches.

Les jeunes mâles ont des teintes roussâtres à la tête et au cou; les parties supérieures variées de roussâtre.

Habite le nord; de passage en hiver sur nos côtes.

---

(1) Cette belle couleur disparaît quelque temps après que l'oiseau est empaillé.

Troisième espèce.

Le Harle Piette. (*M. Albellus.*) *Petit Vierd.*

Descript. — Bec cendré bleuâtre ; iris brun ; huppe *touffue*, *blanche*, ainsi que la tête et le cou ; une grande tache noir verdâtre de chaque côté du bec ; scapulaires blanches, à bords noirs ; haut du dos noir profond ; poitrine blanche, avec un croissant noir qui remonte jusqu'au cou ; parties inférieures blanc pur ; flancs et cuisses variés de zigzags cendrés ; queue cendrée ; pieds cendré bleuâtre ; taille seize pouces.

Les femelles ont la tête brun roussâtre ; parties supérieures cendré foncé ; le croupion cendré clair ; ailes variées de cendré, de blanc et de noir ; gorge blanche ; poitrine cendré clair, ainsi que les flancs ; parties inférieures blanches ; taille quinze pouces.

Les jeunes mâles ressemblent d'abord à la femelle, ensuite ils se distinguent par de petites plumes noirâtres qui indiquent la grande tache du bec ; des plumes noires et cendrées sur le dos, et l'indice du croissant sur la poitrine.

Habite le nord comme les espèces précédentes ; de passage sur nos côtes en hiver.

FIN.

SUPPLÉMENT AUX OISEAUX.

MERLE ROSE. (*Turdus Roseus.*)

Pendant l'impression de cet essai, j'ai reçu un *merle rose*, ou *martin roselin* (turdus roseus), que je dois à l'obligeance de M. Lubin Desvallées, un de mes anciens élèves, qui l'a tué sur sa propriété à Couvert, commune éloignée de deux lieues de Bayeux.

Cette espèce, voisine du genre merle, (page 179) habite ordinairement en Asie ou en Afrique; se trouve quelquefois dans le Tyrol, le midi de l'Europe, très-rarement en France, et plus rarement encore en Normandie; l'individu que je possède est le seul qui ait été tué à ma connaissance.

Les mœurs du martin sont assez semblables à celles des étourneaux, avec lesquels on ne doit cependant pas le confondre, à cause de *l'échancrure* de la mandibule supérieure du bec, caractère qui le range dans les dentirostres, tandis que l'étourneau est dans les conirostres.

J'ai cru devoir en donner ici la description:

Bec rosé jaunâtre à la base de la mandibule supérieure, noir à la pointe; mandibule inférieure entièrement rosé jaunâtre; iris brun foncé; *huppe* noire, à reflets, pendant derrière la tête; *tête*, *cou* noirs, à reflets violets; parties supérieures d'un *beau rose* très-tendre; ailes et queue brun violet; couvertures des rémiges rose clair; poitrine noire, à reflets violets; parties inférieures rose clair; couvertures inférieures caudales et cuisses noires, rayées de blanchâtre. Taille huit pouces.

Les femelles se distinguent très-aisément par la *brièveté* des plumes de la huppe ; les couleurs moins vives, et le rose mélangé de brun.

Les jeunes, au lieu de rose, sont de couleur *Isabelle* brun ; les parties inférieures sont brun cendré ; *point* de huppe.

Se nourrit d'insectes, de petites graines, de taons ou de larves qu'il recueille sur le dos des animaux ; vit ordinairement avec les étourneaux.

Que les oiseaux du nord, chassés par les rigueurs du froid, viennent chercher dans notre pays un climat moins dur, on le conçoit aisément ; mais quelles causes forcent les espèces du midi à s'égarer dans nos contrées ? Les rolliers, page 239, guêpiers, 244, hérons crabiers, 290, merle rose, habitans des pays chauds, ne se trouvent que très-rarement en France et à des époques très-éloignées, sans qu'on puisse prévoir leur arrivée qui n'a lieu que pendant l'été. Le héron crabier et le merle rose que j'ai eus cette année ont été tués dans le mois de Juillet, époque à laquelle le thermomètre marquait 39 degrés à Bordeaux. Je pense que l'extrême sécheresse, résultat d'une température aussi élevée, a dû forcer ces oiseaux à venir sur un sol moins desséché chercher une nourriture qu'ils ne trouvaient que difficilement dans leur pays, plus rapproché de l'équateur.

LE GUILLEMOT NAIN. (*Uria alle*, pag. 343.)

J'ai reçu, au moment où la table s'imprimait, un *guillemot nain*, tué à Trévières par M. Laheuderie dans l'étang du château de la Ramée. Cet oiseau quoique dans la famille des brachyptères, a dû parcourir au vol la distance d'environ une lieue et demie qui se trouve entre Trévières et la mer. Je ne soupçonnais point que cette espèce pût se trouver en Normandie. Elle habite constamment les régions du pole arctique, d'où elle ne vient que dans les hivers très-rigoureux, ou à la suite des grandes tempêtes. C'est à cette dernière cause que j'attribue son arrivée ainsi que celle du *petit pétrel*, ou oiseau de tempête, qui a été trouvé très-fréquemment vers la fin d'octobre sur toutes nos côtes, et surtout au Hâvre, où on le connait sous le nom d'*alcyon*, dénomination impropre puisque les alcyons, ou martins-pêcheurs sont dans une autre famille et d'un autre ordre. Déjà, à la page 343, j'ai indiqué la possibilité de trouver sur nos côtes le *guillemot à miroir blanc*, et j'ajoute ici la description du guillemot nain, assez semblable, quant aux couleurs, au guillemot à miroir blanc.

Descript. — Bec *très-court*, de moitié moins long que la tête, très-peu arqué, noirâtre ; iris brun noirâtre ; parties supérieures de la tête et du dos *noir profond*, pennes secondaires *blanches* à l'extrémité ; trois ou quatre bandes longitudinales d'un blanc pur sur les grandes plumes du manteau, joues cendrées, et une petite bande gris blanchâtre ; qui se dirige vers l'occiput ; gorge et parties inférieures d'un blanc pur ; pieds brun verdâtre ; taille huit pouces.

Cette espèce varie suivant l'âge ; se trouve quelquefois *sans* raies blanches sur les plumes du manteau ; dans le nord on la trouve quelquefois entièrement blanche.

VOCABULAIRE,

OU

EXPLICATION DE QUELQUES MOTS DIFFICILES.

Abdomen, partie du bas-ventre qui renferme les intestins.
Affinité, disposition des substances à s'unir ensemble.
Aire, nid de l'aigle.
Albinos, du latin *albus*, blanc.
Amphibies, du grec *amphi*, double, et *bios*, vie.
Anatomie, du grec *ana*, à travers, et *temno*, je coupe.
Anastomoser, du grec *ana*, à travers, et *stoma*, bouche; littéralement, *s'emboucher*.
Angiologie, du grec *aggeion*, vaisseau, et *logos*, discours.
Aponévrose, du grec *apo*, de, et *neuron*, nerf, nom que les anciens donnaient aux tendons.
Apophyses, du grec *apo*, de, et *phuômai*, naître, naître de l'os.
Arachnoïde, du grec *arachné*, araignée, et *oïdos*, semblable à.
Artères, du grec *aër*, air, et *tereïn*, porter.
Attraction, de *attrahere*, attirer.
Bimane, de *bis*, double, et *manus*, main.
Bauge, lieu dans lequel le sanglier se retire.
Brachiale, de *brachialis*, bras.
Brachyptères, du grec, *brachu*, court, et *pteron*, aile.
Brevipennes, *brevis*, courte, et *penna*, plume de l'aile.
Bronches, du grec *bronchos*, gorge.
Carnassières, la troisième molaire à compter du fond

de la bouche ; cette dent est la plus forte (pag. 79.)

Caudates, de *cauda*, queue.

Cervicates, de *cervix*, cou.

Cétacés, de *cete*, baleine.

Cheiroptères, du grec *cheir*, main, et *pteron*, aile, main ailée.

Choroïde, du grec *chorion* enveloppe, et *oïdos*, semblable à.

Chylifères, du grec *chulos*, chyle, et *phero*, je porte.

Conirostres, de *conus*, cône, et *rostrum*, bec.

Comprimé, aplati verticalement.

Crétin, formé par corruption de *chrétien*; parfait chrétien, parce que ces hommes sont si idiots qu'ils ne peuvent commettre de péchés.

Crustacés, de *crusta*, écaille, couvert d'une substance écailleuse, comme la crevette, le homar.

Créole, de l'espagnol *criotto*, issu de deux races différentes.

Cultrirostres, de *cultrum*, couteau, et *rostrum*, bec, bec en couteau.

Dentirostres, de *dens*, dent, et *rostrum* bec, bec ayant une dent.

Déprimé, aplati horizontalement.

Diaphragme, du grec *dia*, entre, et *phragma*, séparation.

Digitale, de *digitus*, doigt.

Digitigrades, de *digitus*, doigt, et *gradiri* marcher, marcher sur les doigts.

Diurne, de *diurnus*, pendant le jour.

Dorsale, de *dorsum*, dos.

Ecussonné, couvert de plaques demi-rondes ou triangulaires, superposées comme des tuiles.

Edenté, sans dents.

Encéphalique, du grec *en*, dans, et *képhalè*, cervelle.

Entomologie, du grec *entomon*, insecte, et *logos*, discours, traité.

Epiglotte, du grec *épi*, sur, et *glotta*, langue.

Epiphyses, du grec *épi*, sur, et *phuómai*, je nais, naître sur l'os.

Erpétologie, du grec *herpetos*, reptile, et *logos* discours, traité.
Ethmoïde, du grec *ethmos*, crible, et *oïdos*, semblable.
Fissirostres, de *fissum*, fendu, et *rostrum* bec.
Fossile, de *fossilis*, enfoui.
Frontal, de *frons*, front.
Gallinacés, de *gallus*, coq.
Gaz, fluide aériforme, semblable à l'air.
Glotte, du grec *glotta*, langue.
Hiberner, passer l'hiver dans l'engourdissement. (pag. 71.)
Hyaloïde, du grec, *hyalos*, verre, et *oïdos*, semblable.
Ictyologie, du grec *ictus*, poisson, et *logos*; traité.
Intus-susception, de *intùs*, à l'intérieur, et *suscipere*, prendre.
Irrisé, couleur vert d'iris.
Isochrones, du grec, *isos*, semblable, et *chronos*, temps, simultané.
Juxta-position, de *juxta*, sur, et *ponere*, poser, aglomération.
Lamellirostres, de *lamella*, petite lame, et *rostrum*, bec.
Léthargie, du grec *lethé*, oubli, et *argos*, prompt, insensibilité.
Lombaires, de *lumbus*, rein.
Longipennes, de *longa*, longue, et *penna*, grandes plumes de l'aile.
Longirostres, de *longum*, long, et *rostrum*, bec.
Macrodactyles, du grec *macros*, petit, et *dactulos*, doigt.
Malacodermologie, du grec, *malacos*, mou, *derma*, peau, et *logos*, traité.
Mollusques, de *mollis*, mou, à cause de la mollesse de la substance qui recouvre ces animaux.
Monodactyles, du grec *monos*, unique, et *dactulos*, doigt.
Myologie, du grec *muon*, muscle, et *logos*, traité.
Myope, du grec *muô*, je ferme, et *ops*, l'œil.
Névrologie, du grec *neuron*, nerf, et *logos*, traité.
Nudicolles, de *nudum*, nu, et *collum*, cou.
Nyctalope, du grec *nuctos*, nuit, et *ops*, œil.

Occipital, d'*occiput*, derrière de la tête.
OEsophage, du grec *oisô*, je porte, et *phagein*, le manger.
Olfactif, de *olfactus*, odorat.
Omoplate, du grec, *omos*, épaule, et *platus*, large.
Unguiculé, d'*unguis*, ongle, ayant des ongles.
Organes, de *organum*, instrument, ce qui sert aux opérations.
Ornithologie, du grec *ornithos*, oiseau, et *logos*, traité.
Os unguis, de *unguis*, ongle, os minces comme des ongles.
Ostéologie, du grec *ostéon*, os, et *logos*, traité.
Ostracodermologie, du grec, *ostracon*, écaille, *derma*, peau, et *logos*, traité.
Pariétaux, de *paries*, muraille, rempart.
Péricarde, du grec *peri*, autour, et *cardia*, cœur.
Périoste, du grec *peri*, autour et *osteon*, os.
Péritoine, du grec *peri*, autour, et *teinô*, je tends.
Physiologie, du grec *phusis*, nature, et *logos*, traité.
Pisiforme, de *pisum*, pois, en forme de pois.
Plantigrades, de *planta*, plante du pied, et *gradus*, marche.
Plumicolles, de *pluma*, plume, et *collum*, cou, cou garni de plumes.
Presbytes, du grec *presbutes*, vieillard, vue faible.
Pressirostres, de *pressum*, déprimé, et *rostrum* bec.
Proboscidiens, du grec, *proboscis*, trompe, animaux à trompe.
Psycodiaire, du grec, *psuchè*, ame, soufle, air.
Pylore, du grec *pulè*, porte, et *oreô*, je garde.
Quadrumanes, de *quadrinus*, quatre, *manus*, main.
Rapaces, de *rapax*, qui enlève une proie.
Rétine, de *rete*, filets nerveux.
Scaphoïde, du grec *scapha*, barque, et *oïdos*, semblable.
Sclérotique, du grec, *scléros*, dur.
Scolécologie, du grec *scolecos*, vers, et *logos*, traité.
Sétacé, de *seta*, soie, fils, déliés.
Sinus, de *sinus*, cavité.

Solipèdes, de *solus*, seul, et *pes*, pieds.
Sphénoïde, du grec *sphen*, coin, et *oïdos* semblable.
Splanchnologie, du grec, *splanchnon*, viscères, intestins, et *logos*, traité.
Sternum, du grec, *sternon*, poitrine.
Subulé, de *subula*, alène.
Sympathique, du grec *sun*, ensemble, et *pathos*, souffrance.
Syndactyles, du grec *sun*, ensemble, et *dactulos*, doigt.
Temporaux, de *tempora*, tempes.
Ténuirostres, de *tenue*, faible, et *rostrum* bec.
Tétradactyles, du grec *tettara*, quatre, et *dactulos*, doigt.
Thorachique, de *torax*, poitrine.
Trachée-artère, du grec, *trachus*, rude.
Totipalmes, de *tota*, entière, et *palma*, palmure.
Tuberculeuse, de *tuberculum*, bosse, grosseur.
Xiphoïde, du grec *xiphos*, pointe, et *oïdos*, semblable.
Zoologie, du grec *zoon*, animal, et *logos*, traité.
Zoophytes, du grec *zoon*, animal; et *phutos*, plante.

ERRATA.

Page 15, ligne 17, au lieu de métatarse, doigts, lisez : métatarse, orteils.
Page 20, ligne 10, au lieu de première vertèbre lombaire, lisez : dernière.
Page 47, ligne 5, au lieu de zoolologie, lizez : zoologie.
Page 106, ligne 18, au lieu de palatouche, lisez polatouche.
Page 108, au titre du tableau n°. 6, au lieu de 3e. ordre, lisez : 6e. ordre.
Page 142, ligne 7, au lieu de *incisives*, lisez : *canines*.
Page 186, ligne 4, au lieu de *point* de poils, lisez : *quelquefois* des poils.
Page 197, ligne avant-dernière, au lieu de *recouvertes* par les *narines*, lisez . par les plumes.
Page 220, ligne 28, au lieu de assurré, lisez : assuré.
Page 347, ligne 6, au lieu de première rémige, lisez : deuxième rémige.
Page 552, ligne 16, au lieu de moettre, lisez : moëtte.
Page 359, au titre Cormoran, ajoutez (Carbo.)

TABLE ALPHABÉTIQUE.

A.

Accentor, ou pegot.	194	Appareils.	43
Aériens.	346	Aquila.	152
Aï.	107	Aras.	255
Aigle.	152	Ardœa.	286
Aigledon.	381	Argus.	271
Aigrette.	289	Artères.	22
—	137	Articulés.	47
Alauda.	209	Arvicola.	103
Albatrosse.	358	Asinus.	119
Albinos.	53	Astragale.	11
Alca.	344	Autour.	157
Alcedo.	343	Autruche.	273
Alcyon.	244	*Avocat des meuniers.*	250
— ou oiseau de tempête.	390	Avocette.	323
Allector.	271		
Alouette.	209	**B.**	
— de mer.	312		
— à collier.	311	*Bacouette.*	199
Amphibies.	95	Balbusard.	156
Amygdales.	29	Baleine.	133
Anas.	368	Bardeau.	119
Anatifes.	375	Barge.	316
Anatomie.	9	— aboyeuse.	301
Ane.	119	— brune.	301
Angle facial.	50	— à queue noire.	318
Angora.	101	— grise.	317
Angyologie.	22	— rayée.	*id.*
Anhinga.	363	— rousse.	*id.*
Animaux.	47	Bartavelle.	269
Anser.	381	Bassin.	13
Antilope	129	*Bave du coucou.*	249
Aorte.	22	Bécasse.	306
Aponévroses.	18	Bécassine.	307
Apophyses.	17	— double.	306

— petite.	307	Brévipennes.	273
Bécasseau.	311	Bronches.	30
— cocorli.	312	*Brouetteux.*	216
— falcinelle.	id.	Bruant.	217
— platyrinque.	id.	Bufle.	129
— violet.	313	*Bunette.*	194
Bécot.	307	Busard.	162
Bec croisé.	223	Buse.	160
— en ciseau.	358	Buteo.	id.
— de scie.	385	Butor.	291
— de spatule.	373		
— fins.	195		
— figue.	177	**C.**	
Bégu.	116		
Béliane.	370	Cacatoës.	255
Bélette.	94	Cachalot.	133
Berge.	135	Caille.	270
Bergeronette, *ou lavan-*		Caillette.	121
dière.	197	Caisse.	28
Bernache.	384	Calandre.	212
Bernicles.	375	Calandrelle.	id.
Biche.	124	Calaos.	245
Bihoreau.	290	Calcaneum.	15
Bimanes.	50	Callidris.	320
Bizet.	259	Campagnol.	103
Bisette.	374	Canard.	368
Blaireau.	79	— chipeau.	371
Blongios.	291	— dinde.	369
Bœuf.	128	— double macreuse.	376
— marin.	96	— garrot.	378
Bondrée.	160	— macreuse.	374
Bonnet.	121	— miclon.	376
Bopyre.	375	— millouin.	378
Boubie.	363	— milouinan.	377
Bouc.	126	— morillon.	379
Boulet.	115	— musqué.	369
Boure.	368	— nyroca.	379
Bouvreuil.	224	— pilet.	371
Brachyptères.	335	— sarcelle.	373
Branchies.	4	— sauvage.	369
Brebis.	127	— sifleur.	372
Bréchet.	135	— huppé.	369
Bréhaigne.	117	— souchet.	373
———	124	— tadorne.	370

Cane.	368	Cheiroptères.	69
Caneton.	id.	Cheval.	114
Canis.	85	Chevalier.	298
Canepétière.	275	— arlequin.	301
Canon.	121	— branle-tête.	304
Canut.	310	— combattant.	299
Capra.	126	— cul-blanc.	305
Capreolus.	125	— gambette.	303
Caprimulgus.	206	— guignette.	304
Caractères.	6	— noir.	301
Carbo ou cormoran.	359	— perlé.	303
Cardronnette.	228	— pieds rouges.	303
Carduelis.	228	— pieds verts.	302
Carnassiers.	69	— semi-palmé.	300
Carnivores.	79	Chevêche.	169
Carpe.	14	Chèvre.	126
Casoar.	273	Chevreuil.	125
Casse-noix.	239	Chevrotin.	123
Casse-noistte.	232	Chien.	85
Catelinette.	336	Chievent.	348
Castagneux.	id.	Chipeau.	371
Castor.	105	Choroïde.	26
Cat marin.	340	Choucas.	235
Cauvette.	235	Chouette.	167
Cercope écumeuse.	249	Cicatricule.	138
Cerf.	123	Ciconia.	292
Certhia.	241	Cigogne.	292
Cerveau.	25	Cincle.	182
Cervelet.	id.	Circulation.	38
Cétacés.	130	Cire.	143
Cervus.	123	Civette.	90
Ceyx.	244	Claque.	181
Chair coulante.	4	Classes.	7
Chambre à louer.	138	Classification.	8
Chambres de l'œil.	26	Clavicule.	13
Chameau	123	Cobayes.	105
Chamois.	129	Coccix.	13
Charadrius.	276	Cocorli.	312
Chantre.	196	Cochevis.	211
Chardonneret.	228	Cochon.	111
Charlot.	237	— dinde.	105
Chat.	82	Coins.	114
Chat-huant.	168	Cœur.	31
Chauve-souris.	72	Colibris.	242

Colymbus.	539	Cygne.	565
Combattant.	299	Cygnus.	id.
Conirostres.	209		
Conjonctive.	27	**D.**	
Condor.	145		
Conque.	28	Daim.	126
Coq.	259	**Damier.**	358
— de bruyère.	271	Dariens.	53
— de marais.	299	Dauphins.	131
Coquille.	138	Delphinus.	id.
Corbeau.	233	*Demoiselle.*	336
Corium.	34	Dents.	12
Corlieu.	315	Dentirostres.	173
Cormoran.	359	Derme.	34
Cornard.	118	Diaphragme.	32
Corneille.	235	Digestion.	35
Corps vitré.	27	Digitigrades.	81
Corvus.	233	Dindon.	263
Coturnix.	270	Diurnes.	145
Coatis.	81	Drenne.	181
Coucou.	248	Duc.	165
— indicateur.	249	Dugons.	131
Coupeur d'eau.	358	Durbec.	222
Courlis.	315		
— *de terre.*	277	**E.**	
— vert.	316		
— petit.	312	Echasses.	319
Couronne.	115	Echassiers.	273
Crabier.	290	Echelettes.	242
Crapaud-volant.	207	Ecorcheur.	175
Cravant.	385	*Ecoufle.*	162
Créoles.	53	Ecureuil.	102
Cresserelle.	149	Edentés.	107
Cresserelette.	151	Edredon.	381
Crétin.	53	Eider.	380
Cristallin.	27	Elan.	126
Crustacés.	46	Eléphant.	110
Cuculus.	248	Emberiza.	217
Cuisse.	15	Emerillon.	151
Cujelier.	210	*Empereur.*	196
Cul-blanc.	185	Engoulevent.	207
	305	Entomologie.	46
Cultrirostres.	285	Entraille.	53
Cuniculus.	101	Epeiche.	252

Epèque.	253	Gallinacés.	257
Epiglotte.	30	Gallus.	259
Epiderme.	34	Garrot.	378
Equus.	114	Gazelle.	129
Erpéthologie.	46	Geai.	237
Erinaceus.	74	— vert.	239
Espèce.	7	Genres.	7
Etéley.	356	Gerboise.	105
Etiquenard.	371	Gerfaut.	152
Etourneau.	231	*Germe de fève.*	116
Etres.	2	Gésier.	136
		Gièvre.	338
F.		Glaréole.	326
Faim.	41	Girafe.	126
Faisan.	265	Glotte.	30
Falco.	146	Gobe-mouche.	177
Familles.	7	*Gode*, ou guillemot.	342
Faon.	124	Goëland.	348
Farlouse.	200	Goître.	53
Faucon.	146	Gorfou.	345
Fauvette.	186	Gorge-bleue.	190
Faux.	25	*Gourmat.*	351
Fémur.	15	Grain-d'eau.	298
Feston.	143	Grèbe.	335
Felis.	82	— à joues grises.	337
Feuillet.	121	— cornu.	338
Fissirostres.	202	— huppé.	336
Flandrin, ou sifleur.	372	— petit.	id.
Fouine.	91	Griffon.	145
Foulque.	331	Grimpereau.	241
Fou de Bassan.	362	— de muraille.	242
Fratercula.	343	Grimpeurs.	247
Frégate.	163	Gris-de-mer.	351
Frésaye.	168	Grisard.	350
—	207	Grive.	182
Freux.	235	— d'eau.	303
Friquet.	226	Gros-bec.	221
Frontal.	11	Grue.	294
Fulica.	331	Guenon.	61
Furet.	93	Guêpier.	244
		Guerbe de vigne.	341
G.		Guignard.	278
		Guignette.	304
Gai de vigne.	336	Guillemot.	342

52

Guillemot nain.	390	Insectivores.	73
		Intestins.	53
H.		Intus-susception.	2
		Iris.	26
Harle.	385		
Harpaye.	162	**J.**	
Haube.	161		
Hérisson.	74	Jabot.	135
Hermine.	93	Jabirus.	294
Héron.	286	Jambe.	15
— aigrette.	289	*Jaquet.*	102
— bihoreau.	290	Jaseur.	178
— blongios.	291	*Juif.*	203
— butor.	id.	Juxta-position.	2
— crabier.	290		
— pourpré.	288	**K.**	
Hiberner.	71		
Hibou.	168		
Himantopus.	319	Kangouroo.	97
Hippopotame.	110		
Hirondelle.	202	**L.**	
— de mer.	356		
Hirundo.	202	Labe.	354
Hobereau.	148	L'aï.	107
Hochequeue.	198	Lamantin.	131
Hœmatopus.	276	Lamellirostres.	565
Houppe.	241	Langue.	29
Huîtrier.	276	Lanier.	147
Humeur aqueuse.	27	Lapin.	101
Huppe.	241	Larus.	348
Hyène.	90	Larynx.	50
Hyaloïde.	27	Lavandière ou bergeron-	
Hyoïde.	12	nette grise.	199
		Leo.	83
I.		Leopard.	83
		Lepus.	100
		Léthargie.	42
Ibis.	316	Lérot.	104
— sacré.	317	*Létiche.*	93
— vert.	316	Lièvre.	100
Icthyologie.	46	Limosa.	316
Indigestion.	41	Lion.	83
Ignobles.	145	*Linot de vignes.*	229
Insectes	46	— *briant.*	225

Litorne.	181	Martin-Roselin.	388
Livergin.	316	— pêcheur.	243
Livrée d'été.	137	Mastodonte.	110
— d'hiver.	id.	Maubèche.	309
Locustelle.	191	— grande.	310
Loir.	104	— petite.	311
Lœmmergeyer.	145	*Mauve.*	352
Longipennes.	346	Mauvis.	182
Longirostres.	296	Médiastin.	32
Loriot.	183	Meleagris.	263
Loup.	87	Meles.	79
Loutre.	84	Membranes.	24
Loxia.	221	Mergus.	385
Lunette.	135	Merle.	179
Lupus.	87	— à plastron.	180
Luscinia.	187	— de roche.	id.
Lutra.	84	— rose.	388
		Merops.	244
M.		Mésange.	212
		Mésette.	id.
Macaque.	61	Mesles.	179
Macareux.	343	Métacarpe.	14
Machetes.	300	Métatarse.	15
Macreuse.	374	Méthode.	6
Macrodactyles.	325	*Métier à bas.*	230
Macroule.	331	Miclon.	376
Magot.	61	Milan.	159
Makis.	id.	Milouin.	377
Malacodermologie.	46	Milouinan.	378
Malard.	368	Milvus.	159
Mammifères.	47	Miroir.	136
Manchot.	345	*Misérenne.*	75
Mandibule.	136	*Misérette.*	id.
Manteau.	137	Moëlle.	25
Marcassin.	111	Moineau.	225
Margast.	362	— d'arbanète.	226
Margot.	236	— de pot.	id.
Marmotte.	105	— de bois.	id.
Marnay.	342	— d'Ardennes.	227
Marouette.	329	Mollusques.	47
Marsouin.	133	Monodactyles.	113
Marte.	90	*Montain.*	225
— musquée.	91	Morelle.	331
Martinet.	205	Morillon.	379

Morse.	96	OEufs.	138
Morve.	118	Oie.	381
Moschiferus.	123	— sauvage.	382
Motacilla.	197	— bernache.	384
Motteux.	185	— cravant.	385
Mouche (oiseau.)	242	— des moissons.	383
Mouette.	352	— rieuse.	384
Mouton.	127	Oiseau de tempête.	348
Mue.	137	— trompette.	294
Mutart.	370	Oiseaux.	134
Mulet.	119	— diurnes.	145
Mulot.	105	— nocturnes.	164
Muqueuse.	24	— de paradis.	239
Mus.	104	— de proie.	143
Musaraigne.	75	Ombrette.	294
Musc.	123	Orang-Outang.	60
Muscles.	18	*Orbette.*	321
Muscardin.	104	Ordres.	7
Muscicapa.	177	Oreillard.	73
Mustela.	94	Oreille.	28
Myologie.	18	Oreillettes.	51
		Oreillons.	72
		Orfraye.	155
N.		Oriolus.	183
		Orteils.	15
Nature.	1	Ortolan.	220
Nerfs.	20	— *du pays.*	185
Nigaud.	360	Osselets de l'ouïe.	11
Nobles.	145	*Os de chasse.*	85
Noctule.	72	Ostéologie.	11
Nocturnes.	164	Ostracodermologie.	46
Noddi.	358	Otis.	274
Nonette.	215	Otus.	167
Nudicolles.	145	*Ouette.*	384
Numida.	266	Ouistitits.	61
Numœnius.	314	Ours.	81
Nutrition.	40	Outarde.	274
		Ovis.	127
O.		**P.**	
Occa.	380		
Occipital.	11	Pachydermes.	109
OEsophage.	29	Paille-en-queue.	363
OEdicnème.	277	Palmipèdes.	333

Palmure.	333	Phoca.	95
Panse.	121	Phoque.	95
Panthère.	83	Pic.	249
Paon.	261	— vert.	250
— de mer.	299	— mar.	252
Paradis. (oiseau de)	239	— petit.	253
Paresseux.	107	Pica.	236
Parus.	212	Picot.	164
Passereaux.	171	Pie.	236
Patelle.	375	— grièche.	173
Paturon.	115	— *cruelle*.	174
Paupières.	26	— de mer.	276
Pavillon.	28	Pierre-Garin.	356
Pavo.	261	Pierrot.	225
Peau.	34	Piette.	387
Pégot, ou accentor.	194	Pigeon.	257
Pèlerin.	147	*Pilet*.	371
Pélican.	363	Pinces	114
Pélidna.	310	Pinçon.	227
Pennes.	136	— d'*Ardennes*.	id.
Perce-bois.	232	— *de vignes*.	177
Perdix.	267	— de neige.	228
Perdrix.	id.	Pingouin.	344
— bartavelle.	id.	Pintade.	266
— grecque.	id.	Pipi.	200
— rouge.	id.	Pipistrelle.	73
— de mer.	226	*Pivi*.	281
Péricarde.	32	Plantigrades.	79
Péritoine.	24	Plastron. (merle)	180
Pernis.	159	*Platalœa*.	285
Percnoptère.	145	Plecotus.	73
Peroné.	15	*Pleupleu*.	250
Perroquet.	255	Plèvre.	32
— de haie.	222	Plongeon.	339
Perruche.	255	Plumes.	136
Petite de mer.	280	— primaires.	id.
	312	— secondaires.	id.
Pétrel.	346	— scapulaires.	id.
Phalanger.	97	— batardes.	id.
Phalanges.	15	Plumicolles.	145
Phalarops.	321	Pluvier.	276
Pharynx.	29	— à collier.	278
Phasianus.	265	— doré.	277
Philomela.	187	*Pluvier de terre*.	277

Pluvier guignard.	278	Rallus.	327
Podiceps.	335	Ramier.	258
Points lacrymaux.	27	Raton.	81
Poissons.	46	Rat.	103
Polatouche.	105	Rayonnés.	47
Pomarin.	355	*Réblot.*	197
Pomme d'Adam.	30	Rectrices.	136
Porc-épic.	105	Recurvirostra.	323
Pouillot.	196	Rémiges.	136
Poulain.	118	Renard.	89
Poule.	260	Respiration.	37
— d'eau.	329	Rétine.	26
— de Pharaon.	145	*Ridenne.*	371
Poulette du Bon-Dieu.	197	Renne.	126
Pouls.	39	Rhinocéros.	110
Poumons.	30	Roi des cailles.	327
Poussif.	118	Roitelet.	196
Pressirostres.	274	Rollier.	239
Proboscidiens.	110	Rongeurs.	99
Procellaria.	346	Rossignol.	187
Procès ciliaires.	27	— *de muraille.*	188
Proyer.	219	— de rivières.	190
Puffin.	347	*Rosereu.*	93
Putois.	92	Rotule.	15
Putorius.	id.	Rouge-gorge.	189
Putréfaction.	41	— queue.	189
Pyrrocorax.	236	Rousserolle.	190
Phyrrula.	224	*Rouvreuil.*	93
		Ruminants.	121

Q.

Quadrumanes.	60
Quadrupèdes.	62
Quinquin.	227

R.

Races.	52
Racines aériennes.	4
Ragasse.	236
Rale.	327
— d'eau.	328
— de genêt.	id.

S.

Sacre.	152
Sacrum.	13
Sanderling.	320
Sang.	40
Sanglier.	110
Sansonnet.	231
Sarcelle.	373
— d'été.	id.
— d'hiver.	374
Sarrigue.	96

Satanite.	347	Tantale.	294
Sauteur.	345	Tarier.	184
Saxicola.	184	Tarin.	230
Sciurus.	101	Tarse.	15
Sclérotique.	26	Taupe	76
Scolécologie.	46	Tectrices.	137
Scops.	166	*Térin.*	230
Sens.	63	Tendon.	18
Serin.	231	Ténuirostres.	240
Sérotine.	73	*Tesson.*	80
Sifleur.	372	Tête-Chêvre.	207
Singes.	60	Tétradactyles.	110
Siserin.	229	Tétras.	271
Sitelle.	232	*Teurtre.*	259
Soif.	41	Thymus.	32
Solipèdes.	113	Tibia.	15
Sommeil.	40	Tigre.	83
Sorex.	75	*Torchepot.*	232
Soubuse.	163	Torcol.	253
Souchet.	373	Totanus.	298
Soulcie.	222	Totipalmes.	359
Souris.	105	*Tonquin.*	113
— gauque.	72	Toucan.	255
— chauve.	id.	Tournepierre.	297
Spatule.	285	Tourterelle.	259
Sphénisque.	345	*Trainebuisson.*	194
Stercoraire.	354	Trachée-artère.	30
Sterna.	356	Trachées.	4
Sternum.	12	Traquet.	184
Strepsilas.	297	Tribu.	7
Strix.	165	Tridactyle.	353
Sturnus.	231	*Tritérot.*	183
Sula.	362	Tringa.	280
Sus.	111	Troglodytes.	197
Sylvia.	186	Truie.	111
Syndactyles.	243	Tuniques.	26
Système.	8	Turdus.	179
		Turtur.	259
T.		Tympan.	28
Tadorne.	370	**U.**	
Taille.	169		
Talpa.	76	Uppupa.	240
Tambour.	28	Uria.	342

V.

Vache.	128	Vierd.	347
— marine.	96	Vignon.	372
Vaisseaux.	22	— anglais.	385
Vampire.	73	Vitelline.	138
Vanneau.	280	Voile du palais.	29
— suisse.	282	Vomer.	12
Variétés.	7	Vultur.	145
Veau marin.	95		
Veau.	128	**W.**	
Veines.	23		
Ventricule.	31	Wormiens.	12
Verdier.	225		
Verdrix.	217	**Y.**	
Vespertilio.	72		
Verrat.	111	Yunx.	253
Vertébrés.	47		
Veuve.	239	**Z.**	
Viard.	386	Zèbre.	119
		Zoologie.	47
		Zoophytes.	46

FIN.

BAYEUX, IMPRIMERIE DE C. GROULT, IMPRIMEUR-LIBRAIRE.
(1835.)

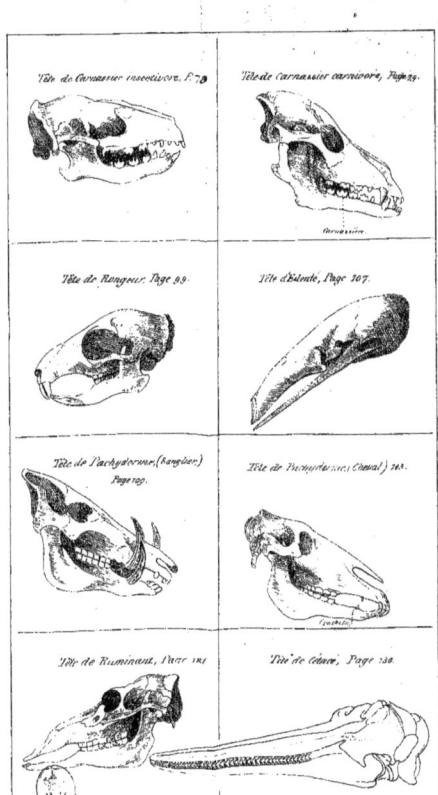

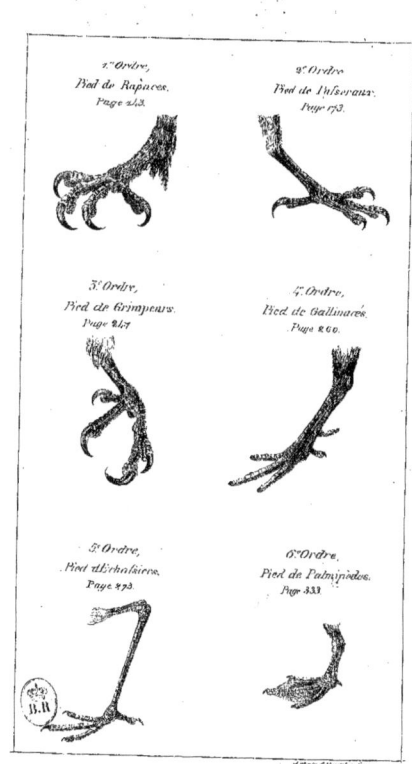

www.ingramcontent.com/pod-product-compliance
Lightning Source LLC
Chambersburg PA
CBHW060542230426
43670CB00011B/1658